State-owned Enterprises Reform and

Economic Growth in China

国有企业改革与中国经济增长

张文魁 袁东明 等著

中国财政经济出版社

图书在版编目（CIP）数据

国有企业改革与中国经济增长/张文魁等著．—北京：中国财政经济出版社，2015.5

ISBN 978－7－5095－6140－9

Ⅰ.①国…　Ⅱ.①张…　Ⅲ.①国有企业－企业改革－关系－中国经济－经济增长－研究　Ⅳ.①F279.241②F124

中国版本图书馆 CIP 数据核字（2015）第 063074 号

责任编辑：贾延平　　　　责任校对：胡永立
封面设计：田　晗　　　　版式设计：兰　波

中国财政经济出版社 出版

URL：http：//www.cfeph.cn

E－mail：cfeph @ cfeph.cn

社址：北京市海淀区阜成路甲 28 号　邮政编码：100142

营销中心电话：88190406　北京财经书店电话：64033436　84041336

北京财经印刷厂印刷　各地新华书店经销

787×960 毫米　16 开　16 印张　238 000 字

2015 年 5 月第 1 版　2015 年 5 月北京第 1 次印刷

定价：37.00 元

ISBN 978－7－5095－6140－9/F·4951

（图书出现印装问题，本社负责调换）

本社质量投诉电话：010－88190744

打击盗版举报热线：010－88190492，QQ：634579818

前 言

本书是国务院发展研究中心重点基础领域的一项研究成果。重点基础领域的研究至今已经持续3年，由我负责的国有企业研究团队，希望能够在长期以来形成的国有企业研究既有框架内取得一些新发展，所以决定在国有企业与经济增长的关系上着力研究。当然，研究国有企业与经济增长的关系，并不是一片无人关注和无人进入的全新领地，但这个领域的确缺乏足够的开垦，也存在巨大的需要耕耘和收获的空间，尤其是中国经济增长正在进入一个深刻的变革期和重大的转折期。对国企改革与经济增长的关系进行研究，在这两者之间建立可信的逻辑联系和可算的数量关系，不但有学术价值，也有政策价值。

经济增长不但是全球范围内的重大政策关切，也是经济学中的前沿领域。在过去几十年里，关于经济增长的学术研究已经非常形式化了，实证分析也非常透彻。可以说，经济增长理论在经济学中是最接近于“科学”的那一部分。但是，如果我们对经济增长研究进行细致思考，那么显然可以看出，经济增长研究向所谓的“前沿”走得越近，它离开现实也越远。经济增长研究基本上属于宏观经济学范畴，它在宏观经济学框架下越精致，实际上将与微观经济学越来越脱离，它越来越无意或有意地忘记这一要害：宏观经济增长的基础是微观经济主体。经济增长研究所关注的劳动、资本、生产率，乃至研发创新、人力资本、知识资本等，这一切是自动生成和自动发生的吗？不是！这一切都由微观经济主体——企业，来生成和发生。如果没有企业的活动，劳动、资本等要素以及研发创新、知识创造等创造性因素，又如何能够进入到经济过程中去，然后造成经济增长并继续内生延展下去？可惜，这些简单的道理却被宏观经济学抽离掉了。其实，在斯密那个时代，并没有将宏观经济学和微观经济学分离，密斯反而能够很好地理解和揭示经济增长（斯密，1974）。当然，斯密本人限于当时的历史背景而没有重视企业在经济增长中的核心作用，因为那时企业并不发达，但分工也日益细化，分工现象也日益普及。第一个比较重视企业在经济增长中核心作用的经济学家，应该是19世纪末的马歇尔（2005），可能是因为在那个时候，企业在英国已经比较发达了。遗憾的是，马歇尔的体系20世纪以来被肢解了，对企业在经济增长中作用的分析被大多数经济学家忽略，即使备受推崇如熊彼特者，也没能足够地克服这一点，而且后来出现了宏观经济学与微观经济学的日益分离。尽管Coase（1937）在20世纪30年代开创了企业理论，但这一微观经济学理论流派也与宏观经济增长体系格格不入，甚至也较难于融入主流经济学之中。在第二次世界大战以后全球经济发展的热潮中，能够富有洞察力地从企业发展角度来研究经济增量的经济学家之一，是美国经济学家Leibenstein（1957，1966，1979），他在20世纪50年代至80年代的学术生涯中，对企业与经济发展的关系做出了令人信服的、清晰的分析，并精到地分析了企业家精神在企业发展和经济增长中的作用，遗憾的是，他的学术遗产在很长时间里并没有得到很好地继承，仅有Baumol（1995）等少数优秀的经济学家继续沿着这一学术方向走了下来。在此后的几十年中，主流经济学中的企业与经济增长之间的关系得不到应有的高度重视，而企业研究要私集中于公司制度和公司治理领域，要么更多地活跃于商学院，如已经享誉全球的美国学者波特（2005）的有关研究就属于此类。这种状况不但使企业理论失之于偏狭，也桎梏了经济增长理论的进展，以至于有识之士感叹，经济增长理论看起来不断进化，但实际上少了一个最关键的环节——企业和企业家精神（Audretsch et al, 2006）。这个最关键的环节在经济增长理论中是“失去的环节”（missing link）（Acs and Audretsch, 2004）。

21 世纪以来，经济学界已经意识到了这个问题的严重性，从微观经济学的角度来考察宏观经济增长的经济学家开始多了起来。Banerjee 和 Duflo（Banerjee and Duflo，2005）对于经济增长的微观视角被认为是中肯的，不过，就研究的技术方法而言，要寻求宏观经济学与微观经济学的融合的确很不容易。他们试图在既有方法的框架内来寻找新视野，这种努力仍然赢得了很多称许。Hsieh 和 Klenow（Hsieh and Klenow，2009）在这方面进行了尝试。当然，毋庸讳言，他们的方法仍然是在生产函数和生产率的框架下进行分析，但是，想一想，这不恰恰可以在宏观经济学和微观经济学之间搭建一座简易的桥梁吗？所以他们看似并无重大创新的方法实际上开启了新的视窗。他们的研究启发了很多经济学家，此后，Brandt 等人（Brandt and Zhu, 2010）发表了一些很有意义的研究成果，其他学者也不断沿着这一学术路径进行更加广泛的研究，在过去几年里出现了不少很有创见的研究成果。

我们这项基础研究，就是基于对宏观经济增长研究脱离于微观企业基础这一现象的不满，就是沿着过去十几年经济学界对这一不满做出反应所开辟的学术路径而开展的。我们力图使本项研究更有特色，更有脉络，更有质感。更有特色，是将我们的研究集中于最有中国特色的企业群体——国有企业，而且这一企业群体对中国一些重要行业仍然具有控制力；更有脉络，是将国有企业放在中国经济从启动工业化到增长阶段重大转折这样一个为时几十年的历史进程中进行研究，这样才能完整而又客观地认识和分析国有企业与经济增长之间的关系；更有质感，是试图跳出了经济增长本身来分析经济增长，我们认为，一个国家经济增长的可持续性，除了政治社会安定和资源环境允许等方面的因素之外，本质上是这个国家的产业结构顺利变迁、产业成功升级的过程，更是这个国家的主要企业群体的竞争优势及时更新和核心竞争力得以重建的过程，从而我们研究了我国国有企业对产业结构变动和产业升级的影响，以及国有企业是否可以通过重组来实现竞争力重建。因此，我们认为这项研究是具有学术价值的。当然，我们对产业结构、企业竞争优势方面的研究还没有实现模型化，这方面的不足，有待于日后进一步的研究工作来弥补。我和我的团队从深入研讨国外的前沿文献开始，努力提高理论水平和分析能力，然后针对中国经济发展和国有企业改革的具体情况进行问题讨论和数据分析，形成研究思路和得出初步结论之后，再推进系统研究并撰写本书各章。

我们认为，作为一个后发的经济体，在工业化启动阶段，由于要素的积聚和投入，特别是资本的积聚和投入，是推进工业化和促进经济增长的至关重要的因素，企业效率和企业创新的重要性退居其次，如果不考虑政治和社会方面的其他负面效果和后遗症，此时通过政府的有形之手来设立国有企业并协调国有企业之间的分工协作关系，是能够起到积极作用的。但经过一段时间之后，这种体系所造成的负面后果以及国有企业本身的弊端逐渐显现出来，不但国有企业的经营困境会交替出现，宏观经济也会不时受到大起大落和比例失调等种种窘境的困扰。

我们的研究结果显示，在改革开放并向市场经济转轨的过程中，更大的非国有经济比重与更好的宏观经济表现有着较强的相关性。随着外延追赶工业化接近完成，改革步伐停滞的国有企业，在新阶段的中国经济中起着增长抑制作用，构成了对下一步经济增长的拖累。及时推进国有企业改革，有助于消除增长抑制、卸去增长拖累，在避免过度进行总量刺激的情况下适度提高经济增速，以使中国经济顺利转入新阶段并使增长潜力得以挖掘、经济增速保持在一个合理的水平。因此，国有企业改革应该是中国实行一揽子结构性改革的最重要环节之一。这就是本项研究的政策价值。

我们对本书并不满意，但这只是我们进行国有企业研究一个新的起点，我们将努力使以后的研究更深入，努力达到更好的成果。

张文魁

2015 年 3 月

目 录

第一章

绪论：经济发展
不同阶段中的国有企业

新中国建立以来60多年里，特别是改革开放以来30多年里，我国经济发展取得了举世公认的巨大成就，而且对全球经济发展的影响也日益增大，以至于对中国经济增长的实现机制和可持续机制的研究，已经成为全球经济学界的一个重要议题。更能引起关注和讨论的是，中国一直有着比较庞大和比较重要的国有部门，这不但未见于那些成熟经济体，也鲜见于众多的新兴经济体。因此，如果能够揭示中国国有企业与中国经济增长之间可信的逻辑联系，并建立可算的数量关系，一定很有意义。本书就是要从事这样一项研究。

我们将从经济发展的不同阶段来审视国有企业与经济增长之间的关系。众所周知，在20世纪五六十年代，作为一个后发的、初始资本缺乏的追赶型国家，在工业化启动阶段和经济起飞初期，受到苏联的巨大影响，我国设立了大量国有企业，起到了快速积累有效资本的作用，为重工业优先发展战略提供了保障。而随着时间的推移，效率提升取代资本积累成为经济增长最重要的贡献变量，如何克服国有企业的弊端就成了政策制定者的一个关键点。特别是改革开放以来，随着市场经济体制逐步确立和非公有经济力量兴起，国有部门被迫迈向了改革和重组的征程。把国有企业放在中国经济发展不同阶段的大视野下进行观察，有助于回答以下两个问题：第一，在过去60多年特别是过去30多年里，国有企业在各个阶段对于中国经济发展到底起到了什么样的作用？第二，在中国未来迈向高收入国家进程中，如何评估国有企业对于经济增长的影响？对这两个问题的回答，不但有学术价值，也有政策价值。

一、追赶型国家工业化初期的国有企业：理论与实践

（一）国有企业与工业化、经济增长之间的理论逻辑

20 世纪 40 年代发展经济学诞生以来，这个领域的先驱们一直强调工业化在发展中国家经济发展过程中的重要性。在大多数发展经济学家看来，工业化是大部分国家经济发展的必经阶段，工业化进程是推动现代国家经济增长的根本动力。美国经济学家刘易斯于 1954 年提出的二元经济发展模型就认为，工业部门是经济发展的主导，决定经济成长的关键是工业部门自身的扩张过程（刘易斯，1989）。美国经济学家罗斯托的“经济成长阶段论”也指出，在一国经济起飞阶段，要实施优先发展主导部门的工业化战略，一个或几个新的制造业部门的迅速增长是经济发展强有力的核心引擎（罗斯托，1988）。英国经济学家卡尔多提出的工业引导型增长模型（卡尔多—凡登定律）认为，在经济发展的中间阶段，工业特别是制造业的生产率最高且提高最快，工业部门具有规模报酬递增趋势，对经济增长又具有长期累积效应。因此，卡尔多认为工业是经济增长的发动机（卡尔多，1966）。美国经济学家钱纳里通过对全球 101 个国家经济结构转变与经济增长关系的实证分析，证实了卡尔多的观点，认为经济结构的转变（主要是工业化水平提高），特别是非均衡条件下（要素市场分割和调整滞后等）的结构转变，能够推动和加速经济增长（钱纳里，1989）。此后，很多经济学家通过理论和实证分析，认为工业化是发展中国家改变贫穷落后面貌的重要途径，在过去 200 多年的时间里，任何一个生产率水平与生活水平大幅提升的国家都离不开工业化的发展过程。

在明确了工业化为经济增长根本动力的基础上，早期发展经济学进一步强调工业化进程中资本积累的重要性，并认为发展中国家可以通过

有效使用资本促进工业部门的扩张。工业化起步阶段的主要经济特征是依靠机器工业代替手工劳动，而要实现这种替代，必须以资本密集的重工业高速增长为基础，进而依靠快速的资本积累来带动。我国经济学家张培刚在《农业与工业化》一书中把工业化定义为“一系列基本生产函数连续发生变化的过程”，其实质就是内涵技术进步的资本化，包括资本的深化（深化利用）与广化（扩大利用）（张培刚，2009）。德国经济学家霍夫曼（Hoffmann）论证了在工业化的不同阶段，资本品工业相对于消费品工业比重不断提高的趋势；他在20世纪20年代就提出，为了使经济迅速工业化，必须要优先发展资本品工业，即重工业，也就是说，资本品工业的投资决定了经济增长。他根据20多个国家工业化过程中工业内部结构变化的经验数据，发现一国工业化过程中消费品部门与资本品部门的净产值比（霍夫曼比例）趋于下降，即资本品生产的增长快于消费品生产的增长，这一结论与列宁的“生产资料的优先增长”相类似。他把先行工业化国家的工业化过程划分为四个阶段：第一阶段，以轻纺工业部门为主的消费品工业发展迅速，以重化工部门为主的资本品工业占比较小，两者净产出比例为5(±1)：1；第二阶段，资本品工业发展较快，消费品工业发展减缓，但规模仍远大于资本品工业，两者比例缩小至2.5(±1)：1；第三阶段，资本品工业对消费品工业的比率已上升到1：1(±0.5)；第四阶段，资本品工业超过消费品工业并继续上升，成为主导产业。他认为整个工业化过程就是资本品在制造业中所占比重不断上升的过程，工业化也可以定义为生产的“资本化”（Hoffmann，1958）。

早期发展经济学“唯资本”的观点可以集中反映在哈罗德—多马经济增长模型上：$g = i/v$。其中，g代表经济增长率，i代表资本积累率（投资率或储蓄率），v代表资本产出比。该模型假定v保持不变，那么经济增长率就完全取决于资本积累率或投资率，资本积累率越高，经济增长就越快。我们也可以借用内生经济增长的帕加诺模型（$g = \theta SA - \delta$）来说明资本积累的重要性：经济长期增长率（g）等于储蓄率（S）、代表经济效率水平（A）与储蓄与投资的转换率（θ）三者之积，减去折旧率（δ）。从该模型可以看出，如果用于投资的资本（S）不足或者储蓄—投资转化率（θ）低下，即使经济效率（A）再高，也不能实现经济的较快增长。换而言之，对一个资本短缺的发展中国家而言，在工业化起步阶段，有效资本积累（能转化成投资的资本积累）对经济增长的重要性要远高于经济效率。

那么，在工业化拉动经济增长的发展阶段，国有企业究竟能够发挥什么作用？这可以从有效资本积累的角度来阐释。对一些先行工业化国家而言，由于存在较完善的市场体系，可以依靠市场机制来实现快速的有效资本积累，如美国在19世纪七八十年代就已经有了很好的非控制股东、债权人的保护机制，市场融资顺畅，在工业化过程中市场发挥了主导作用。但对大多数发展中国家而言，情况并非如此，很多早期结构主义发展经济学家都认为，因为发展中国家的市场体系不发达，要素市场分割，市场协调成本高，价格信号不灵敏，经济活动无法依据价格信号做出正确反应，所以发展中国家的工业化并不能指望市场机制对其进行自动调节，而需要借助国家干预或计划来实现。后发国家在参照先行国家发展规律和路径的基础上通过大规模投资来建设自己的工业体系，可以称之为外延追赶型工业化，此时政府的推动可以缩短工业化时间。英国发展经济学家 Rosenstein - Rodan 在《东欧和东南欧国家工业化的若干问题》一文中提出了大推动理论，认为要实现工业化首先必须对几个相互补充的产业部门同时进行大规模投资，以便产生工业化所需的“外部经济效果”，而大推动过程又必须通过政府计划而非市场调节来完成，其原因一是投资额巨大，二是投资目的是为了产生外部经济效果，而非利润（Rosenstein - Rodan，1943）。美国经济学家赫希曼也认为，在经济起飞阶段，政府必须将有限的资源集中于少数主导产业或关联度高的产业（需要巨额资本投入的资本品工业或重化工业），实现工业化进程中的非均衡增长（赫希曼，1991）。美国经济学家 Gerchenkron 于20世纪60年代在对比19世纪德国、意大利、俄国等欧洲较为落后国家的工业化过程时提出了后发优势理论。他认为后起国家在推动工业化方面具有特殊的有利条件，包括引进和模仿先进技术、学习和借鉴成功经验等，使得追赶型国家的工业化进程和特征表现出与先进国家的显著不同。作为具有后发优势的追赶型国家，工业化进程最核心的任务就是快速实现有效资本积累。Gerchenkro 进一步指出，由于在工业化过程中相对范围内存在市场失灵，刚开始工业化的国家必须采取有效措施来推进工业化发展。所谓的有效措施就是计划与行政控制，包括建立国有经济部门来介入市场、引导经济发展（Gerchenkron，1962）。

根据他们的理论，对追赶型国家而言，设立一些国有企业，有可能在工业化初期作为实现快速有效资本积累的重要途径。尽管国有企业相对低效，但在工业化起步阶段，由于国民经济增长主要依靠快速的资本积累和工业体系的快速建立，市场竞争、企业活力等效率因素处于相对次要地位，尤其对于外延追赶型国家而言，不需要太多创新性工作，只需要进行技术、设备、流程应用等的维护和扩展，再加上发展中国家在工业化起步阶段市场条件不成熟，政府通过设立国有企业可以克服初始资本不足的问题，能够在工业化过程中尽可能地减少国民消费，尽可能多地将国民储蓄转化成投资，并将有限的、分散的资金集中用于主导产业或关联产业。总体来说，在某些缺乏市场化资本积累机制的追赶型国家中，国有企业在其工业化起步阶段对有效资本积累的作用可能要远大于其效率损失，如果管理得当，国有企业在那个时期对经济增长的正面效应可能会大于负面效应。

当然，利用国有企业推动工业化发展并不是对任何一个国家或任何一个工业化阶段都适用。对于一些市场条件较好的追赶型国家，如意大利、法国、西班牙等第一批成功追赶的国家，尽管在工业化过程中也设立过一些国有企业，但市场机制始终占据着主导地位，主要依靠市场和贸易完成有效资本积累。即使在那些追赶型国家，当工业化发展到一定程度后，随着效率因素重要性的提高和外部市场条件的逐步成熟，国有企业微观低效率的负面效应就会越来越大，依靠国有企业推动工业化发展的作用开始削弱并最终成为经济增长的障碍。美国经济学家 Sachs 在《政府主导型工业化的生命周期》一文中描述了国有企业在工业化过程中的五个阶段：第一阶段，早期重工业化阶段，国有企业是高利率条件下转换国民储蓄的可选手段；第二阶段，国有企业在提升重工业的规模化生产方面取得重大成功，但在服务业方面的成功却很有限；第三阶段，当重工业化基本实现时情况开始发生转折，经济发展要求提供差异化的消费品、服务及国际化的产品；第四阶段，国有企业的低效率最终表现在难以降低冗员人数，国有企业改革遭到所有利益相关者反对；第五阶段，管理失控、经济发展停滞、内部人控制等问题最终导致国有经济衰落（Sachs，1996）。可见，在市场条件较差的追赶型国家的工业化起步阶段，作为政府干预经济的一种手段，国有企业在实现有效资本积累方面能够发挥重要作用，从而成为推动工业化发展和经济增长的主导力量，但到了工业化的中后期阶段，由于资本积累对经济增长的贡献开始下降，市场竞争、企业活力甚至企业创新等效率因素变得越来越重要，再依靠国有企业推动工业化发展和经济增长的道路就不再适合了。

（二）我国国有企业的初期贡献

新中国建立初期，我国工业化水平极低，重工业基础尤其薄弱。尽快加速工业化，特别是大力发展重工业，成为当时国民经济建设的首要任务。由于我国当时缺乏市场化基础，更没有可供企业融资的资本市场，而当时苏联的发展模式又为我国提供了一个可以学习和借鉴的榜样，中国作为同属社会主义阵营且又保持亲密关系，再加上苏联的援助计划，中国自然而然地沿用了苏联的赶超模式。苏联从 20 世纪 20 年代后期开始，依照“斯大林模式”快速推进工业化，即根据列宁的生产资料优先增长规律和费尔德曼的生产资料生产部门投资决定经济增长的理论，走了一条实行强制资本积累、优先发展重工业的工业化路线。“斯大林主义”对人类社会的伤害早有公论，不过从 1928 年到 1940 年，经过不到 3 个“五年计划”的努力，苏联就从一个落后的农业国变成了当时比较有实力的工业国。1940 年，苏联工业在世界工业总产值中的比重达到了 10%，超过英、德、法、日等国，居世界第二位（刘世锦，2011）。1945 年第二次世界大战结束后，苏联又进入了近 20 年的国民经济高速增长时期。

新中国的工业化进程始于 1953 年开始执行的国民经济发展第一个“五年计划”。与苏联一样，我国也实行强制性资本积累、优先发展重工业的战略。在经济体制上，建立了高度集中的计划管理体制，创建了大量国有企业（1993 年之前称为国营企业）。

从第一个“五年”计划开始，伴随着大规模的重工业投资，我国新建了一大批国有企业，使得我国能够在较短的时间内形成一个较为完整的工业体系。“一五”时期，我国共投资兴建了156项大型工程项目和921个限额以上的建设项目（汪海波，2007），主要集中在钢铁、煤炭、电力、石油、化工、机械等重工业领域。“二五”和“三五”期间我国继续保持了快速工业化步伐，主要工业产品的产量在“一五”、“二五”、“三五”时期都实现了大幅度增长（见表1－1、表1－2）。

表1－1　“一五”期间我国主要工业产品产量增长情况

工业产品	单位	1952年产量	1957年产量	1957年比1952年增长（%）
原煤	亿吨	0.66	1.31	96
原油	万吨	44	146	235
发电量	亿度	73	193	166
钢	万吨	135	535	296
生铁	万吨	193	594	208
水泥	万吨	286	686	140
硫酸	万吨	19.0	63.2	233
机床	万台	1.37	2.80	104

资料来源：《中国统计年鉴》（1984），中国统计出版社1984年版，第226～228页。

表1－2　“一五”～“三五”期间我国新增主要工业产品产能

时期	煤炭开采（万吨）	炼铁（万吨）	炼钢（万吨）	发电容量（亿度）	水泥（万吨）	硫酸（万吨）
“一五”时期	6 376	339	282	247	261	29
“二五”时期	14 920	1 344	1 273	864	1 174	125
1963～1965年	2 392	6	81	215	222	64
“三五”时期	6 806	1 068	653	860	1 533	152

资料来源：《中国统计年鉴》（1984），中国统计出版社1984年版，第329～330页。

如果不考虑那些负面的社会影响，在当时特定的历史背景和经济环境下，设立国有企业，为我国能够在短时间内集中资源兴建一大批重点工业项目并保证其良好运转发挥了积极作用，从而在较短时期内形成了一个较为完整工业体系，推动了中国经济的起飞。1999 年《中共中央关于国有企业改革和发展若干重大问题的决定》对此进行了总结，“我国由一个贫穷落后的农业国，发展成为即将进入小康社会、向工业化和现代化目标大步迈进的社会主义国家……国有企业和工人阶级为此做出了不可磨灭的重大贡献。”

二、经济发展失衡：国有企业弊端的宏观表现

（一）问题的出现

政府主导和以国有企业为主体的重工业优先发展战略，经过不长一段时间就出现了问题：一是经济结构失衡，特别是工农业比例失调、积累与消费比例失调、工业内部比例失调、财政赤字严重、市场供应紧张、消费品严重短缺等；二是宏观经济大幅波动，经济增长大起大落。就在“一五”开局的 1953 年，便出现了基建投资增速大大超过国家财政收入和钢材、水泥等生产用工业产品增速的局面。随后两年连续“刹车”的结果是 1955 年基建投资增速下降到了 1.3%，低于国家财政收入增长，出现了消费品货源远高于购买力的情况。到了 1956 年，由于基建投资多投了 15 亿～20 亿元，导致当年出现了 18.3 亿元的财政赤字，约占当年财政收入的 6.4%，生产资料和生活资料供需矛盾突出，仅社会零售商品货源与购买力的差额就达 25.6 亿元（汪海波，2007），全社会财力和物力都非常紧张，于是 1957 年又只好紧急“刹车”，大大压缩基建投资。总体来说，“一五”期间，在快速推进和优先发展重工业的战略指导下，出现了诸多不协调、不适应的状况，包括工业发展超过了农业负担能力、轻工业因投资和原料不足发展较慢、重工业内部采掘和原材料工业跟不上制造业的需求、货币发行过快、经济

增长大幅波动等。表1－3是我国“一五”期间主要经济指标数据。

表1－3　　我国“一五”期间主要经济指标

指标		1952年	1953年	1954年	1955年	1956年	1957年
社会总产值	总额（亿元）	1 015	1 244	1 346	1 415	1 639	1 606
	增长*（%）	—	18.7	8.5	6.1	17.9	6.1
基本建设投资总额	总额（亿元）	43.6	90.4	99.1	100.4	155.3	143.3
	增长（%）	—	107.6	9.5	1.3	54.7	-7.7
国家财政收入	总额（亿元）	183.7	222.9	262.4	272.0	287.4	310.2
	增长（%）	—	21.3	17.7	3.7	5.7	7.9
当年消费品购买力	总额（亿元）	273.9	343.0	362.8	366.4	439.4	446.7
	增长（%）	—	25.8	7.2	2.0	21.3	1.7
当年消费品货源	总额（亿元）	297.1	365.5	388.0	412.1	413.4	487.8
	增长（%）	—	18.7	7.6	6.8	2.6	14.7

注：社会总产值比上一年增长率按可比价格计算。

资料来源：《中国统计年鉴》（1984），中国统计出版社1984年版，第20～21页、第301页、第417页。

如果说“一五”期间的经济结构失衡还只是局部性的，那么1958～1960年“大跃进”时期的经济结构失衡就已成为全局性的了。伴随着以重工业为核心的工业基建投资高速增长，大量财政资金、社会资源被挤占，国民经济结构严重失衡：基建投资需求大大超过财力供给，国家财政连续3年出现赤字，1960年甚至高达81.8亿元，赤字率达到5.6%①；积累与消费比例严重失调，积累率由“一五”期间平均24.2%一度提高到1959年的43.8%②，成为历史最高值；农业总产值持续下降，与发展工业有关的主要农产品供应严重不足，全社会粮食供应严重不足；轻重工业比例关系严重失调，人民基本生活必需品供应严重不足；重工业内部采掘工业严重落后于加工工业；工业生产经济效益

① 《中国统计年鉴》（1984），中国统计出版社1984年版，第417页。

② 《中国统计年鉴》（1984），中国统计出版社1984年版，第32页。

大幅下滑，工业企业亏损剧增。“大跃进”及此后几年的历史教训是惨痛的。针对国民经济和工业内部严重失调的情况，我国从1961年开始进行了长达5年的调整和整顿，主要是加强农业建设，缩小基本建设规模，缩短工业生产建设战线，充实和加强薄弱环节，整顿工业生产秩序。到1965年，我国社会总产值和工业总产值才逐步恢复到1959年、1960年的水平，国民经济结构失衡才得以扭转。

对于优先发展重工业会导致经济结构失衡的情况，党中央高层主要领导早有认识。毛泽东在1956年4月发表的《论十大关系》中，首个关系就是重工业和轻工业、农业的关系。文章明确指出“要适当地调整重工业和农业、轻工业的投资比例，更多地发展农业、轻工业”。毛泽东在1957年《关于正确处理人民内部矛盾的问题》中进一步提出：“工业化道路的问题，主要是指重工业、轻工业和农业的发展关系问题。”强调在优先发展重工业的条件下，工农业同时并举。陈云一贯主张建设规模一定要和国力相适应，主张国民经济要综合平衡、按比例发展，实行一条与苏联模式并不完全一致的工业化道路。在关于“一五”计划报告中，陈云就指出：“建设规模能否扩大，不单要根据需要，还必须根据是否可能。这就是说，必须根据国家是否有足够的财力和技术力量，能否供应设备[①]。”在编制“二五”计划时陈云又提出：“要做到按比例，就要认真研究国民经济中的比例关系，这种比例关系必须从我国的经济现状和过去的经验中去寻找。”（朱佳木，1995）薄一波也一直主张积累与消费要适度。薄一波在1956年党的八次全会上所作发言《正确处理积累和消费的比例关系》，在总结1953～1956年安排积累和消费之间比例关系的经验基础上，提出了“国民收入中积累部分的比重，不低于百分之二十，或者略高一点；国民收入中国家预算收入的比重，不低于百分之三十，或者略高一点；国家预算支出中基本建设支出的比重，不低于百分之四十，或者略高一点。”这些比例关系“既可以保证我国的工业特别是重工业的迅速发展，又可以保证人民消费水平的逐步提高”。尽管中央主要领导对经济发展失衡的问题早有认识，在实际工作中也不断纠偏，遏制冒

① 《陈云文集》第2卷，人民出版社2005年版，第602页。

进，而失衡问题却不断反复，“大跃进”后经过近5年的调整整顿，国民经济开始走上平衡发展的正轨，但到了20世纪70年代初，国民经济失衡问题再次显现：基本建设规模急剧扩大，积累率从1969年的23.2%快速上升到1970年的32.9%和1971年的34.1%，重工业建设超过了农业、轻工业的承受能力，生产资料和生活资料又开始严重短缺。随后，我国又进入了新一轮的调整整顿。

（二）产生问题的原因

总结20世纪50年代到70年代的经济发展历史可以发现，国民经济发展失衡呈常态化，这表明失衡并不完全是决策错误所造成的，背后有更深层次的原因。即使那些重大的决策错误，也因为国有企业作为政府附属物而使错误被强化。事实上，无论经济结构失衡还是经济增速大幅波动，都是国有企业弊端的宏观表现，是国有企业与计划经济体制相结合造成的。一方面，国有企业与政府边界不清，国有企业是国家经济机关的附属物，政府是国有企业的最终“买单者”。如我国一直对国有企业实行统收统支的财务管理制度，国有企业所需资金由政府财政拨款，国有企业除缴纳税款外，还需把全部折旧基金和绝大部分利润上缴给政府，仅能留少量利润作为企业奖励基金，国有企业似乎就是政府机构的派出机构。匈牙利经济学家科尔内在《短缺经济学》一书中（科尔内，1986），把政府与国有企业之间的这种关系比作“父子”关系，并指出父爱主义是国有企业预算软约束的直接原因，而预算软约束又必然导致各种短缺，如对劳动几乎不可满足的需求和囤积劳动力的倾向，几乎不可满足的投资饥渴等。

另一方面，国有企业与计划经济体制相结合使得“父爱主义”问题更加突出，国民经济最终变成了长官经济和命令经济。在高度集中的计划管理下，国有企业不是一个相对独立的商品生产者，仅仅是生产计划系统中的一个环节，企业只需按计划指令行事，没有创造更多利润的积极性和可能性。如“一五”期间，国家向国有企业下达了总产值、产品产量、新产品试制、技术经济定额、成本降低率、成本降低额、职工总数、年底工人达到数、工资总额、平均工资、劳动生产率和利润

12 项指令性指标，主要工业产品纳入国家直接计划；到 1956 年，有 380 多种工业产品国家统一管理，直接下达计划指标，其产值占工业总产值的 60% 上下（汪海波，2007）。20 世纪 80 年代之前，我国也曾有多次试图提高国有企业自主权的改革，包括将部分企业下放到地方、减少国家直接计划的工业品种、减少下达给企业的指令性指标、提高企业利润留成比例等，但改革过程不断反复，这些措施并未能改善我国经济管理体制，国有企业与高度集中的计划经济体制相结合导致的长官经济或命令经济始终存在。

三、国有企业改革：体制转轨背景下提高企业效率的努力

（一）20 世纪国有企业改革过程的简要回顾

从 20 世纪 50 年代初开始，为了尽快启动工业化进程，我国设立了大量工业国有企业，其核心目的是使政府能够最大限度地集中和配置企业剩余，使整个经济中的资源配置最充分地体现强制性资本积累、优先发展重工业的战略意图。但在一个较为完整的工业体系建立之后，资本积累对经济增长的贡献会相对削弱，国有企业的效率损失会逐渐大于其对资本积累的作用，因而，如何提高国有企业效率成为这一阶段的突出问题。在高度集权的计划经济体制下，国有企业只是政府的附属物，缺乏生产经营自主权，被管得过严，统得过死，因此不利于激发企业和员工的积极性。另外，相比其他类型企业，国有企业所有者与经营者之间的委托代理关系更加复杂和多重，同样会导致国有企业缺乏活力，运行效率低下。1978 年改革开放以来，我国就围绕增强企业活力、提高企业效率，阶段式地推进国有企业改革。

1978 年，我国首次在国务院会议上提出了“计划经济与市场经济相结合”的观点。同时，国民经济再一次陷入了比例严重失调的局面，

一边是相当一部分产品生产出来不能满足人民需要，积压在仓库里，另一边是人民生活必需品严重短缺。在这种背景下，改变过于集中的经济管理体制开始成为政策主导，十一届三中全会公报指出，“现在我国经济管理体制的一个严重缺点是权力过于集中，应该有领导地大胆下放，让地方和工农企业在国家统一计划的指导下有更多的经营管理自主权”。沿着这一思路，我国分两个阶段推进了计划经济体制下国有企业独立性的改革。1978 年到 1984 年为第一阶段，主要是对国有企业进行“放权让利”，通过扩大企业的经营自主权来发挥其积极性和创造性，提高生产效率和经营效益。“放权”主要是将各级政府机构控制的有关权力下放给企业，如允许企业完成国家计划后可自行安排生产，计划外产品可自行销售等；“让利”主要包括实行利润留成制度和利改税，使得企业在发展生产、改善职工福利和奖励职工等方面有了一定的财力。1984 年到 1991 年为第二阶段，主要是推进企业转换经营机制，主张国有企业“两权分离”，即在保持国有企业国家所有权的前提下，下放经营权，形成新的国有企业经营体制。我国经济学家蒋一苇在《企业本位论》一文中就指出，“政权组织（包括中央和地方）应当和经济组织分离，改变为从经济组织的外部来领导和监督经济组织活动，而不作为经济组织内部的上层机构直接发挥指挥与管理的作用”，强调增强国有企业活力，强调国有企业的独立性，成为自主经营、自负盈亏的商品生产者和经营者（蒋一苇，1980）。1984 年十二届三中全会通过《中共中央关于经济体制改革的决定》提出，要将国有企业建设成为“自主经营、自负盈亏的商品生产经营者”。从 1987 年开始，我国全面推行企业承包经营责任制。但由于承包制存在企业追求短期行为的制度缺陷，再加上外部环境的变化，改革开放以来国有企业的活力并无大的改观。国务院政策研究室 1991 年对全国大型国有企业进行了调查，结果是有活力的企业仅占 20%，没有活力的企业占 30%，剩下 50% 的企业是有潜力可以搞活（章迪诚，2006）的。上述两个阶段，都是在计划经济体制下通过实行多种激励机制，探索国有企业的自主性改革，国有企业开始具有独立的利益动机，而随着非国有企业的涌现，市场竞争局面开始出现，国有企业面临的困境反而越来越严重。

以党的“十四大”为标志，我国开始进入建立社会主义市场经济体制阶段，国有企业改革也开始涉及产权问题。1993 年 11 月，十四届三中全会通过的《中共中央关于建立社会主义市场经济体制若干问题的决定》在以建立社会主义市场经济体制为经济体制改革总目标的前提下，提出国有企业改革的目标是“建立产权清晰、权责明确、政企分开、管理科学的现代企业制度”。尽管这一阶段提出了国有企业的产权问题，但把产权问题仅仅归结为产权清晰，认为只要对企业进行股份制改制，或设立国有独资公司，产权问题就解决了。现实是，大批经过改制后的国有企业（包括国有独资和控股企业），甚至包括很多上市企业，仍无法使企业拥有持续活力，企业的运作方式和经营理念同改制前并没有什么实质性变化（丁少敏，2001；胡一帆等，2006）。面对市场经济改革大潮，国有企业表现出了诸多不适应，劳动用工呆板、企业历史包袱重、无法灵活地应对复杂多变的市场、难以形成有效的激励机制等，致使国有企业亏损问题越来越突出。

这就出现出了一种怪象：一面是我国国民经济保持着高速增长态势，另一面则是国有企业亏损越来越严重。对此，普遍的解释是 20 世纪 80 年代以来的“增量改革”（个体私营企业、集体企业、外资企业等新兴工业化部门的迅速扩张）推动了经济增长，而国有企业到了 20 世纪 90 年代则越来越成为经济增长的障碍。上海复旦大学教授张军（2002）分析了 1978 ~ 1998 年间我国资本—产出的变化，结论是中国经济在 20 世纪 80 年代经历了“增量改革”所创造的资源配置效率的总体性改善之后，全要素生产率的增长在大约 1992 年以后出现了显著的恶化，这表明经济增长将更多依赖“存量改革”。1994 年以后，我国国有企业改革开始触及产权制度改革，从 1995 年中央正式提出“放小”推进小型国有企业的产权改革，到党的“十五大”提出国有经济布局战略调整开启产权改革时代，不仅大量中小型国有企业通过股份合作制、股份制、整体出售、管理层收购等方式完成了产权改革，一些规模较大的国有企业在后期也加入了产权改革行列。大规模的产权制度改革一直延续到 2004 年。截至 2004 年 11 月底，已改制的国有企业占全部国有企业的 43.9%，其中，地方国有企业改制比例达到 56%（张文魁、袁东明，2008）。

20 世纪 90 年代中期开始的大规模国有企业产权改革，对促进经济增长的效果是非常明显的。中国社科院研究员刘小玄依据 2001 年全国普查工业数据，对民营化改制对中国产业效率的效果进行了分析，结论是“国有企业对于效率具有明显的负作用，私营企业、股份企业和三资企业大都表现为积极的对于效率的正相关推动作用”，因此“相对于原有的占支配地位的国有产权体制来讲，普遍进行的民营化或股份化已经明显地促进了绩效的提高”（刘小玄，2004）。可见，在工业化程度已相对较高、市场机制初步建立、非国有经济力量壮大的环境下，降低国有经济比重，推动经济运行效率的整体提升，对于国民经济持续增长是非常必要的。

（二）国外的有关情况

韩国经济发展过程中，国有企业的进退也从一个侧面印证了上述结论。作为一个追赶型国家，韩国在 20 世纪 60 年代实行了政府主导型经济开发，通过兴办一系列国有企业来推动经济快速起飞，国有企业数量从 1961 年的 46 家增长到 1971 年的 119 家，韩国国有企业在这个阶段成为经济起飞的“助推器”和引导经济发展的“火车头”（Keun Lee，2000）。到了 20 世纪 70 年代，韩国开始实施重工业为主的经济政策，在国有企业的直接推动下，韩国产业结构随之快速演进，由轻工业主导快速转型为机械、石油化工、电子电气、金属等重工业主导。在这一阶段，韩国国有企业数量扩张不多，但政府强化了对国有企业的干预和管理。到了 20 世纪 70 年代末 80 年代初之后，韩国完成了重工业快速发展阶段，开始实施民间主导战略，产业结构也转向电子电气、精细化工、精密机械、生物医学等高新技术产业主导，国有企业的作用开始下降（金明星，2005）。根据表 1－4，在大力促进重工业建设的 70 年代，韩国国有企业的投入系数显著高于全国平均值，说明在这个阶段国有企业的后向关联效应大。进入 20 世纪 80 年代以后，韩国国有企业的投入系数却低于全国平均值，这说明国有企业的后向关联效应已大大削弱（国有企业的产出系数一直显著高于全国平均值，说明国有企业在前向关联效应一直非常大）。于是，在这一阶段，韩国先后推进了多轮国有企业的民营化改革，把实行民营更有效率的国有企业逐步交给非国有企业，以推动整个产业的高效率化，提高企业竞争力。在20世纪80年代初，韩国先把4家国有银行民营化，1987年又将浦项钢铁、电力公社等重工业企业民营化；到了90年代，为进一步促进产业结构调整，韩国推进了更大范围的国有企业民营化改革，将已完成设立目的的国有企业和转变为民营企业后可发挥更大效益的国有企业作为民营化对象。这一轮改革一直持续到1998年亚洲金融危机之后。

表1－4　1971～1984年韩国国有企业投入产出系数

年份	中间产品投入系数		中间产品产出系数	
	国有企业	全国	国有企业	全国
1971	0.5272	0.4750	0.5110	0.3640
1975	0.6667	0.5475	0.5743	0.4078
1980	0.5579	0.6036	0.6202	0.4612
1984	0.5471	0.5946	0.6708	0.4599

资料来源：金明星：《韩国国有企业改革史研究》，延边大学研究生学位论文，2005年。

总结韩国国有企业与经济发展的关系可以发现，随着经济发展的阶段化演进，国有企业的作用不断变化，在经济准备起飞阶段，设立国有企业可以快速实现资本积累；在重工业阶段，政府控制下的国有企业能够尽快推动完成结构转型；在经济转入由民间主导的制造业和高新技术发展阶段，国有企业及时退出有助于提升国民经济整体效率。

四、新阶段国有企业与经济发展之间的关系：基于文献的现代视角

（一）中国过去30多年经济快速增长的源泉

中国经济正在步入一个新的发展阶段。在这个阶段，许多工业行业

的设备水平已接近世界前沿国家，而且与前沿国家之间的技术代际差距已经明显缩小，以引进、模仿等方式提升设备与技术已变得越来越困难，经济增长更多地依赖于本土人力资本提升和自主的技术创新。在这个新的发展阶段，国有企业能发挥怎么样的作用？国有企业应如何改革调整才能促进经济进一步发展？带着这些问题，我们整理了一组国外有关中国经济和国有企业的最新文献，为我们进一步的研究理清思路。

国内外很多学者以资本积累、就业增长和全要素生产率提高为基础，从不同角度对中国过去 30 多年经济快速增长进行过很多分析，也形成了很多结论。有的学者认为，在中国经济增长过程中，集约效益型和外延扩张型作用并重；有的学者认为，早期农业部门和非农部门间的劳动力转移对中国经济的作用非常大，后期投资率的作用日益明显；也有些学者分析认为，全要素生产率的作用非常有限。这些研究能识别影响中国经济增长的因素，但无法对中国经济增长的影响因素的贡献度数量化，同时也往往不考虑劳动力转移、全要素生产率提高及投资在各部门间的关联性，这样就无法真正解释中国经济增长的主要驱动力何在，使一些重要的影响增长因素无法体现出来。

加拿大多伦多大学 Brandt 等人的两篇文章《中国经济增长与结构调整》、《中国经济增长因素分析》补充了上述研究的一些不足。作者分析了包括农业、非农业、国有和非国有部门内部的生产率增长及部门间要素的重新配置对中国经济增长的影响程度，结果表明：过去 30 年，农业和非农业部门间的劳动力转移及资本投入增加对中国经济增长的贡献非常平稳且有限，而非农业非国有部门的全要素生产率提高是中国经济增长的主要驱动力，劳动力从农业部门和国有部门大量流入非农业非国有部门是经济增长的一个重要源泉（Brandt et al，2008；Brandt et al，2010）。同时，Brandt 教授等人还发现，相对于劳动力市场，中国资本市场扭曲严重：国有部门长期低效甚至亏损，但依然吸纳了超过一半的固定资产投资（Brandt et al，2013）。纠正资本市场的不良配置，加快资金要素由国有部门向非国有部门配置，提高投资效率，可以使得中国经济能够在降低总投资率的情况下仍然取得相同的经济增长速度，这应成为中国经济持续增长的重要潜在驱动力。

另有一些研究进一步探究了民营企业背后的企业家精神对中国经济增长的贡献度。清华大学教授李宏彬等人的文章《企业家精神、民营经济与经济增长：来自中国的证据》对此进行了实证分析。李宏彬教授应用中国29个省20年（1983～2003年）的面板数据检验了企业家精神对中国经济增长的影响。结论是企业家精神对样本期中国人均国内生产总值（GDP）增长率的贡献为每年1.5个百分点，大约占每年中国GDP增长率的10%（Hongbin Li et al，2012）。该研究证明了在一个转轨和发展中国家中企业家精神对经济增长的重要性。

（二）改革开放以来国有企业究竟发挥了多大作用

国有企业在中国过去30多年的高速增长中究竟发挥了多大作用？很多学者对此都有充分肯定，尤其是在2008年全球金融危机以后，认为国有企业作为国家政策工具，在稳定经济、拉动增长、解决就业等方面发挥了很重要的作用。英国诺丁汉大学教授Guest和Sutherland发表的《企业集团从属关系对绩效的影响：来自中国"国家领军企业"的证据》一文，利用全球上市公司财务分析数据库（Osiris）中的1 503家中国上市公司财务数据和来自Datastream数据库的股市数据分析了中国"国家队"（大型国有企业）附属企业的经营绩效。结果表明，这些"国家队"的下属上市公司较其他类型的上市公司表现较好。作者进一步分析认为，国家领军企业集团在中国经济发展中（特别指出在市场不完善的发展中经济体）的重要作用在不断增强。也有学者从国有企业组织结构的角度分析了国有企业能够发挥作用的原因（Guest and Sutherland，2010）。香港中文大学Fan等人发表的《制度和组织结构：国有公司金字塔型结构》一文，就指出国有企业通过多层级的金字塔结构有效防止了政府对企业的行政干预，并享有更多授权，从而发挥更大作用。作者根据对中国境内742家地方政府控股国有上市公司的研究，发现企业上市时控股结构为1层（即政府部门直接持股上市公司）的200家，占27%；2层的452家，占61%；3层的82家，占11%；4层及以上的8家，占1%。他们通过将控股层级数与政府动机因素、制度因素、企业规模、财务杠杆、成长性等进行统计回归分析，验证了所提出的3个理论假设：地方政府干预企业决策动机越弱，金字塔型结构越普遍；企业所在地市场法制环境越好，金字塔型结构越普遍；金字塔的层级数与企业上市后管理层职业化程度和运营效率正相关（Fan et al, 2012）。

但更多学者站在相反一面，加拿大多伦多大学 Brandt 教授等人通过对中国经济增长因素的分析认为，国有企业在驱动中国经济增长中的贡献并不大，而且还为此错配了很多资源。他们利用 1978 ~ 2004 年的数据研究表明：尽管国有部门的全要素生产率在不断提高，但远低于非国有部门；改革开放以来农业部门和非农业非国有部门的全要素生产率的年增长率分别是 5.38% 和 4.33%，而国有非农业部门的全要素生产率年增长率仅为 1.66%；到 2004 年，非农业非国有部门的全要素生产率比国有部门高出 80%（Brandt et al, 2008）。另外，还有很多认为国有企业应该进一步退出的实证和理论研究成果。美国南加州大学经济系 Holz 发表的《不均衡增长假说及国家的作用：中国国有企业的案例研究》一文，聚焦于非均衡增长理论的两个具体因素——产业关联效应和经济增长，分析了中国政府在决定国有经济在不同部门布局时多大程度考虑了关联效应。结果表明：尽管关联度在中国经济增长中扮演重要角色，但国有经济的退出战略并不会影响经济增长（Holz, 2011）。对于“中国是否可以战略性保留（或增加）在高关联部门的国有所有权，从而促进经济增长”这一问题，作者（Holz）持否定观点，认为只有在国有企业创造盈利（即开拓新产业、新经济）的条件下，国有企业的关联交互效应才会对经济增长有积极效应。

另外，对于国有企业会挤出私人投资的传统说法，近年来也有不少学者进行了理论分析。瑞士圣加仑大学 Buehler 和 Wey 发表的文章《国有企业何时挤出私营投资》专门分析了这个问题。文章以国有企业以最大化总投资为非利润目标作为情景进行了分析，总结出了国有企业投资挤出私营投资的条件：挤出仅当以下两点时才会发生：一是私营企业把投资看作战略替代（即一方增加投资，另一方必然会减少投资）；二是从国有企业的角度来看，私营企业投资不受欢迎时才会发生。同时，当国有企业的非利润目标存在公共卫生、安全或环保等相关考虑时，国有企业通常会排斥私营企业在此类行业中的投资（Buehle and Wey, 2012）。依照这个结论，随着中国经济增速放缓并更加注重环保、安全时，国有企业对私营投资的挤出就将会更加严重。

（三）国有企业与非国有企业间的要素错配对经济增长的影响

要素错配理论，是当前经济增长领域的前沿研究成果。理论和实证分析都表明，要素错配造成了国与国之间全要素生产率的巨大差异，而且无论是发达国家还是发展中国家都存在不同程度、不同形式的错配。要素错配是否会随着经济发展自动消除？中国经济中存在哪些要素错配？这些错配对中国经济增长又产生了什么影响？国内外很多学者对此做了大量研究。

美国芝加哥大学教授 Hsieh 和 Klenow 发表的《中印两国的不当配置和制造业全要素生产率》一文，从要素错配角度解释了富裕国家和贫穷国家的工业产出差异巨大的原因。他们根据印度（1987/1988 ~ 1994/1995 财政年度数据）、中国（1998 ~ 2005 年的工业生产年度调查数据）、美国（1977 年、1982 年、1987 年、1992 年和 1997 年）三国的制造业企业统计数据进行实证分析，主要结论是：假如要素配置完全自由化，那么美国制造业的全要素生产率可以提升 30% ~ 43%，中国可以提升 86% ~ 115%，印度可以提升 100% ~ 128%。作者还进一步探讨了中国制造业企业的全要素生产率分布与国有企业的产权关系，印度制造业企业的全要素生产率与执照、规模限制的关系，结论是：一国之内投入要素的错配可导致全要素生产率下降，如果达到美国这个标杆的配置，中国全要素生产率可提升 30% ~ 50%，印度全要素生产率可增加 40% ~ 60%（Hsieh and Klenow, 2009）。

美国麻省理工学院班纳吉教授和芝加哥大学 Banerjee 和 Moll 在《为什么错配会持续》一文中重点分析了发展中国家的资本错配是否会持续。作者建立了一个信贷约束条件下的简单资本积累模型，模型分析结果显示，集约型边际资本错配可以随着时间和系统完善而消除，而粗放型边际资本错配是难以消除的，而且会继续下去，带来全要素生产率的低下（Banerjee and Moll, 2010）。

加拿大多伦多大学教授 Brandt 利用 1998～2006 年的中国制造业企业数据对全要素生产率的增长率分解后指出，如果企业能够自由进入和退出，资源从低效率的国有企业向高效率的民营企业流动，那么这种资源重置将进一步提高中国国有企业的全要素生产率（Brandt，2009）。Brandt 教授等人的文章《中国长时间的空间与行业的要素市场扭曲》，测度了1985～2007 年间，中国在不同省和行业之间对劳动力和资本的扭曲配置所造成的非农业全要素生产率的下降程度，而且作者将全要素生产率的损失进行了分解，分解成为省际的扭曲和省内行业间的扭曲造成的全要素生产率损失。结果显示：从 1985～2007 年，要素错配对非农业全要素生产率下降的影响平均在 20% 左右，其中省内扭曲造成的全要素生产率损失超过一半；尽管在各省之间有着大量的劳动力重新配置，省际的扭曲成本在整个考察期内保持了基本稳定，且一直处于高位；省内扭曲的成本在 1985～1997 年间有所下降，每年贡献了非农业全要素生产率的增长率的 0.52%，但在 1998～2007 年间，省内扭曲的成本显著上升，使得非农业全要素生产率的增长率每年下降 0.50%；而几乎所有由省内扭曲造成的全要素生产率损失都来自于在国有企业和非国有企业之间的资本错配，且近年来快速上升（Brandt et al，2013）。他们提供的证据表明，近年来在资本市场上增加的错配与政府政策有关，政府政策鼓励国有企业投资，而挤出了在非国有企业的投资，即存在国有资本对民营资本的“挤出效应”。

要素错配理论充分说明了要素资源的不当配置会降低全要素生产率，从而降低总产出增长，同时也给我们提供了分析工具。对于中国而言，大量低效率国有企业的存在，是导致要素错配（主要是资本错配）的最主要原因。这种错配主要表现在两个方面：一是国有企业与非国有企业间的资本错配；二是国有企业内部的要素错配。在未来中国进一步的经济增长过程中，需要着力解决要素错配问题，除了在省际更加促进劳动力自由流动之外，更应着力解决好资本在国有企业和非国有企业之间的错配问题，谁的投入产出效率高，就应给予谁更多的资本支持。

（四）中国经济进一步增长的动力与政策挑战

从各种迹象来判断，中国经济正在进入不同于改革开放之后那30年高速增长的新阶段。一国经济发展会经历不同阶段，对这一问题，经济学界有不少研究，而且划分不同阶段的视角和标准也不尽相同。过去两三年，中国经济增长明显偏离过去30多年约达10%的平均速度，以及刘易斯拐点的到来，不但使许多经济学家，也使政府意识到，中国经济发展可能的确正在转入一个全新的阶段。现在，政府以“新常态”“中高速增长”“创新驱动”等词汇来概括这个新阶段，我们认为是恰如其分的。我们在下文中也将使用这些词汇。同时，我们自己也会使用其他一些类似的词汇来形容发展阶段的转折。我们还通过一些分析，判断出中国经济发展正处于外延追赶型工业化阶段的收尾期。不管以哪个术语来形容中国经济发展阶段的转折，最重要的是，这个转折的确开始出现，这个转折意味着经济增长的动力正在逐步转向创新、人力资本等非物质要素，同时在政策上也将会面临一些挑战。

在经历长时间高度增长之后的发展阶段的转折，在一定程度上意味着同前沿国家之间的距离的显著缩小。在与前沿国家距离显著缩小之后的经济发展阶段里，究竟是哪些因素促进了经济的进一步增长？Vandenbussche等人在《经济增长、前沿差距和人力资本构成》一文中，专门就人力资本、技术进步与经济增长之间的关系进行了讨论。他们考察了19个OECD国家，以5年的频率收集了1960~2000年的面板数据，研究了两个问题：（1）技术水平与先进水平的差距；（2）人力资本构成对经济增长的影响，以解释为什么发达国家教育水平与经济增长并不存在正相关性。实证分析结果表明：工人的技能是技术进步的关键因素，也是OECD国家间产生经济水平分化的原因，而且即使是在技术水平较高的国家中，经济增长仍然要依靠大量的高技术人力资源（Vandenbussche et al, 2006）。

如果说以前沿距离还难以衡量中国经济发展是否出现阶段性转折的话，日本经济学家青木昌彦关于经济发展不同阶段的划分方法对我们更具有启发意义。他发表的《经济发展的五个阶段和中日制度演化》一文中对此做出了回答。他将中国和日本的发展划分为5个阶段，如表1-5所示，并认为中国目前基本仍处于K（库兹涅茨）阶段，但对于沿海地区而言，正在或已经进入H（人力资本）阶段，如北京、上海、广州、深圳等，这些地方已经显现出比较明显的靠人力资本、智力资本驱动的特征，甚至比较靠近后人口阶段；而广大的内陆地区依然处于K阶段。在人力资本阶段，将呈现以人力资本为基础的内生增长特点，人均GDP可持续增长的可能性取决于稳定提高非农业部门人均产出的能力（Masahiko Aoki，2011）。

表1-5　　青木昌彦：经济发展的5个阶段

阶段名称	阶段典型特征	中国对应时期	日本对应时期
M阶段（马尔萨斯阶段）	农业就业率较高，一般来说在80%以上，人均收入维持在较低水平	中国的晚清时期	日本的幕府时期
G阶段（政府干预阶段）	国家工业化，政府对工业积累的显著干预，特点是人均GDP的温和增长，伴随着中等程度的结构转型	1952～1977年的中国	1880～1956年的日本，以明治维新为起点
K阶段（库兹涅茨阶段）	在快速的结构转型与人口红利影响下，人均GDP增长率非常高。人口因素对人均收入高速增长的贡献在1/4～1/2	1977～2009年的中国	1955～1969年的日本
H阶段（人力资本阶段）	以人力资本为基础的内生增长。人均GDP增长取决于经济稳定提高非农业部门人均产出的能力。K阶段到H阶段的转变点，日韩以农业就业人口比重低于20%为标志	中国沿海地区已跨越到H阶段，但内地还在K阶段	1970～1999年的日本
PD阶段（后人口转变阶段）	技术与人口特征的发展趋势从根本上要求人们以新的方式参加社会博弈	—	1999年之后的日本

资料来源：青木昌彦：《经济发展的五个阶段和中日制度演化》，《比较》（56），中信出版社2011年版。

在人力资本阶段或创新驱动阶段，经济政策会有特殊的内在要求。归纳起来有如下几点。

第一，需要市场在资源配置中发挥主导作用。麻省理工学院Acemoglu发表的《市场与政府》一文中重点讨论了市场与政府的关系。他通过建立数学模型框架来比较分析市场与政府的配置机制，通过对个人交易风险的不同影响来比较市场与政府配置机制的优劣。研究结果表明：理论上，政府配置机制可以优于市场配置机制，但政府配置机制的实施者为具有自利倾向的官员而非抽象的、善的“政府”，从而导致经济扭曲和寻租，产生市场配置机制所没有的成本，因此，可能会比市场配置更差。只有以经济扭曲和官员租金为代价，政府配置机制才可能比市场配置机制提供更好的保障。换而言之，如果经济社会发展已经到了不能容忍经济扭曲和官员租金的阶段，那么市场配置机制会更加有效（Acemoglu，2008）。

第二，产业政策应更加促进市场竞争。哈佛大学教授 Aghion 在 NBER 的工作论文《产业政策与竞争》，以 1998～2007 年中国大中型企业的生产经营数据为样本，研究了补贴、免税和关税等产业政策的有效性与行业竞争度之间的关系。结果表明：如果对企业的补贴、免税等产业政策被实施于竞争性领域（城市或行业），而且这些政策又能保持和促进行业竞争，那么对行业的全要素生产率和行业增长就会有一个正向且显著的净效应。如果补贴本身就具有垄断性，那么就不会对生产率提高产生正向效应（Aghion，2012）。这一研究成果对中国未来实施产业政策有很大启示，在更加注重发挥市场配置作用的新阶段，产业政策必须从过去干预微观经济向强化市场机制转变，从过去限制竞争向促进竞争转变，这也涉及如何对待国有企业的问题。

第三，要注重发挥大小企业在创新中的互补性。美国经济学家、普林斯顿大学 Baumol 在《自由市场经济的增长引擎：创新型企业、大公司和其他》一文中，论述了市场经济中不同主体在创新中的作用及其特点。他指出，大公司和小型创新企业在创新中的作用是不同的，而且是互补的，尽管大部分私营部门的研发投资主要来源于大公司，但是许多创新型的突破实际上主要来源于小的创新型企业。大公司的创新活动虽然占主体地位，但较少有突破型、原创型的创新活动，大企业倾向于使创新的风险程度降至最低，主要进行累积型、改进型的持续创新（Baumol，2004）。

第四，要积极培育创业型经济。联合国大学 Naudé 在论文《产业政策新挑战》中分析了当前及未来各国制定产业政策所面临的五大新挑战，特别指出了创业型经济的兴起（Naudé，2010）。对中国而言，创业型经济的兴起，不仅是过去30多年经济快速增长的一个重要因素，在未来迈入人力资本阶段，更要培育创业型经济。这就需要我们为创业型经济发展提供一个适宜的经济制度环境：缔造一个公平竞争、无歧视的市场环境；推进垄断行业改革，使得个人和企业的创业活动有更大的发展空间；改革国有企业，推动国有企业摒弃“大而全”、“小而全”的发展模式，将更多非核心业务外包给市场。

这几点要求看起来不直接针对国有企业，但是每一点都对我国现有的国有部门都构成了挑战。我们必须要清醒地认识和认真地应对这种挑战，才能使我国的经济发展在新阶段有一个良好的表现。

五、简要结论

我国国有部门的形成和壮大，有它的历史背景。在那种背景下，国有企业在加速资本积累、快速推进工业化的过程中发挥了它自己的作用。但是，随着我国经济体制的转轨和非国有部门的崛起，国有企业所造成的资源错配和市场扭曲等问题，对经济增长造成了不良影响。当经济增长更多地依赖于创新的活跃、效率的提升和人力资本的积累等因素的时候，国家就面临着一系列严峻的政策调整挑战，如何对待国有企业，正是这一系列严峻挑战之中的一个。

第二章

国有企业地位的变迁与经济增长动力的变化

经济增长是国民经济的宏观表现，企业是国民经济的微观细胞，宏观经济增长的基础就是企业的发展壮大。新中国建立之后，除了“大跃进”之后几年调整整顿时期和“文化大革命”时期，中国经济总体而言保持了较高速度的增长，而在这一增长进程中，国有企业在很长时期占有主体地位，至今为止仍然在一些重要行业具有垄断性或控制性地位。我国的经济增长动力，特别是不同时期的经济增长动力，与国有企业地位的变迁有着密切的关系，本章就是要梳理这一关系，以使我们能够从宏观经济的视野来认识作为微观细胞的国有企业，以及从企业发展的角度来看待经济增长。

一、国有企业主导地位的确立与工业化的快速推进

（一）工业化之梦与苏联示范

1. 新中国成立之初工业基础十分薄弱

鸦片战争之后，中国朝野逐渐认识到了工业化的力量，洋务运动可以说是中国工业化的第一次尝试。不过由于战乱频仍、传统势力过于强大等各种原因，直到新中国成立之初，中国仍然是一个落后的农业国，工业基础非常薄弱。

1949 年，中国无论是能源产量还是主要轻重工业产品产量，都远远落后于美国、苏联等国家，甚至大部分产品产量还落后于印度（见表 2－1、表 2－2）。

表 2－1　　1949 年中国能源产品产量的国际比较

国　家	原煤产量（万吨）	原油产量（万吨）	发电量（亿度）
美国	43 316	25 232	3 450.6
苏联	20 246（1951 年）	3 340	912.0（1950 年）
中国	3 200	12	43
印度	3 220	25.3	49.1

资料来源：根据范慕韩编的《世界经济统计摘要》，人民出版社 1985 年版，第 247 页、第 259 页、第 283 页整理。

表 2－2　　1949 年中国主要工业品产量的国际比较

国　家	粗钢产量（万吨）	烧碱（NaO，万吨）	棉纱（万吨）
美国	7 074.0	201.67	171.50（1947 年）
苏联	2 730.0（1950 年）	28.33	61.30
中国	15.8	1.5	32.70
印度	137.4	0.64	58.53

资料来源：根据范慕韩编的《世界经济统计摘要》，人民出版社 1985 年版，第 335 页、第 433 页、第 461 页整理。

从表 2－1、表 2－2 可以看出，作为工业动力的原煤，1949 年时中国的产量为 3 200 万吨，不到美国 43 316 万吨的 1/13，印度原煤产量还比中国多 20 万吨；中国的原油产量更少，只有 12 万吨，不到美国 25 232 万吨的 1/2 000，不到苏联的 1/270，与印度相比，也不到印度 25.3 万吨的 1/2。再如，作为重工业成就标志的粗钢产量，1949 年时中国只有 15.8 万吨，美国粗钢产量是中国的 447.7 倍，就连印度也有 137.4 万吨，是中国近 9 倍。在轻工业方面，主要产品产量依然远远低于发达国家。如棉纱，1949 年时中国棉纱产量为 32.70 万吨，约占苏联 61.30 万吨棉纱产量的一半略多，但印度此时棉纱产量已达到 58.53 万吨，远高于中国；1947 年时美国棉纱产量就达到 171.50 万吨，是中国 1949 年棉纱产量的 5 倍多。

新中国成立时百废待兴，面对“一穷二白”的薄弱基础，如何快速实现工业化，彻底摆脱落后挨打的局面，就成为摆在新中国第一代领导人面前的迫切问题。

2. 苏联工业化模式的示范

1917年“十月革命”诞生了世界上第一个社会主义国家——苏联。相比于西欧国家和美国，俄罗斯属于一个工业比较落后的国家，苏联成立之后，在工业化方面急起直追。后发追赶的处境再加上社会主义制度，当时苏联的工业化道路形成了比较独特的苏联模式。

从1928年苏联开始第一个五年计划建设起，到1941年6月苏德战争爆发，这13年被经济史界称之为苏联的“强制工业化”阶段。在1928年之后的10年里，苏联工业以世界经济史上前所未有的速度发展着。据苏联官方统计，1937年的工业总产值达到了1928年的446%，而据西方最保守的估计，这个数字也在249%左右。在1913年时，俄罗斯的小企业产值占到了工业总产值的1/3，而1937年，这个比例下降到6%。通过从西方引进的设备和技术，苏联的新工业主体建立起来了。到1937年，苏联已经能够大量生产钢铁、发电装置、拖拉机、联合收割机、坦克和飞机，还有各种各样的机械工具；工业的综合技术水平也得到了全面提升①。从工业轻重比例来看，苏联明显偏于重工业。从1926年到1940年，苏联的整个工业增长了10.7倍，年平均增长速度为17.8%，其中，重工业增长了18.4倍，年平均增长速度为21.9%（王俞莹，2007）。从总量上看，法国、英国、德国、美国的工业生产1937年比1913年分别增长了1%、10.4%、19.4%、54.3%，而苏联同期工业增长7.5倍。到1940年，苏联工业产量比1913年增长了11倍左右，工业产量超过德国、英国、法国，成为欧洲第一工业大国，也是仅次于美国的世界第二工业强国（叶劲松，2007）。

苏联模式大致有如下特点：第一，所有制上推崇单一的公有制；第二，实行计划经济和高度集中的行政手段；第三，推行非均衡发展战略，即优先发展重工业，忽视轻工业和农业，在重工业中又优先发展军

① 《剑桥欧洲经济史（第八卷）工业经济：经济政策和社会政策的发展》，经济科学出版社2004年版，第十四章“苏联的经济和社会政策：1917～1941”，第911页。

事工业（孔寒冰，2009）。

概言之，苏联工业化模式的核心就是“计划经济＋国有企业＋优先发展重工业”。以计划经济作为资源配置和宏观调控的手段，以公有制的国有企业作为实现工业化的载体，以优先发展重工业作为工业化的主要内容。也就是说，苏联以国家命令的方式，将社会资源强制向国有的重化工业部门集中，从而实现快速工业化。不过，苏联模式与“斯大林主义”是紧紧联系在一起的，“斯大林主义”的严酷手段对社会的伤害是难以否认的。

3. 后发国家工业化的韩国模式和印度模式

在其他后发国家的工业化进程中，韩国模式和印度模式也比较典型。

（1）韩国模式

从世界各国的工业化发展历程来看，韩国的工业化速度堪称世界奇迹，被广泛称之为“汉江奇迹”。英国实现工业化用了大约200年，日本用了100多年，而韩国仅仅用了30多年的时间就实现了从农业国向工业国的转变。

概括起来，韩国工业化模式的特点就是“产业政策＋金融管制＋国有银行＋重要行业的国有企业”，政府通过产业政策来明确投资方向和引导企业，通过金融管制和国有银行来向特定企业贷款以集中资本办大事，而重要行业的大企业（包括一些国有企业）成为国家贯彻工业化战略的扶持重点，比如创办于1968年的浦项制铁公司（POSCO）就是国有企业，曾是全球最大的钢铁制造商之一，为韩国的工业化成功立下了汗马功劳，直到2000年韩国政府才将浦项制铁公司私营化。

（2）印度模式

作为英国曾经的殖民地，在1947年独立之初的印度是一个落后的农业国和世界上最贫穷的地区之一。

苏联模式也给印度带来了示范效应。但是，印度的经济现代化特别是工业化的发展并不完全是对苏联模式的直接照搬和简单重复，它是在结合了本国具体实际的情况下，力图兼采和融合当时资本主义和社会主义经济制度的某些合理元素，尤其是资本主义和私人企业在资源配置方面的高效率与社会主义计划经济在确保经济稳定和公平分配上的长处有机地融合起来，在国家的积极干预和有力推动下，通过关键工业部门的国有化和建立新型国营经济，利用国家的经济杠杆调节国民经济，建立公营经济和私营经济、计划和市场并存的混合经济体制，走国家资本主义的发展道路，以推进和实现迅速的工业化与社会的和谐发展。可见，印度的这条道路既有别于欧美模式，又不完全等同于当时的苏联模式，按照印度官方的话说是走“中间道路”。它的出发点在于：既强调自力更生，又不放弃吸引外资；既大力发展国营企业使其占领工业的“制高点”，又一定程度地扶植私营企业发展；既搞计划经济，又有市场竞争，兼顾协调，平衡渐进（赵鸣歧，2006）。不过，从结果上来看，印度的工业化并不算成功。

4. 中国对苏联模式的选择与后发国家的资本积累

新中国成立之后，同为社会主义国家，中国的工业化以苏联模式为榜样是很自然的。

无论是苏联从一个落后农业国一跃成为欧洲工业强国之一，还是其后的中国、印度和韩国这些后发国家工业化的追赶，其中都有一个共同点，那就是资本的快速积累。资本积累是工业发展的必要条件，只不过一些先发国家与许多后发国家的资本积累的方式大相径庭。先发国家在其工业化过程中，资本积累往往是通过市场自发的方式完成的，而后发国家的工业化过程中的资本积累方式许多时候都有政府的助推作用。

古典经济学和马克思经济学都认为，压制消费的机制是资本主义市场经济中固有的高资本积累率和经济增长的基础。相反，在第二次世界大战以后的四分之一个世纪中主流的发展经济学认为，对于新独立的发展中国家，这个市场机制还不足以实现高积累和高增长，因为它们太穷，无法动员足够的储蓄。这个观点是以古典假设为基础的，即储蓄率在收入处于维持生计的水平上时为零，然后会随着人均收入的增长指数化地上升。在这一假设下，如果让自由市场来配置资源，收入接近于生计水平的贫困的发展中国家几乎不可能跳出低储蓄和低收入的恶性循环。在这种情况下，所设想的政策选择只能是以政府命令和调节来压制消费，或要求在消费前留出一块作为投资。这样一个理论观点在诱导许多发展中经济体采纳倾向于社会主义模式或政府主导模式的发展战略方面是有影响的（速水佑次郎，2003）。

（二）我国国有经济主导地位的确立

1. 设立国有企业和形成计划体制

1949～1956年，是中国从新民主主义向社会主义转变的时期。对于新民主主义的经济形态，毛泽东于1949年3月在中共七届二中全会上曾做了完整的概括："国营经济是社会主义性质的，合作经济是半社会主义性质的，加上私人资本主义，加上个体经济，加上国家和私人合作的国家资本主义经济……这些就构成新民主主义的经济形态"[①]。不过新民主主义没有持续多久我国就开始快步进入社会主义了。20世纪50年代中期的农村合作化运动、民族资本主义工商业和手工业的社会主义改造，再加上大量国有企业的设立，使整个社会的所有制关系发生了根本性的变化，全民所有制占据了绝对主导的地位。与此同时，计划经济体制也基本确立了[②]。

从1953年开始实施的第一个五年计划（简称"一五"计划），是我国工业化的起点。1953～1957年的"一五"计划期间，工业建设的基本任务是集中主要力量进行以苏联帮助中国设计的156个建设项目为中心、由限额以上的694个建设项目组成的工业建设，从而建立我国社会主义工业化的初步基础。由苏联援建的156项重点工程基本上全部是重工业，主要包括鞍山钢铁、武汉钢铁、包头钢铁3个大型钢铁联合企业，长春第一汽车制造厂、武汉重型机床厂、哈尔滨汽轮机厂、兰州炼油化工设备厂、洛阳第一拖拉机制造厂等机械工业企业以及其他工业行业中的重要企业。具体而言，156项建设中，国防军事工业占了相当大

---

① 《毛泽东选集》（第四卷），人民出版社1991年版，第1 433页。

② 董辅礽主编：《中华人民共和国经济史》（上卷），经济科学出版社1999年版，前言第5、6页。

比重，共44项，其中航空12项、电子10项、兵器16项、航天2项、船舶4项；冶金20项，其中钢铁7项、有色金属13项；化学工业7项；机械加工工业24项；能源工业52项，其中煤炭25项、电力25项、石油2项；轻工业和医药工业3项等①。

从上述156项苏联援建工程的领域可以看出，军事、冶金、机械加工、能源等都是我国急需发展的领域。虽然这156个项目在“一五”期间投入施工的只有146项，另有4项推迟施工，还有6项最终没有从图纸变为现实，但是这批项目的的确确奠定了我国工业化的最初基础。这些都是大型国有企业，而且是新中国在苏联帮助下建设的最早的一批国有企业，在日后的国民经济建设中发挥了巨大的作用，因此，它们经常被称为“共和国的长子”。

“一五”计划总体执行情况较好，到“一五”计划末即1957年末，我国工业领域中国有企业已经达到了4.96万户，户数占全国16.95万家工业企业的29.3%，但国有工业企业的工业总产值已经达到378.5亿元，占当年全国工业总产值的53.8%，远高于户数占比②。随后开展的“二五”计划（1958～1962年）因受到“大跃进”、人民公社化运动、自然灾害以及苏联撕毁合同等因素的干扰，国民经济大起大落，发展并不顺利；之后的1963～1965年开展了三年过渡，“三五”计划（1966～1970年）虽然受到“文化大革命”的干扰，但各主要经济指标都完成了计划；“四五”计划（1971～1975年）执行得不太顺利。到“五五”计划（1976～1980年）之后，我国国民经济建设才逐步走上正轨，1977～1978年间社会总产值、工农业总产值、国民收入连续两年大幅度增长，主要工农业产品的产量恢复或者超过了历史最好水平。到1980年，我国国有工业企业户数已达8.34万户。

总之，在1953～1980年的近30年间，通过计划经济模式下大量建立国有企业，我国实行了强制式的资本积累，完整的工业体系得以基本

① 董辅礽主编：《中华人民共和国经济史》（上卷），经济科学出版社1999年版，第268、269页。

② 国家统计局：《新中国六十年统计资料汇编》。

建立。

如表 2－3 所示，虽然我国国有工业企业户数占比并不高，不到 30%，但国有工业企业的工业总产值在全国工业总产值中的占比从 1949 年开始却一直在提高，一直到 1958 年，国有工业企业在工业总产值中的比重已经提高到了 89.2%，1960 年达到顶峰，为 90.6%，随后到 1970 年，基本稳定在 90% 左右。1970～1980 年国有工业企业在工业总产值中的比重有所下降，集体工业企业在工业总产值中的比重逐渐上升，但一直到 1980 年，国有工业企业在工业总产值中的比重仍然高达 76.0%。值得注意的是，从 1958 年"大跃进"开始，我国国有工业企业和集体工业企业占全国工业总产值的比重就开始达到 100%，仅个别年份略微下降（1966 年降为 99.8%，1980 年降为 99.9%），这表明从 1958 年开始，非公有制成分在工业领域基本不复存在，这造成了一个经济体中最有活力的经济成分的消失（见图 2－1）。

表 2－3　"一五"到"四五"期间我国国有工业企业户数情况

	全国工业企业单位数（万个）	国有工业企业户数（万个）	集体工业企业户数（万个）	国有企业户数占比
1957 年（"一五"末）	16.95	4.96	11.99	29.3%
1962 年（"二五"末）	19.74	5.30	14.44	26.8%
1970 年（"三五"末）	19.51	5.74	13.77	29.4%
1975 年（"四五"末）	26.29	7.50	18.79	28.5%
1980 年（"五五"末）	37.73	8.34	29.35	22.1%

资料来源：国家统计局：《新中国六十年统计资料汇编》。

2. 工业化的快速推进

新中国成立后，尤其是几个五年计划的实施，使得我国的工业化快速推进。如表 2－4 所示。

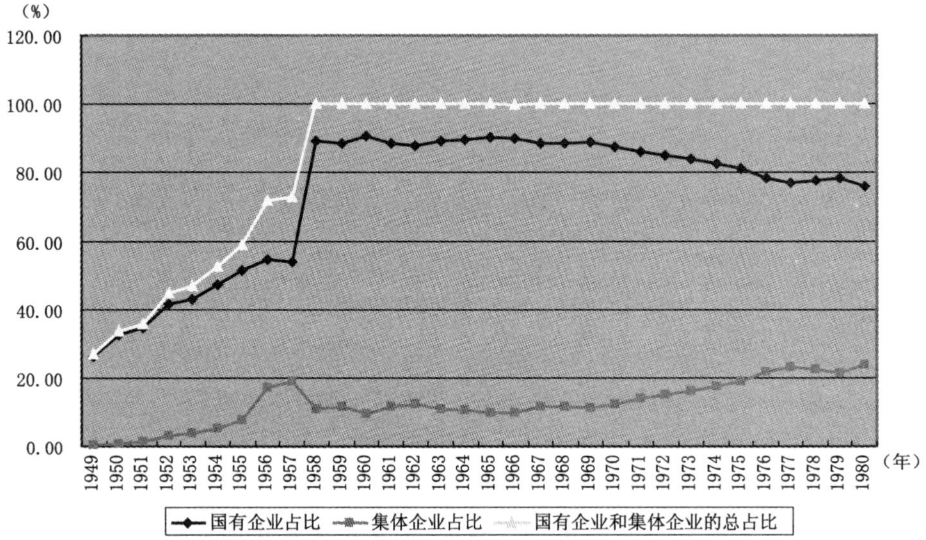

图 2－1 1949～1980 年我国工业总产值中的所有制结构

资料来源：根据《新中国六十年统计资料汇编》数据整理制图。

表 2－4 各个时期我国工业生产平均增长速度 （单位：%）

	工业总产值		
	全部工业	轻工业	重工业
“一五”时期（1953～1957）	18.0	12.9	25.4
“二五”时期（1958～1962）	3.8	1.1	6.6
1963～1965 年	17.9	21.2	14.9
“三五”时期（1966～1970）	11.7	8.4	14.7
“四五”时期（1971～1975）	9.3	8.2	10.7
“五五”时期（1976～1980）	9.6	11.5	8.2

资料来源：《中华人民共和国 1985 年工业普查资料（简要本）》，中国统计出版社 1989 年版，第 13 页。

“一五”计划中我国工业得到高速发展，“一五”时期我国工业总产值年平均增长速度高达 18%（见表 2－5）。

表 2-5　　我国工业 1953~1957 年平均每年增长速度　　（单位：%）

	工业生产指数	钢	生铁	原煤	发电量
中国	18.0	31.7	25.2	14.4	21.6
英国	4.1	5.7	5.9	下降	7.8
美国	2.8	3.9	5.0	7.8	9.1

资料来源：《伟大的十年》，人民出版社 1959 年版，第 96 页。转引自董辅礽主编：《中华人民共和国经济史》（上卷），第 275 页。

无论是轻工业产品如纱、布、电视机等，还是重工业产品如原油、钢、载重汽车等，都在新中国的快速工业化中从无到有，从少到多，产量迅猛增长，举世瞩目（见表 2-6）。

表 2-6　　我国部分工业品在主要年份节点的产量情况

年份	纱（万吨）	布（亿米）	电视机（万台）	原油（万吨）	钢（万吨）	载重汽车（万辆）
1949	32.7	18.9		12	16	
1952	65.6	38.3		44	135	
1957	84.4	50.5		146	535	0.62
1962	54.8	25.3	0.36	575	667	0.78
1965	130.0	62.8	0.44	1 131	1 223	2.65
1970	205.2	91.5	1.05	3 065	1 779	4.71
1975	210.8	94.0	17.78	7 706	2 390	7.76
1980	292.6	134.7	249.20	10 595	3 712	13.55

资料来源：《中华人民共和国 1985 年工业普查资料（简要本）》，中国统计出版社 1989 年版，第 5~8 页。

二、国有企业发展在当时促进了经济增长

从“一五”计划开始，通过强制的资本积累设立了大量的国有企业的发展，使我国工业化快速起步，促进了我国的经济增长。

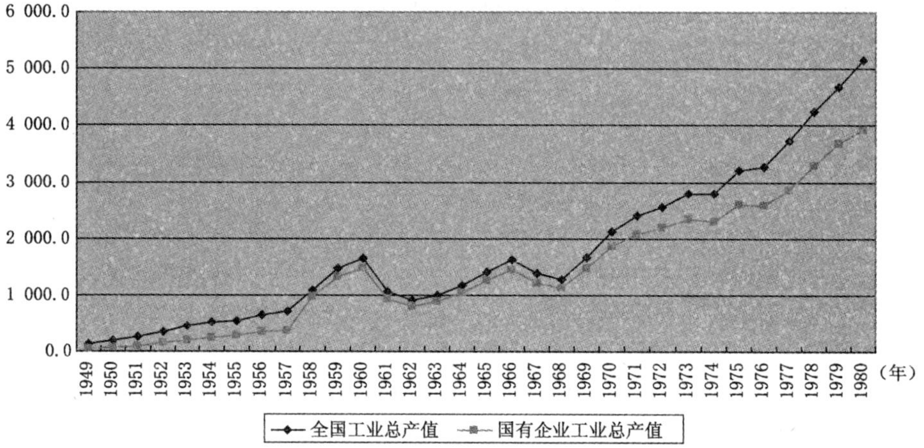

图 2－2 我国工业总产值与国有企业工业总产值的关系（单位：亿元）

资料来源：根据《新中国六十年统计资料汇编》数据整理制图。

从图 2－2 不难看出，全国工业总产值曲线和国有企业工业总产值曲线保持了高度的一致性。结合图 2－1，从 1958 年到 1970 年，我国国有工业企业在工业总产值中的比重基本稳定在 90% 左右，只是在 1970～1980 年，国有工业企业在工业总产值中的比重才逐渐下降到 76%，这也是图 2－2 中全国工业总产值曲线和国有企业工业总产值曲线在 1970～1980 年间偏离距离逐渐拉大的原因。换言之，新中国成立后，尤其是“一五”计划以来，主要是国有工业企业的发展推动了我国的工业化进程。而图 2－3 全国工业总产值增长率与国有企业工业总产值增长率的关系更清楚地反映了这一点。

在图 2－3 中，从 1950～1980 年的 30 年间，国有企业工业总产值增长率与全国工业总产值增长率保持了高度的一致性；如果从 1958 年向后看，国有企业工业总产值增长率与全国工业总产值增长率基本完全重合。

此外，从表 2－7 中可以看出，从 20 世纪 60 年代一直到 80 年代，在工业经济中，国有企业一直都发挥着主力军的作用。

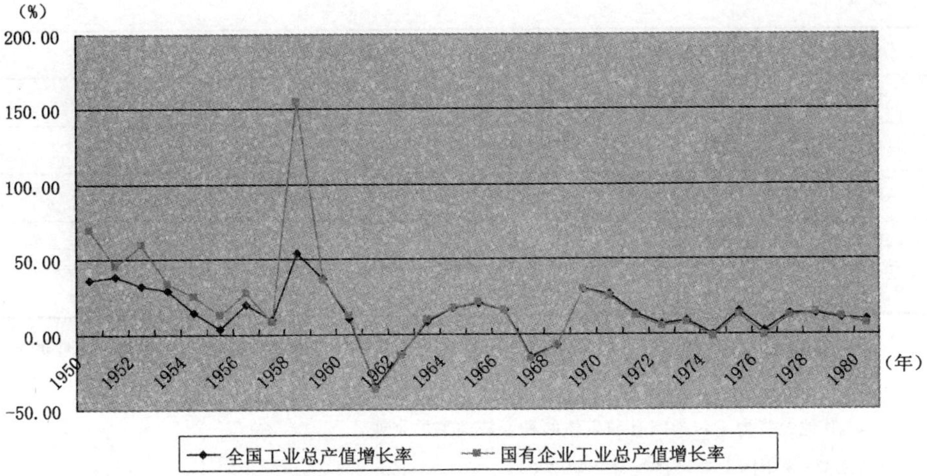

图 2-3　全国工业总产值增长率与国有企业工业总产值增长率的关系

资料来源：根据《新中国六十年统计资料汇编》数据整理制图。

表 2-7　各种经济类型工业企业在工业总产值所占比重　（单位：%）

年份	国有控股	集体经济	城乡个体经济	其他经济
1952	41.54	3.26	20.57	34.63
1957	53.77	19.03	0.83	26.37
1963	89.33	10.67		
1964	89.54	10.46		
1965	90.07	9.93		
1966	90.18	9.82		
1967	88.46	11.54		
1968	88.42	11.58		
1969	88.71	11.29		
1970	87.61	12.39		
1971	85.91	14.09		
1972	84.88	15.12		
1973	84.02	15.98		
1974	82.41	17.59		

续表

年份	国有控股	集体经济	城乡个体经济	其他经济
1975	81.09	18.91		
1976	78.33	21.67		
1977	77.03	22.97		
1978	77.63	22.37		
1979	78.47	21.53		

注：1. 本表按当年价格计算。1957 年及以前其他经济类型工业为公私合营工业和私营工业的数字（下同）。

2. 其他经济为不包括国有和集体两种经济类型的企业。

资料来源：《中国工业经济统计年鉴 2004》。

回顾改革开放前 30 年，我国通过对国有企业实行高度集中的计划经济体制来推进工业化进程。1952～1978 年，我国独立核算的国营工业企业，固定资产原值由 149.2 亿元增加到 3 193.4 亿元；资金总额由 147.1 亿元增加到 3 273 亿元；利润和税金总额由 37.4 亿元增加到 790.7 亿元。1952～1978 年，国营商业企业的收购总额由 175 亿元增加到 1 739.7 亿元，其中，工业品收购额由 84.5 亿元增加到 1 263.4 亿元；农副产品由 90.1 亿元增加到 459.9 亿元。与此同时，我国的主要工业产品生产能力得到大幅度增长（见表 2－8），初步形成了较为独立、相对完整的工业体系和国民经济体系①。

表 2－8　　我国主要工业产品产量的变化

项　目	单位	1952 年	1978 年	1978 年比 1952 年增长（倍）
布	亿米	38.3	110.3	2.9
丝织品	亿米	0.65	6.11	9.4
机制纸及纸板	万吨	37	439	11.9
糖	万吨	45	227	5.0

① 邵宁主编：《国有企业改革实录（1998～2008）》，经济科学出版社 2014 年版，第 5 页。

续表

项　目	单位	1952 年	1978 年	1978 年比 1952 年增长（倍）
自行车	万辆	8	854	106.8
缝纫机	万架	6.6	486.5	73.7
手表	万只		1 351.1	
原煤	亿吨	0.66	6.18	9.4
原油	万吨	44	10 405	236.5
发电量	亿度	73	2 566	35.2
生铁	万吨	193	3 479	18.0
钢	万吨	135	3 178	23.5
成品钢材	万吨	106	2 208	20.8
水泥	万吨	286	6 524	22.8
木材	万立方米	1 233	5 162	4.2
金属切削机床	万台	1.37	18.32	13.4
汽车	万辆		14.91	
内燃机	万马力	4	2 818	704.5
民用钢质船舶	万吨	2.1	86.1	41.0

资料来源：邵宁主编：《国有企业改革实录（1998～2008）》，经济科学出版社 2014 年版，第 5～6 页。

三、国有企业和计划经济弊端的显现

（一）宏观经济大起大落和重要比例关系的失调

随着时间的推移，国有企业和计划经济的弊端开始逐渐显现。国有企业从本质上来看是政府的附属物，不但缺乏市场化的经营机制，也缺乏根据市场变化进行调整的能力，所以，宏观经济的大起大落和国民经济中重大比例的失调与国有企业的行为是密切相关的。

从表 2 -9 中不难看出，在国有工业企业的工业总产值增速很高时，通常都伴随着我国 GDP 的高增速（即大起，1953 年、1956 年、1958 年、1964 年、1965 年、1969 年 1970 年）；而当国有工业企业的工业总产值增速为负值时，也往往伴随着我国 GDP 较为明显的负增长（即大落，1961 年、1962 年、1967 年、1968 年、1976 年）。也就是说，从 1958 年开始，国有工业企业的工业总产值占了全国工业总产值的 90% 左右，一直到 1980 年仍占有 76% 的高份额，而我国 GDP 又以工业为主，因此，国有工业企业在生产上大的波动，往往引发了国民经济（即 GDP）的大起大落。经检验，1953 ~1980 年，国有工业企业的工业总产值增长率与我国 GDP 增长率的相关性达到 0.67。

表 2 -9 国有工业企业的工业总产值增长率与我国 GDP 增长率的对比（单位：%）

年份	国有工业企业的工业总产值增长率	我国 GDP 增长率
1953	33.6	15.60
1954	25.3	4.20
1955	12.8	6.80
1956	27.9	15.00
1957	8.1	5.10
1958	155.1	21.30
1959	36.0	8.80
1960	12.9	-0.30
1961	-36.6	-27.30
1962	-14.1	-5.60
1963	9.8	10.20
1964	17.5	18.30
1965	21.2	17.00
1966	15.7	10.70
1967	-16.4	-5.70
1968	-7.1	-4.10
1969	30.0	16.90

续表

年份	国有工业企业的工业总产值增长率	我国 GDP 增长率
1970	25.6	19.40
1971	11.8	7.00
1972	5.0	3.80
1973	7.8	7.90
1974	-2.0	2.30
1975	13.0	8.70
1976	-1.3	-1.60
1977	11.8	7.60
1978	14.6	11.70
1979	11.7	7.60
1980	6.6%	7.80

资料来源：根据《新中国六十年统计资料汇编》数据计算整理。

此外，还出现了重大比例的失调，如投资与消费比例失调、重工业与轻工业比例失调（见图2-4）。

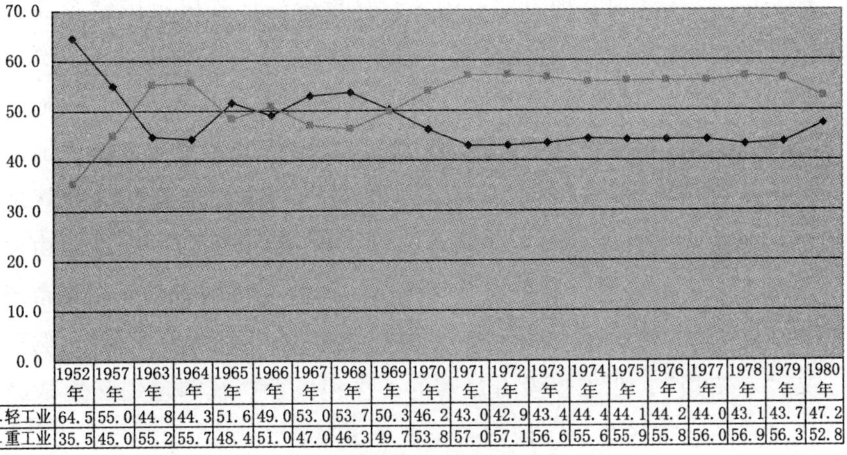

	1952年	1957年	1963年	1964年	1965年	1966年	1967年	1968年	1969年	1970年	1971年	1972年	1973年	1974年	1975年	1976年	1977年	1978年	1979年	1980年
轻工业	64.5	55.0	44.8	44.3	51.6	49.0	53.0	53.7	50.3	46.2	43.0	42.9	43.4	44.4	44.1	44.2	44.0	43.1	43.7	47.2
重工业	35.5	45.0	55.2	55.7	48.4	51.0	47.0	46.3	49.7	53.8	57.0	57.1	56.6	55.6	55.9	55.8	56.0	56.9	56.3	52.8

轻工业　重工业

图2-4　1952~1980年我国轻重工业在工业总产值中所占百分比（%）

资料来源：《中国工业经济统计年鉴（2012）》。

从表 2－9、图 2－4 不难看出，在建国初期，我国主要以轻工业为主。1952 年时，在工业总产值中，轻工业占 64.5%，重工业仅占 35.5%，但随着“一五”计划、“二五”计划的开展，为了尽快建立工业体系，工业建设有意向重工业倾斜。到 1963 年，工业总产值中轻工业就只占 44.8%，重工业占了 55.2%。随后个别年份的轻工业所占份额超过了重工业，但从 1970～1980 年，重工业相比轻工业占据了绝对优势，在工业总产值中所占比重是重工业比轻工业基本稳定在 55∶45，重工业常年比轻工业高 10 个百分点左右，而重工业的建设主要是以国有企业为主。

（二）国有企业本身的弊病亦逐渐显现

中国国有企业体制是在 156 个苏联援建项目和 694 个限额以上建设项目的集中统一管理为基础建立起来的。在这种体制下，国有企业在很长时间里实际上被称“国营企业”。根据一些经济学家的研究，这种企业体制的特点与弊病主要体现在以下几点①：

一是在管理体制方面，国家对国营企业实行“统一领导，分级管理”；二是在计划管理方面，国家制订指令性计划决定国营企业各项经济活动；三是在投资管理方面，国家对国有企业基本建设的投资权高度集中；四是在财务管理方面，国家对国营企业实行“统收统支”和“大锅饭”的财务收支管理制度；五是在产品进入流通方面，国家对国营企业的产品和原材料“统购包销”进行分配和定价的统一管理；六是在劳动工资管理方面，国家对国营企业用工进行统一分配。由此不仅带来了政企不分的国有资产管理体制，而且使得国有企业不是市场主体和利益主体，企业没有积极性；国有企业员工端“铁饭碗”、吃平均主义“大锅饭”，职工也没有足够的工作积极性；统购包销和短缺经济替代了市场和市场竞争，使国有企业无市场竞争力。

① 张卓元、郑海航主编：《中国国有企业改革 30 年回顾与展望》，人民出版社 2008 年版，第 22～25 页。

（三）国有企业经营状况开始困扰政府

随着时间推移，国有企业的种种弊病逐渐显露出来，并体现到企业经营状况上。从20世纪70年代初开始到70年代中期，国有企业中亏损企业亏损总额与盈利企业盈利总额之比迅速上升；这个比例在1978年由于国有企业改革的启动而急剧下降，但从20世纪80年代后期开始又逐年明显上升。国有企业经营状况虽然时好时坏，但总体来看，国有企业经营状况时时成为政府的一种困扰。

从表2-10不难看出，在20世纪70年代，国有工业企业的经营状况有所恶化，亏损企业亏损总额与盈利企业盈利总额之比迅速上升，1972年亏损企业亏损总额与盈利企业盈利总额之比为8.3%，之后这一比例一直上升，到1976年已经上升到19.5%。1978年改革开放对国有企业放权让利后，这一比例才降下来。

表2-10　国有工业企业亏损额与利润总额的比较

年份	亏损企业亏损总额（亿元）	盈利企业盈利总额（亿元）	亏损企业亏损总额与盈利企业盈利总额之比（%）
1972	32.3	387.4	8.3
1973	39.9	409.1	9.8
1974	61.8	378.1	16.3
1975	55.1	418.5	13.2
1976	76.9	394.0	19.5
1977	60.7	445.2	13.6
1978	42.1	550.9	7.6
1979	36.4	599.2	6.1
1980	34.3	619.7	5.5
1981	46.0	625.7	7.4
1982	47.6	645.3	7.4
1983	32.1	673.0	4.8
1984	26.6	732.8	3.6

续表

年份	亏损企业亏损总额（亿元）	盈利企业盈利总额（亿元）	亏损企业亏损总额与盈利企业盈利总额之比（%）
1985	32.4	770.6	4.2
1986	54.5	744.4	7.3
1987	61.0	848.0	7.2
1988	81.9	972.9	8.4

资料来源：根据《中国工业经济统计年鉴（2012）》数据整理计算。

四、非公企业的进入与国有企业的“搞活”

（一）1978年之后大量非公企业诞生和发展

1978年之后，伴随着全国范围的对内改革和对外开放，公有企业（国有企业和集体企业）一统天下的格局逐渐被打破，在相关政策的放开与鼓励下，个体工商户、私营（民营）企业和三资企业等非公有制企业从无到有、从少到多，开始登上中国经济发展的舞台。中国改革开放后第一个“个体工商户营业执照”诞生于1979年的浙江省温州市。到1981年底，全国个体户首次突破100万户，1987年底，这个数字变成了1 000万户①。私营企业在改革开放后也逐渐合法化，1987年党的“十三大”正式提出允许私营经济存在和发展，到1991年底，私营企业发展到10.8万户，从业人员达到184万人②。外资企业也在我国不断发展，国家先后通过了《中外合资经营企业法》（1979年7月）、《外

① 《浙江的十个全国第一：改革开放后第一位个体户》，2008年10月9日，浙江在线新闻网站。

② 王忠禹：《深化改革，科学发展，推进企业现代化建设》，2008年5月24日在全国有企业家活动日上的讲话。参见王忠禹：《国有企业改革攻坚纪实》，企业管理出版社2010年版，第1～27页。

资企业法》（1986 年 4 月）、《中外合作经营企业法》（1988 年 4 月），为外国资本进入我国提供了法律依据，扫清了障碍。个体户、私营企业、外资企业的发展，使我国的非公经济部门不断活跃起来。

（二）20 世纪 80 年代“搞活”国有企业

从 20 世纪 70 年代末开始，国家鼓励国有企业通过多种形式“搞活”。

改革开放初期，在计划经济体制下，扩大企业经营自主权成为最紧迫的问题。1979 年 7 月，国务院发布了《关于扩大国营工业企业经营管理自主权的若干规定》等 5 个文件，标志着以放权让利为重点的企业改革在全国范围内正式开始。1984 年 3 月 24 日，福建省 55 位国营骨干企业的厂长经理在《福建日报》上发出“请给我们松绑”的呼吁，言辞恳切地提出“放权不能只限于上层部门之间的权力转移，更重要的是要把权力落实到基层企业”，《人民日报》全文转发了这份呼吁书，此事成为我国国有企业改革发展史上的一个标志性事件。两个月后的 1984 年 5 月 10 日，国务院就发布了《关于进一步扩大国营工业企业自主权的暂行规定》，即著名的“扩权十条”，明确规定了企业拥有更多的生产经营自主权。1984 年 10 月，党的十二届三中全会做出了《关于经济体制改革的决定》，指出增强企业的活力，特别是增强全民所有制的大中型企业的活力，是以城市为重点的整个经济体制改革的中心环节。要使企业真正成为相对独立的经济实体，成为自主经营、自负盈亏的社会主义商品生产者和经营者，成为具有一定权利义务的法人。从此，我国国有企业改革发展开始探索所有权和经营权相互分离，先后推行了利润留成、利改税、承包和租赁经营等多种经营责任制形式。1988 年 4 月，七届全国人大一次会议通过《企业法》，明确将全民所有制企业的财产授予企业经营管理。从 1987 年开始，承包经营责任制成为国有企业的主要经营形式。一大批企业通过实行承包制，滚动发展，迅速壮大①。

那么，如何衡量改革开放后国有企业经营状况有所改善呢？有不少指标可以证明这一点。我们可以从工业国有企业中亏损企业亏损总额与盈利企业盈利总额之比来清楚地看到这一点（见图 2－5）。在“文化大革命”结束前，可以清楚地看到，工业国有企业中亏损企业亏损总额与盈利企业盈利总额之比一路波动上升，到 1976 年达到接近 20%。但是随着“文化大革命”的结束和政策的“搞活”放开，工业国有企业中亏损企业亏损总额与盈利企业盈利总额之比迅速下降，随后，1978～1988 年，该比值始终稳定在低于 10% 的水平。这显示出工业国有企业在“文化大革命”结束后或者说改革开放后经营状况有所好转。

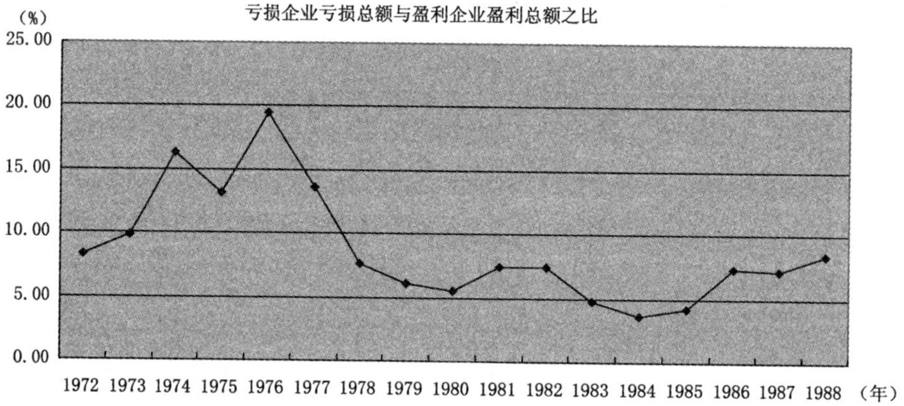

图 2－5 20 世纪 70～80 年代工业国有企业的亏损状况明显改善

资料来源：根据《中国工业经济统计年鉴（2012）》数据整理计算。

（三）国有经济与非国有经济的比重开始发生变化

首先，从企业数量上看，工业企业中非公单位的数量自改革开放后增长较为迅猛，工业企业中国有与非国有的单位数比重开始逐渐发生了

① 参考了王忠禹：《深化改革，科学发展，推进企业现代化建设》，2008 年 5 月 24 日在全国国有企业企业家活动日上的讲话。参见王忠禹：《国有企业改革攻坚纪实》，企业管理出版社 2010 年版，第 1～27 页。

变化（见表2－11和图2－6）。

表2－11　　各种经济类型工业企业单位数　　（单位：万个）

年份	企业单位数	国有经济	集体经济	其他经济
1980	37.73	8.34	29.35	0.04
1985	46.32	9.37	36.78	0.17
1990	50.44	10.44	39.11	0.88
1995	59.21	11.80	41.36	6.05
2000	16.29	5.35	3.78	7.16
2005	27.18	2.75	1.59	22.84
2010	45.29	2.03	0.92	42.34
2011	32.56	1.71	0.53	30.32

注：1. 1997年及以前年份统计范围为全部工业企业（包括个体工业）。

2. 1998～2006年范围为全部国有及年产品销售收入在500万元及以上非国有工业企业。

3. 2007～2010年为年主营业务收入在500万元及以上的工业企业。

4. 2011年为年主营业务收入在2 000万元及以上的工业企业（下同）。

资料来源：《中国工业经济统计年鉴（2012）》。

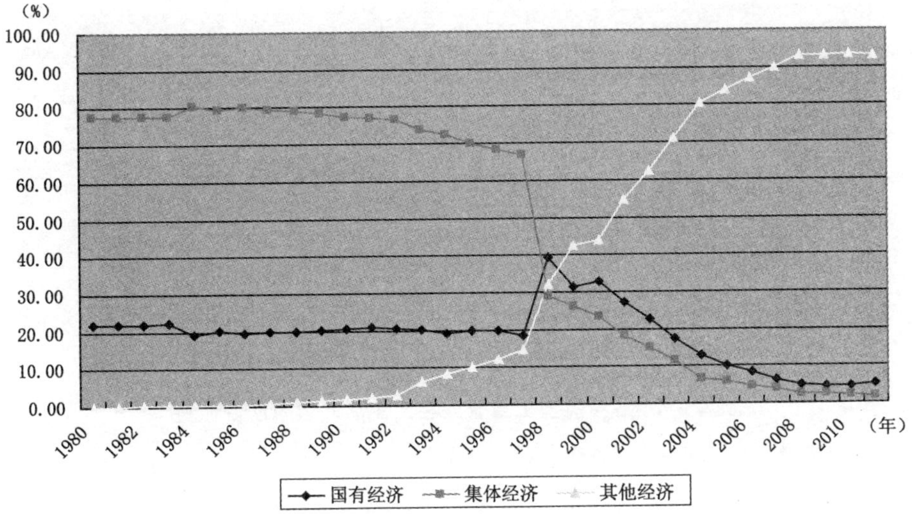

图2－6　工业企业中各种类型企业的单位数占比

资料来源：《中国工业经济统计年鉴（2012）》。

其次，如果将其他经济进一步细分为城乡个体经济（即个体户）和其他经济，从图 2－7 中就可以看出它们在工业总产值中所占比重的变化。“文化大革命”刚刚结束的 1976 年，在工业总产值中，国有控股企业占 78.33%，集体企业占 21.67%；在随后的年月中，国有控股企业在工业总产值中的比重基本上一路下降，到 1992 年降为 51.52%，随后即跌破 50%，到 1999 年该比重降到了 28.21%；集体企业在工业总产值中的比重缓慢上升，到 1996 年达到高点 39.39%，随后几年还略有下降；从 1980 年才重新恢复的城乡个体经济和其他经济成分（私营企业＋外资企业）可以说是从零起步一路上升，1980 年时城乡个体经济在工业总产值中占 0.02%，到 1999 年时上升为 18.18%，而其他经济成分（私营企业＋外资企业）1980 年时在工业总产值中占比为 0.47%，随后迅猛上升，到 1999 年时该占比上升为 26.14%，已经接近了国有控股企业的所占比重。

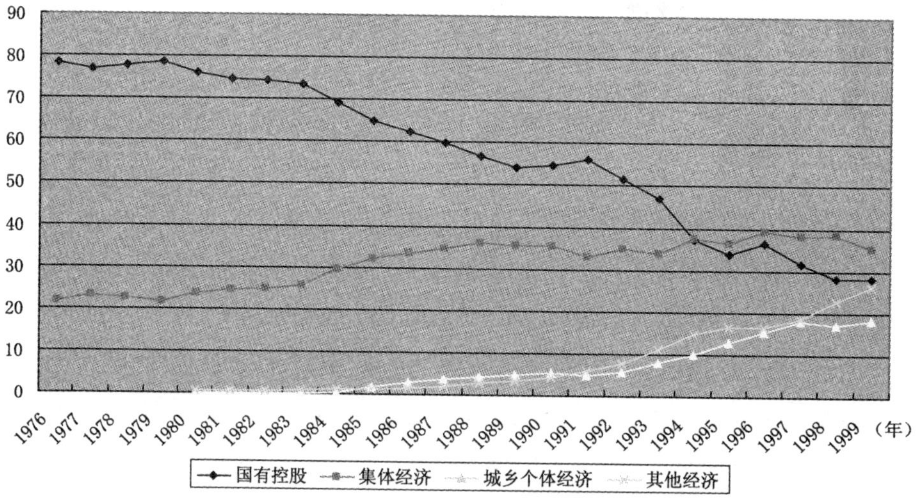

图 2－7 各种类型工业企业在工业总产值中所占比重

资料来源：《中国工业经济统计年鉴（2012）》。

综上所述，自改革开放之后，工业增长中国有与非国有的比重开始发生了明显的重大变化，即国有比重从占绝对优势逐渐下降，而非国有比重从零起步逐渐上升；到 20 世纪 90 年代末期，在工业总产值中，非公有制成分所占比重已经开始接近国有成分（不含集体经济）所占比重。

五、所有制竞争的强化与国有企业的困境

（一）20世纪90年代国有企业逐渐陷入困境

自改革开放以来，非国有经济比重持续上升。这在学界早已引起了人们的广泛关注。不少学者认为，非国有经济比重上升的根本原因在于非国有企业效率高于国有企业效率。例如，刘小玄（2000）对1986～1990年中国的所有制结构及其效率进行了分析。结果发现，中国的乡镇企业技术效率高于国有企业，甚至出现了乡镇企业的生产效率高于城市的集体企业现象。在国有企业、集体企业和乡镇企业三者之间，乡镇企业最有效率，而国有企业效率最低。

随着非国有企业的快速崛起，在广大非国有企业的勃勃生机面前，国有企业由于体制机制原因、人员冗余、包袱沉重等原因而节节败退，亏损面不断扩大。在20世纪90年代，国有企业逐渐陷入困境。

根据国家统计局提供的数据，截至1997年底，全国31个省（区、市）的国有及国有控股工业企业盈亏相抵之后，有12个省（区、市）为净亏损。从行业状况看，多个行业部门亏损严重，其中，纺织、煤炭、有色、军工、建材全行业亏损，形势严峻，全国国有及国有控股的16 874户大中型工业企业，亏损6 599户，亏损面达39.1%，亏损额达665.9亿元。这一趋势还在蔓延。表2－12、表2－13中可清楚直观地显示当年国有企业经营状况的窘境。

表 2－12　　　　国有大中型工业企业基本情况

	1994 年	1995 年	1996 年	1997 年
企业数（户）	14 517	15 668	15 763	16 874
亏损企业数（户）	4 220	5 151	5 885	6 599
亏损面（%）	29.07	32.88	37.33	39.11
利润总额（亿元）	831.43	704.97	493.56	856.50
盈利企业盈利额（亿元）	1 153.55	1 145.41	1 048.78	1 522.40
亏损企业亏损额（亿元）	322.12	440.44	555.22	665.90
资产总额（亿元）	32 188.22	39 346.37	44 246.30	57 781.70
负债总额（亿元）	21 661.47	25 426.24	28 186.22	36 462.34
资产负债率（%）	67.30	64.62	63.70	63.10

资料来源：邵宁主编：《国有企业改革实录（1998～2008）》，经济科学出版社 2014 年版，第 48 页。

表 2－13　　　　国有工业企业亏损基本情况

年份	亏损额（亿元）	亏损面（%）	亏损率（%）
1990	348.76	27.55	47.33
1991	367.00	25.84	47.71
1992	369.27	23.36	40.83
1993	452.64	28.78	35.64
1994	482.59	30.89	36.79
1995	639.57	33.53	43.87
1996	790.68	37.70	63.51
1997	830.95	38.22	66.01

资料来源：邵宁主编：《国有企业改革实录（1998～2008）》，经济科学出版社 2014 年版，第 48 页。

从表 2－12、表 2－13 可以看出，在 1997 年前后，中国国有经济状态低迷，国有工业企业的亏损率在 1997 年达到了 66.01%，即接近 2/3。而据财政部统计，1998 年时，全国 23.8 万户国有企业中（不含金融国有企业），盈利面仅为31.3%，即亏损面高达68.7%。全国国有企业中盈利企业盈利额为3 280.2 亿元，而亏损企业亏损额高达-3 066.5亿元，盈亏相抵后利润总额仅为213.7亿元①。

从整个工业国有企业的状况来看，以亏损企业的亏损总额与盈利企业的盈利总额之比这一指标来衡量（见图2-8），在整个20世纪80年代，由于不断的放权让利、扩大企业经营自主权试点，国有企业有了一些活力，这时亏损企业的亏损总额与盈利企业的盈利总额之比还低于10%。但是，从1989年开始，这一比例迅速上升，在整个90年代一路攀升，到1998年上升到峰值，亏损企业的亏损总额与盈利企业的盈利总额之比高达68.70%！因此，图2-8从一个侧面非常清楚地显示出在20世纪80年代尚好的国有工业企业在20世纪90年代大面积陷入亏损的困境。

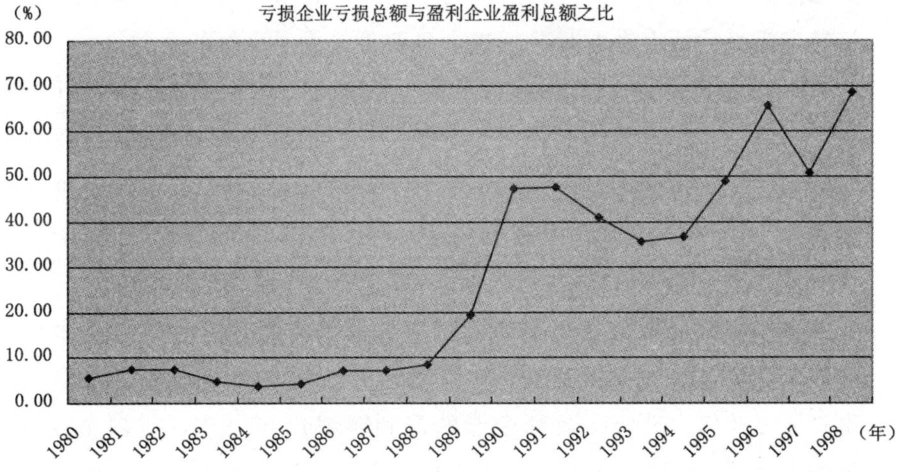

图2-8　工业国有企业中亏损企业的亏损总额与盈利企业的盈利总额之比

资料来源：根据《中国工业经济统计年鉴（2012）》数据整理计算。

（二）20世纪90年代末国有企业3年改革脱困

国有企业效益的下滑引发了诸多社会问题，有的问题已经到了非常

① 数据来源于财政部主编的《中国财政年鉴（2005）》。

尖锐的程度。从地域上看，东北三省作为国有企业集中的老工业基地，无疑是国有企业陷入困境的重灾区之一，其中，辽宁省非常具有代表性。到1997年，辽宁全省国有工业企业已经连续3年净亏损，当时的926户国有大中型企业亏损的有491户，亏损面高达53%，一大批企业处于停产、半停产状态。由于国有企业亏损严重、亏损面大、涉及面广，引起了国内外的广泛关注，被称为“辽宁现象”。

毫无疑问，全国国有企业较为普遍地陷入困境，引发了上一轮国有企业改革。面对国有企业改革与发展面临的严峻形势，1998年3月19日，新任国务院总理朱镕基提出，“用三年左右的时间使大多数国有大中型亏损企业摆脱困境进而建立现代企业制度”。

1998~2000年的国有企业3年改革脱困，数千万的国有企业职工下岗、分流、买断，大批国有企业破产、改制、重组。然而，这是一个凤凰涅槃、艰难重生的过程。经历了这3年，留存的国有企业状况有所好转，为日后国有企业状况的进一步改善打下了良好的基础。

2001年2月19日，国家统计局、财政部、国家经贸委联合下发了《关于2000年国有及国有控股工业企业扭亏增盈情况的通报》（国统字[2001] 15号），对1998~2000年3年脱困的情况进行了如下通报：一是企业生产增速加快，产销衔接进一步改善。2000年工业增加值比1999年增长10.1%，销售收入增长20.5%，产销率达98.8%。二是企业实现利润成倍增长，亏损企业减亏力度加大。2000年，国有及国有控股工业企业盈亏相抵实现利润2 391.9亿元，仅与1999年相比，就增长了1.4倍，其中，盈利企业的盈利额增长62.1%，亏损企业的亏损额下降了26.7%，降幅达10.8个百分点。三是大中型企业经济效益明显提高。同口径的大中型企业在2000年盈亏相抵后实现利润2 343.8亿元，比1999年上涨1.2倍，其中，盈利企业盈利额增长了66%，为2 761.4亿元，亏损企业的亏损额下降了29.9%，亏损417.6亿元。四是40个大类行业中有32个行业盈亏相抵后实现净盈利，包括纺织业在内的5个行业整体扭亏。在8个净亏损行业中6个行业亏损下降。国有及国有控股纺织企业实现利润67.1亿元；冶金行业93户重点大中型冶金企业实现利润130亿元，累计增提折旧50亿元，处理潜亏挂账30亿元；建材行业中国有及国有控股企业实现利润 17.5 亿元，比 1999 年减亏增盈 18.3 亿元；煤炭行业虽仍继续亏损，但 94 户中央财政煤炭企业同比减亏 6.9 亿元。五是全国 31 个省（区市）全部实现净盈利，其中天津、内蒙古、江西、海南、重庆、陕西、甘肃、青海、宁夏 9 个地区扭亏为盈，北京等 21 个地区盈利增加，仅西藏盈利略有减少①。

六、“双红利”的出现与新一轮国有企业大发展

（一）改革重组红利

进入 21 世纪之后，我国国有企业走出了 20 世纪末的低谷，迎来了新一轮大发展。这一轮大发展，主要得益于两种红利，一是改革重组红利，二是重化工业红利。改革重组红利容易理解，就是 20 世纪末几年国家推行大力度的国有企业改革脱困，大部分困难的小型国有企业退出了市场或实行了关闭破产、改制出售，而许多大中型国有企业则通过卸掉包袱、瘦身重组、补充资金、技改升级和改进机制等各种形式，在很大程度上恢复了发展元气。重化工业红利，就是进入 21 世纪之后，由于各种因素的综合影响，我国进入了改革开放后最明显的、快速的重化工业化阶段，重化工业的高速发展又将宏观经济带到了新一轮高速增长的上升通道，国有企业最先、最充分地享受了重化工业快速发展和宏观经济高速增长带来的好处，因为留下来的国有大中型企业大部分处于重化工业领域，而重化工业领域中大部分重要企业都是国有企业。

1998～2000 年的国有企业 3 年改革，不仅使得一些难以为继的国有企业关闭破产，大批包袱沉重的国有企业下岗分流、减员增效，而且在国有企业建立现代企业制度方面做了积极探索。这些努力使得国有企

① 邵宁主编：《国有企业改革实录（1998～2008）》，经济科学出版社 2014 年版，第 94 页。

业状况有了显著好转，获取了改革红利。

无论是各种资产总量，还是利润总额，或是盈利面，都是比较侧重反映全国国有企业确实变“大”了，但是否真的变“强”了呢？从销售利润率指标和净资产利润率指标来看，通过这些年的改革，全国国有企业内在的盈利能力确实提高了。1998 年时，全国国有企业的销售利润率和净资产利润率分别为 0.3% 和 0.4%。随着改革的深入，全球金融危机前的 2007 年，全国国有企业的销售利润率一路上升至 9.0% 的高点；而全国国有企业的净资产利润率也在 2006 年、2007 年分别达到了 12.4%、12.1% 的高点。虽然在 2008 年全球金融危机之后，全国国有企业的销售利润率和净资产利润率均有明显下降，但与 1998 年相比显然是天壤之别（见图 2－9）。

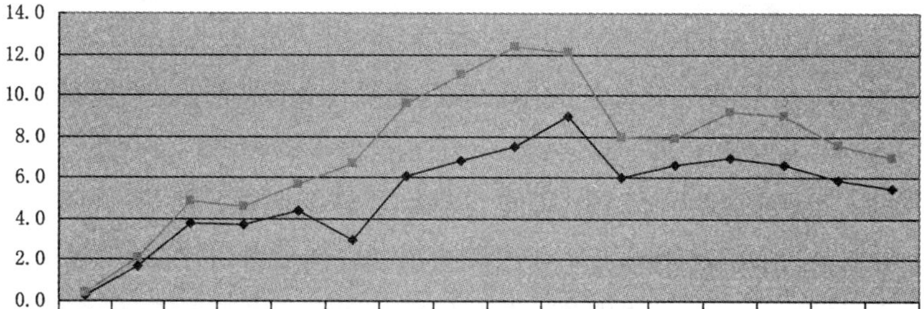

(年)	1998	1999	2000	2001	2002	2003	2004	2005	2006	2007	2008	2009	2010	2011	2012	2013
销售利润率	0.3	1.7	3.8	3.7	4.4	3.0	6.1	6.8	7.5	9.0	6.0	6.6	7.0	6.6	5.9	5.5
净资产利润率	0.4	2.1	4.9	4.6	5.7	6.7	9.6	11.0	12.4	12.1	8.0	7.9	9.2	9.0	7.6	7.0

图 2－9　1998～2013 年全国国有企业的销售利润率和净资产利润率状况（%）

资料来源：1998～2012 年数据根据《中国财政年鉴（2005）》《中国财政年鉴（2013）》整理；2013 年数据根据财政部企业司于 2014 年 7 月 28 日公布的《2013 年全国国有企业财务决算情况》整理。

（二）重化工业红利

进入 21 世纪以来，我国工业领域一个突出的变化就是重化工业加速发展。这一点可以从轻重工业所占比例中明显看出（见图 2－10）。

1978 年，我国轻重工业比重为 43.1%：56.9%，随后的几年，轻工业比重略有上升，到 1981 年到达顶点为 51.5%，随后一直到 1999 年，一直保持在 50% 左右；而重工业在改革开放之初的几年略有下降，到 1981 年达到低点 48.5%，随后一直与轻工业比重相当。但是 2000 年以来，重工业比重一路快速上升，近几年稳定在 70% 左右；相应的，轻工业比重快速下降，近几年稳定在 30% 左右。我国工业中轻重工业比重的变化突出反映了 21 世纪以来，我国工业明显的重化工化趋势。可以说，21 世纪前 10 年整个工业的重化工化趋势推动了我国经济的增长。

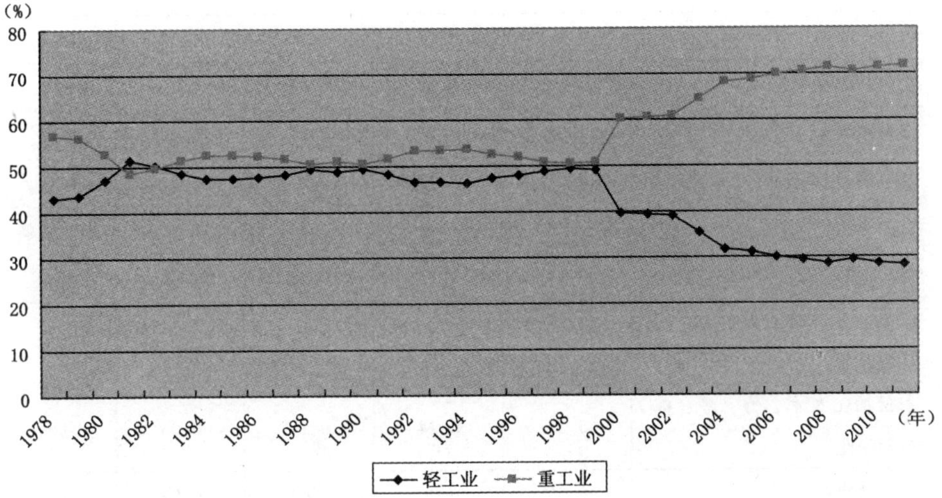

图 2－10　1978～2009 年我国工业中轻重工业比重情况

资料来源：根据《中国工业经济统计年鉴（2010）》数据作图。

国有企业充分地享受了这一轮重化工化的红利，通过整理 10 来年的《中国统计年鉴》，通过对国有及国有控股工业企业指标的详细分析，可以计算整理出 30 多个细分工业子行业①的国有企业净资产（所有者权益）占全部国有工业企业净资产的比重，从而观察各个行业在不同年份的比重变化，进而可以了解工业国有资本在不同行业之间的布局变化（见表 2－14）。

① 剔除掉前后年份统计名目不一样的“其他采矿业”“工艺品及其他制造业”“废弃资源和废旧材料回收加工业”，而且这几个行业的规模都非常小，去掉并不影响对结果的分析。

表 2-14　工业国有资本在不同行业之间的布局调整　（单位：%）

工业细分行业	行业国有企业净资产占全国工业国有企业净资产的比重				变化趋势
	2000 年	2003 年	2006 年	2010 年	
煤炭开采和洗选业	3.82	5.50	5.78	8.95	大幅加强
石油和天然气开采业	7.38	7.99	8.60	9.35	较大加强
黑色金属矿采选业	0.45	0.39	0.62	1.49	加强
有色金属矿采选业	0.43	0.36	0.66	0.71	加强
非金属矿采选业	0.59	0.53	0.23	0.32	减弱
农副食品加工业	0.90	0.78	0.49	0.52	减弱
食品制造业	0.70	0.68	0.48	0.32	减弱
饮料制造业	1.98	1.86	1.25	1.25	减弱
烟草制品业	3.21	4.17	4.12	4.22	加强
纺织业	2.08	1.44	0.72	0.36	大幅减弱
纺织服装、鞋、帽制造业	0.24	0.13	0.08	0.06	减弱
皮革、毛皮、羽毛（绒）及其制品业	0.05	0.02	0.01	0.02	减弱
木材加工及木、竹、藤、棕、草制品业	0.22	0.24	0.17	0.06	减弱
家具制造业	0.06	0.06	0.04	0.03	减弱
造纸及纸制品业	1.10	1.08	0.57	0.61	减弱
印刷业和记录媒介的复制	0.67	0.66	0.45	0.37	减弱
文教体育用品制造业	0.11	0.08	0.05	0.02	减弱
石油加工、炼焦及核燃料加工业	4.24	4.20	4.05	4.08	基本持平
化学原料及化学制品制造业	6.33	6.45	6.04	5.15	小幅减弱
医药制造业	2.13	2.35	1.49	1.31	减弱
化学纤维制造业	1.67	0.78	0.66	0.27	大幅减弱
橡胶制品业	0.51	0.45	0.21	0.21	减弱
塑料制品业	0.50	0.49	0.28	0.20	减弱

续表

工业细分行业	行业国有企业净资产占全国工业国有企业净资产的比重				变化趋势
	2000 年	2003 年	2006 年	2010 年	
非金属矿物制品业	3.06	2.39	1.99	1.95	减弱
黑色金属冶炼及压延加工业	11.02	10.16	9.37	9.19	减弱
有色金属冶炼及压延加工业	2.16	2.13	2.45	3.33	加强
金属制品业	0.51	0.49	0.39	0.48	基本持平
通用设备制造业	2.94	2.37	1.93	2.10	减弱
专用设备制造业	1.98	1.95	1.54	2.48	加强
交通运输设备制造业	7.09	8.49	7.43	9.15	加强
电气机械及器材制造业	2.01	1.56	1.13	1.44	减弱
通信设备、计算机及其他电子设备制造业	4.67	4.17	2.25	2.86	减弱
仪器仪表及文化、办公用机械制造业	0.43	0.40	0.36	0.46	基本持平
电力、热力的生产和供应业	20.14	21.31	30.68	23.72	加强
燃气生产和供应业	0.96	0.99	0.84	0.71	减弱
水的生产和供应业	2.61	2.82	2.48	2.06	轻微减弱

资料来源：根据历年《中国统计年鉴》计算整理。

从表 2－14 不难看出，国有及国有控股的工业企业在 10 年间，其资本在各个行业之间进行了比较明显的调整，工业国有资本的布局发生了显著变化，即重化工化趋势较为明显。例如，在煤炭开采、石油开采、黑色金属矿采选、有色金属矿采选、有色冶炼、专用设备制造、交通运输设备制造、电力生产等重工业领域，行业国有资本占整体工业国有资本的比重有上升或显著上升的态势，说明在这些行业中，国有资本占整体工业的份额有所加强；而在纺织、服装、家具、造纸、化纤等轻工行业领域，行业国有资本占整体工业国有资本的比重有显著下降或下降态势，说明在这些行业中，国有资本在整体工业布局中有所减弱。这一数据结果与我们日常的感知是高度一致的。

在这一阶段，国有工业企业的净资产收益率指标也明显改善。如图2-11所示，从2001年开始，国有工业企业的净资产收益率开始上升；2003~2007年，工业企业的净资产收益率加速上升到接近8.4%；工业企业的净资产收益率在2008年全球金融危机爆发后有所下降，但到2013年仍然维持在6%以上。

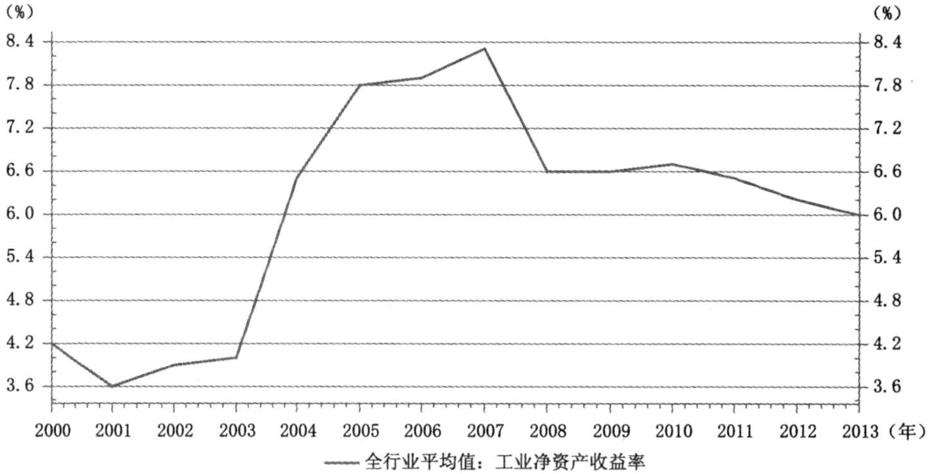

图2-11 全国国有工业企业的净资产收益率

资料来源：Wind数据库，根据国资委数据整理。

上述分析说明，在21世纪头十年的重化工业大发展的浪潮中，国有企业从整体来看是顺应了这一潮流的，是“踩准了点”的，因而也获得了这一轮重化工业的红利。

（三）21世纪头10年后半段时期的“国进民退”争议

国有企业新一轮大发展，也导致了社会上出现“国进民退”的议论。不少人认为，2004年以“铁本事件”为标志的对民营经济的打压，似乎昭示着中国国有企业改革的方向出现逆转。尤其是2008年全球性的金融危机爆发以来，政府试图通过对国有企业的扶持以走出经济萎缩的意图愈发明显。无论是十大产业的扶持方向，还是庞大的银行信贷的资本支持，大型国有企业都是主要的受益者。与之相反，数量庞大的民营经济在本次危机中受到了严重的打击，同危机期间大型国有企业利润和业绩大幅上升形成鲜明对比的是，八成以上的民营企业的经营面临困难，在航空、能源、钢铁、地产等领域的民营企业在各级政府的“干预下”不得不退出市场，社会上出现了是否存在“国进民退”情况的争论。

在某些行业的确出现了一些个案，例如航空运输业，金融危机爆发后，有的民营航空公司破产或重组；而发生巨亏的国有航空公司则获得政府注资。从全社会固定投资额看，原本随着民间资本的发展壮大，国有企业（此处国有企业指按照注册类型划分的国有企业）所占比重一直呈下降趋势，但2009年、2010年，国有企业出现了明显的“逆势扩张”，之后两年又随着我国经济增速的下滑而回落（表2－15）。

表2－15　全社会固定资产投资完成额中国有企业占比

年份	全社会固定资产投资完成额（亿元）	全社会固定资产投资完成额：国有企业（亿元）	国有企业占比（%）
2004	70 477.40	25 027.62	35.5%
2005	88 773.60	29 666.92	33.4%
2006	109 998.20	32 963.39	30.0%
2007	137 323.90	38 706.35	28.2%
2008	172 828.40	48 704.90	28.2%
2009	224 598.80	69 692.50	31.0%
2010	278 121.90	83 316.55	30.0%
2011	311 485.13	82 494.78	26.5%
2012	374 694.74	96 220.25	25.7%
2013	446 294.09	109 849.92	24.6%

资料来源：根据Wind数据库综合整理，其中，本表所指的“国有企业”是按注册类型划分的“国有企业”。

而从工业企业中国有企业和私营企业利润的当季同比来看，可以发现在金融危机后，也能显示那一段时期国有企业获益更多。如图2－12所示，在2004～2013年的大多数时间里，工业企业中私营企业的利润总额当季同比增速是高于国有及国有控股企业的，但是在2009～2010

年，国有及国有控股企业的利润总额当季同比增速有一个显著的飙升，随后又回落了，这段时间正是政府推行4万亿元投资计划而社会普遍认为国有企业占了便宜之时（见图2-12）。

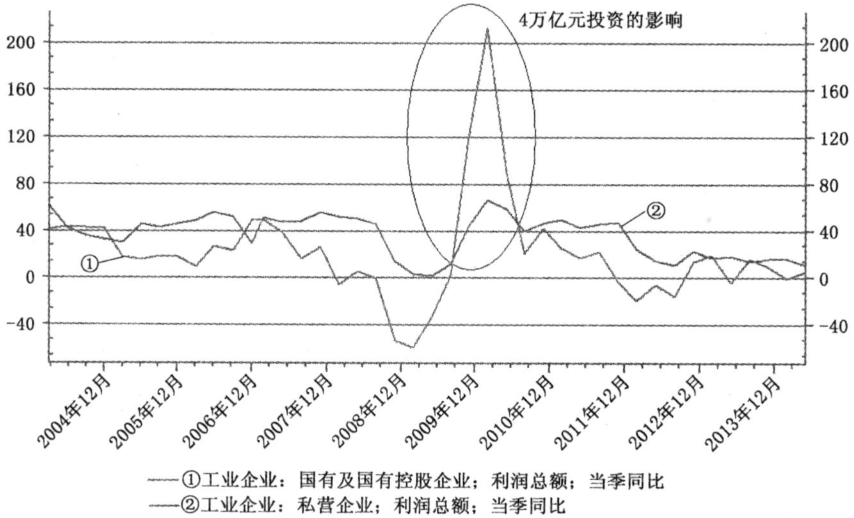

图2-12 工业企业中国有及国有控股企业与私营企业的利润总额增速比较

资料来源：根据Wind数据整理作图。

七、"双红利"的消失与中国经济增长阶段的转折

（一）"双红利"的逐步消失

不过，随着时间的推移，"双红利"逐渐消失，国有企业新一轮大发展也随之完结。更重要的是，重化工业红利的消失，很可能是一个具有转折意义的事件，从宏观上意味着30多年以来中国经济增长阶段出现了重大转折，这个转折对于中国经济增长方式是个转变，对于国有企业改革也深有意味。

从各种迹象来看，国有企业在20世纪末和21世纪初的大规模改革重组所带来的红利，正在逐步消失之中。从20世纪最后两年到2007年之前，国有企业的效益指标尽管一直低于非国有企业，但两者之间的差距迅速拉近，这充分体现了那一轮改革重组红利的显现。而自2007年之后，这两者之间的差距再一次被迅速拉大（见图2－13）。实际上，自2010年以来，越来越多的国有企业，包括一些大型龙头国有企业，在时隔十几年之后再次陷入亏损之中，这不能不引起重视。

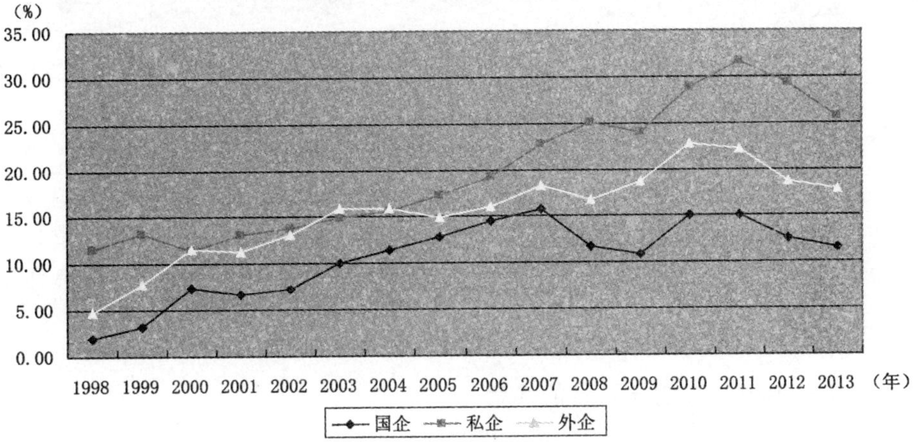

图2－13　工业企业中三类企业的净资产收益率比较

资料来源：根据《中国统计年鉴（2014）》数据整理计算作图。

重化工业红利的消失更加迅速。在过去几年里，特别是近两三年，重化工业的增长速度迅速下滑。从图2－14可以看出，2003～2012年这10年间①，虽然轻重工业增加值的增速整体上都呈下降趋势，但相较于轻工业，重工业增加值的增速下降趋势更为显著。而最近两年，由于重工业的调整灵活性远低于轻工业，再加上政府大力推进经济发展方式转型，中国轻重工业增速“倒挂”已成为常态。由于工业化已进入后期阶段、资源环境约束加剧以及产能过剩问题凸显等因素，重化工业

① 从2013年下半年起，国家统计局在工业数据发布中不再使用“轻工业”“重工业”分类，而以采矿业、制造业、电力热力燃气及水生产和供应业分类代替。因此，我们仅比较了有轻重工业增加值数据的近10年（2003～2012年）。实际上，从这10年数据已经能发现趋势性规律。

红利已经难以复得了。

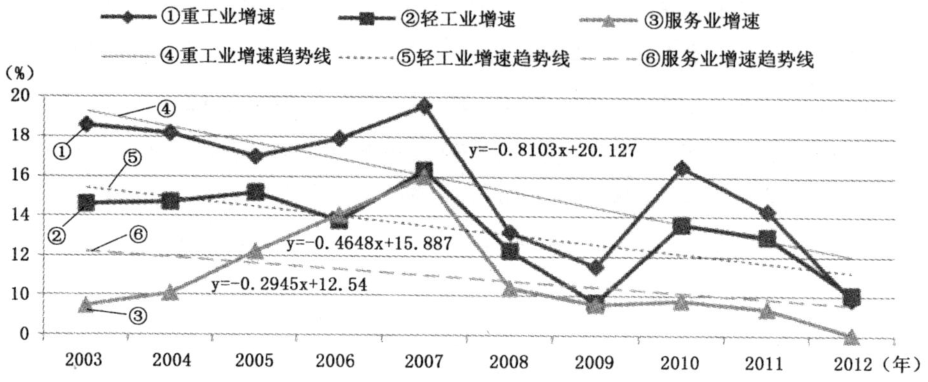

图 2-14 中国轻重工业及服务业增加值增速对比（2003~2012 年）

资料来源：国家统计局统计月度数据和统计年鉴。

我国重化工业增速的快速下滑，与宏观经济增速的下滑在一定程度上是相互强化的。这种相互强化，当然体现在我国经济增速的明显放缓和经济增长阶段的重大转折上。

（二）中国经济增长阶段的转折

1. 中国正在经历经济增速放缓的过程

当前，中国经济增长态势出现了增速放缓的显著变化，且可能呈长期化趋势。中国似乎正处于由高速增长阶段过渡至中高速增长阶段的新时期。我们根据过去 30 多年中国经济的实际增速，特别是根据近几年经济增速的变化数据，绘制了趋势线。图 2-15 的趋势线比较好地显示了增长速度变化的态势。不少研究人员和研究机构注意到了这一重要转变，并提出相关的判断。刘世锦（2011a）认为，今后几年我国经济由高速增长转入中速增长，将是大概率事件；世界银行和国务院发展研究中心（2013）认为，中国 GDP 增长率将从 2010~2015 年期间年均 8.5% 左右的水平逐步下降到 2025~2030 年 5% 左右的水平。

2. 对未来的预测

各界对中国经济未来的增长做出了不少预测。我们将新一轮关于中

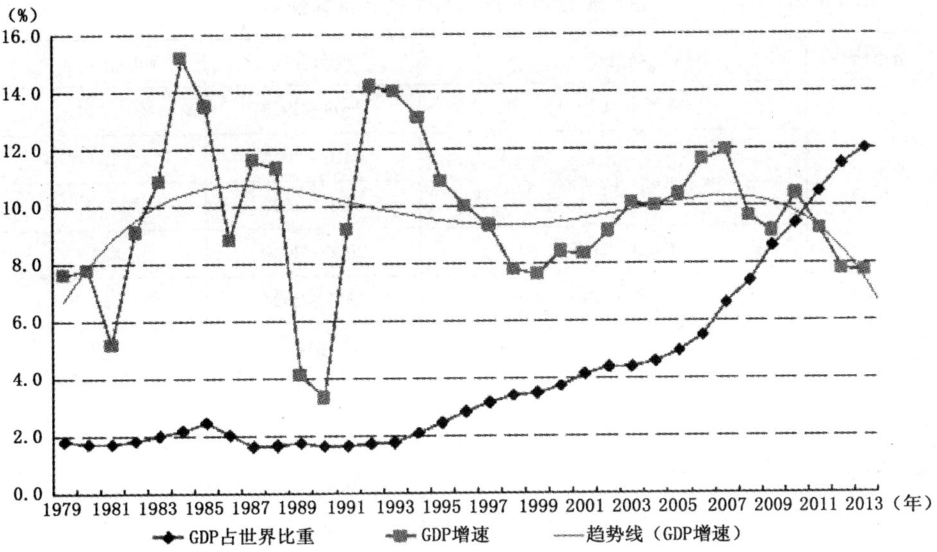

图 2－15　我国经济增长率和占世界 GDP 比重变化情况（1979～2013 年）

国经济增长预测研判的典型研究成果归为三类（见表 2－16）[①]：

(1) 乐观派认为中国经济增速还可维持在 8% 以上的高增长

林毅夫等都对中国经济的增长前景持乐观态度，认为在未来较长一段时间内中国经济增速还会继续维持高位。林毅夫认为，中国有实现 8% 增长的潜力，中国经济高速增长至少还可以维持 20 年，本质原因在于技术的不断创新和产业的不断升级，促使劳动生产率水平不断提高，前提是维持社会稳定、有一个充分竞争的市场和发挥政府的积极作用[②]。对中国未来经济增长持乐观态度的学者还有郑新立、李稻葵等。

① 测算经济潜在增速主要有两类方法。一是统计学方法，主要是基于历史数据寻找规律，如从经济运行的时间序列数据中提取趋势项作为潜在产出的估算值，如趋势法和各种滤波方法（HP 滤波、Kalman 滤波等）；另一类是经济学方法，即从经济理论出发构建模型，如采用生产函数，通过测算劳动力、资本存量、产能情况及全要素生产率（TFP）变化来估计潜在产出水平。前者较为依赖历史数据，后者则需要对生产函数中主要变量的变化趋势进行假设。

② 林毅夫在“中国经济 2014 展望论坛”上的发言。

表 2-16　　一些代表性研究对未来中国经济的预测

基本态度	研究者	预测区间	预测值（%）
乐观	林毅夫（2014）	2008～2028	8
	Kuijs（2009）	2010～2015	8.4
		2016～2020	7
	Fogel（2007）	2000～2040	8.4
	王建（2013）	2014～2034	9
谨慎	世界银行（2014）	2014	7.7
		2015～2016	7.5
	国际货币基金组织（2014）	2014	7.5
		2015	7.3
	Eichengreen，Park and shin（2011）	2011～2020	6.1～7
		2021～2030	5～6.2
	Lee and Hong（2010）	2011～2020	6.09（基准情形）或7（改革情形）
	刘世锦（2013）	2014～2018	7～8
		2019	6～7
	张延群、娄峰（2009）	2011～2015	8.3
		2016～2020	6.7
	Perkins and Rawsk（2008）	2006～2015	6～8
		2016～2025	5～7
	Wison and Stupnytska（2007）	2006～2015	7.7
		2016～2020	5.4
悲观	Maddison（2007）	2003～2030	4.98

资料来源：基于陈彦斌、姚一旻（2012）等资料整理而成。

（2）谨慎派认为中国经济增速将取得介于6%～8%之间的中度增长

相对而言，Lee和Hong（2010）、Eichengreen等（2011）、世界银行、国务院发展研究中心（2013）和国际货币基金组织（2014）对中国未来经济增长持谨慎态度。世界银行和国务院发展研究中心（2013）认为今后 20 年年均经济增速将比过去 30 年年均水平下降 1/3（从 9.9% 降低到 6.6% 左右），但即使是降低了的速度也足以推动中国到 2030 年跻身高收入国家行列。Perkins 和 Rawski（2008）认为，中国在 2006 ~ 2015 年能维持 6% ~ 8% 的年均增速，而 2016 ~ 2025 年则会下降到 5% ~ 7%。钱颖一、樊纲等认为中国“未来 20 ~ 30 年还可保持大约 7% 的增长速度”。此类预测大多相信中国经济增长基础依然稳固，政府会在调整经济结构等方面做出更多努力。

（3）悲观派认为中国经济增速将是低于 5% 的低增长

Maddison（2007）认为，中国即将面临低效率的国有企业、脆弱的金融系统、经济改革带来严重财政危机等转型中的典型问题，这些问题使得中国未来的经济增长不可能像以前那样强劲。还有部分极端悲观者对中国未来经济增长持“崩溃论、停滞论”观点，如綦彦臣等。

总之，对中国未来经济增长持乐观态度或悲观态度的都是少数，多数人持审慎态度。我们更多地倾向于同意“经济增长新常态”的观点。

3. 政府的认识：中高速增长和“新常态”

对于经济增长阶段的转折，中央以“新常态”给予定义。在经济增速换挡、结构调整阵痛和改革攻坚“三期”交汇的特殊阶段，从当前中国经济发展的阶段性特征出发，适应“新常态”并以“新常态”思维指导中国应对复杂经济形势，已成为中国政府的主流认识。

这一重大判断背后的实践支撑和理论依据是，近两年中国经济增速已经开始放缓，进入了由高速增长阶段向中高速增长阶段的转换期。增速放缓只是一个表象，背后则是经济结构的转型和增长动力的转换，这样的调整符合经济发展规律。国务院发展研究中心“中长期增长”课题组（2014）认为，中国经济中高速增长的“底部”还没有探明，要力争在今后一两年内，找到中国经济中高速增长的均衡点，实现增长阶段的转换，进入一个新的稳定增长轨道或者状态，这时可以认为中国进入“经济增长的新常态”或者“中高速稳定增长期”，保持7%左右的中高速稳定增长，且能够持续较长一个时期，如5年或者更长时间。

4. 经济增速下行性质的判断：增长阶段是周期性调整还是实质变化

中国经济增长阶段的变化是不争的事实，但关于这一变化是趋势性的还是暂时的弹性波动，是宏观紧缩政策下短期的周期性回落还是中国经济中长期增长潜力的下降，有两种截然不同的认识。

一部分学者认为，当前中国经济下行只是国际经济发展周期性因素作用的结果，如受全球金融危机等外部因素的影响，一旦这些因素消除，中国经济仍可能恢复高速增长。更多的学者则认为，近几年中国经济增速放缓是趋势性的，旧的增长模式已经难以为继，经济增速下滑是必然规律，认为中国“高投入、低产出”的经济增长模式和建立在廉价劳动力与巨大能源消耗基础上的发展模式无法持续，正在逐渐步入死胡同。中国目前的发展以社会的、生态的和经济的严重失衡为代价，随着制造业成本优势丧失、资源浪费、产能过剩、债务危机和消费危机的深入，中国经济体制将无法承受。不管是主动选择调整还是被迫进行调整，中国在下一个10年里经济的平均增长率都会大幅下降，区别只是降多少而已。

两种观点将导致不同的宏观政策导向：如果中国经济减速是外部因素所致，则意味着刺激政策可以发挥作用；如果中国经济减速是内在因素所致，则意味着中国经济减速的原因是潜在增长率下降，宏观政策对此应该保持必要的克制和包容。我们倾向于后一种观点，但对中国经济增长阶段的变化仍采取谨慎乐观的态度，认为这种经济增速放缓是一种符合经济规律的趋势性下降，是从一个“台阶”下到另一个“台阶”，而不是悬崖式陡降。

（三）增长阶段的转折与外延追赶工业化的收尾

关于是什么原因导致了中国经济增速的转变，有不同理论视角，解释也不相一致，主要观点可以归为以下几类：

——基于国际典型事实的经验总结。一些学者基于日本等东亚经济体的国际典型经验，质疑中国经济再继续维持高速增长的可能性，但这种直接用过去的经验来研判未来的预测本身也遭到众多质疑。

——人均 GDP 达到某一个水平之后，经济增速开始下滑，这是一种符合经济规律和国际经验的自然回落。刘世锦（2011b）认为，从国际经验来看，成功转型的经济体经过高速增长以后均会出现增速回落，如日韩在经历二 30 年的高速增长以后，人均 GDP 达到 11 000 国际元（购买力评价指标），无一例外地出现了增长速度的回落，降幅是 30% ~40%。中国按照相同口径计算人均收入，将在 2013 年也会达到一万国际元左右，这在逻辑上已经非常接近一个增长速度转折的时点。Eichengreen 等（2011）发现，快速增长的经济体的人均收入达到 17 000 美元（2005 年购买力平价美元）时，经济增长就会显著放慢，潜在增长率会降低 2 个百分点（见图 2－16），全要素生产率下降是经济体增长减速的主要原因，认为中国经济在 2015 年左右大幅度减速的可能性是 70%。

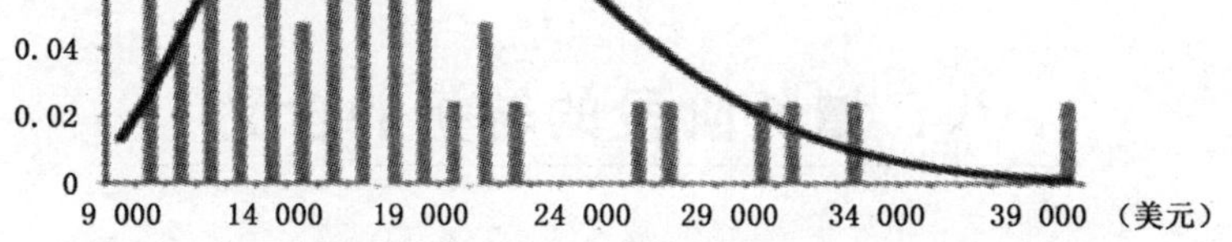

图 2－16　经济体增长放缓一般发生在人均收入达到 17 000 美元时

注：横轴为人均 GDP（购买力平价，PPP），纵轴为减速幅度

资料来源：Eichengreen 等（2011）。

——着眼于人口红利、投资回报率、储蓄率和全要素生产效率（TFP）的变化。这方面的研究认为，经济增长不再持续的核心在于人口红利消失、生产率难以提升，特别是全要素生产效率消退成为经济增长减速的关键因素。蔡昉（2011）根据第六次人口普查的数据测算，认为2013年中国人口红利就已结束，立足于人口红利消失可推断中国经济增长阶段的转折。白重恩等（2007）发现中国的资本回报率一直明显高于大多数发达经济体，也高于很多处于不同发展阶段的经济体。但白重恩在2013年发布的研究发现，2012年中国投资回报率仅为2.7%，投资回报率的大幅下降往往意味着经济潜在增长速度的下降；其测算中国1979~2007年TFP年均增长率在3.72%，而2008~2012年则下降到2.21%，说明中国经济增长潜力下降很快。Perkins和Rawski（2008）认为，中国TFP在过去30年的平均增长率为4%，未来10~20年继续保持这一纪录的可能性也许并不大，但实现TFP年均2%~3%的增长应该较为乐观，可以保证6%的GDP增长率。世界银行和国务院发展研究中心联合发布的研究报告《2030年的中国》（2013）认为，中国经济增长放缓的部分原因在于资源从农业的转移对经济增长的带动潜力大部分已经实现；由于经济增长已经把第一轮政策改革以及通过吸收进口技术所带来的成果消耗殆尽，全要素生产率的增速也会有所下降，可能的原因还有宏观经济不稳定带来的冲击和中等收入陷阱等。

我们认为，更重要的是，应该洞察以经济增速下台阶为特征的增长阶段转折背后的逻辑。我们判断，这背后的逻辑，在相当程度上是由于中国外延追赶工业化进入收尾期。

八、增长阶段的转折的含义

（一）既有增长模式难以持续，需要转向新增长模式

中国经济过去30多年的高速增长主要是依靠政府主导的市场体制和融入经济全球化的后发工业化进程。政府主导的市场体制使得政府可以引导甚至控制资源配置，持续大规模的要素投入使资源可以快速流入

政府认为需要发展的产业和企业当中；而后发优势导致的直接学习活动以及优秀的学习能力减少了政府在引导和控制资源配置方面的失误。政府与企业特别是大企业之间的密切合作提高了工业化效率，多层级政府导致了政府主导的地方竞争。这些都对中国经济增长在特定的发展阶段具有积极作用。但上述因素在未来的发展过程中将遭遇巨大挑战，过去的成功因素以后可能会成为发展障碍。如政府在追赶阶段不太容易犯错误，但当追赶阶段接近尾声时就很难保证，过去的利器未来可能成为障碍。转变经济发展方式、处理好市场与政府的关系及政企关系，特别是重新校正政府的作用，在新的发展阶段显得尤为重要。

第一，继续工业化的空间在未来 5 ~ 10 年将大为收缩。过去 30 多年那种大规模快速的外延追赶工业化正在进入收尾阶段，这是中国潜在增长率下台阶的重要影响因素。高速发展时期所掩盖的许多问题将会显现。

第二，中国的后发优势大为收缩。未来 10 年，中国的一般产业体系和产业技术将接近发达国家，而发达国家将会极力防止中国直接复制和移植其敏感的产业体系和敏感的产业技术。

第三，后发工业化结束之后，政府主导的市场体制将由一种优势变成一种劣势，政府很难再具有选择产业方向的能力和正确引导资源流向的能力；政府滥用产业政策和产业干预会带来诸多弊端。

第四，人口红利的消失和储蓄率的下降，以及大规模快速工业化导致的各种结构失衡等问题都有可能带来挑战。

因此，中国需要从现在开始就致力于转变发展方式，从过去的依赖要素投入、依靠后发优势的增长方式转变为依赖创新驱动、依靠生产率提升、依靠先动优势、引入更多的竞争、努力实现平衡的发展方式。

（二）需要以新一轮国有企业改革来消除对经济增长的抑制

国有企业获得了包括信贷在内的很多经济资源，但国有企业的效率却低于非国有企业。这就导致了资源错配。这种资源错配对经济增长会产生抑制作用。当经济增长本身处于高速阶段时，这种抑制作用不太容易看得出来，而当经济增长的高速阶段结束时，这种抑制作用就不容忽视了。

当资本积累在经济增长中的作用下降而创新在经济增长中的作用上升，国有企业对经济增长可能也会产生抑制作用。回首过去的 30 年，中国经济的高速增长是世界的奇迹。正如《2030 年的中国》中所总结的那样，“国家间的收入差距很大程度取决于生产率的差异。中国通过提高不同领域的资本/劳动比率以及迅速的技术学习，自 1980 年起便大幅提高了要素生产率，实现了持续的经济增长，逐渐迈入了中等收入国家行列”，然而，“政策分析表明，源自结构变革和技术追赶的生产率增长潜力将在 10 年内大部分耗尽，要实现每年 6% ~7% 的 GDP 增长率将日益依靠各种创新所带来的生产率的提高”。

如果说未来中国的增长要依靠创新的话，那么，在各种所有制主体中，我们应该主要依靠谁？不幸的是，通过分析发现，我们很难主要依靠国有企业。中国国有企业虽然拥有大量包括物质和人才在内的创新资源，但其在创新方面的巨大潜力远未得到充分发挥。由于缺乏竞争或者公司治理机制不完善，一些国有企业管理松懈，没有动力实施创新驱动增长的经营战略。一些企业即使迫于国家压力而投资于研发，研发效率也比较低，且与企业其他业务脱节。与小企业和民营企业相比，国有企业在将资源转化为专利和创新成果方面的效率相对较低（见表 2 - 17、表 2 - 18）。

表 2 - 17　2009 年中国工业企业创新投入与产出（按企业类型分组）

项　目	拥有研发机构企业的百分比（%）	有研发活动企业的百分比（%）	研发支出占主营业务收入的百分比（%）	研发人员占总雇员人数的百分比（%）	每花费 1 亿元研发支出获得的有效发明专利数量（项）	每 100 名研发人员获得的有效发明专利数量（项）
总计	5.91	8.47	0.74	2.19	29.18	6.18
其中：国有企业	10.61	14.12	0.69	2.63	17.92	3.71
大型国有企业	56.56	50.86	0.85	3.48	14.10	3.27
民营企业	6.38	4.07	0.39	1.22	43.42	7.44
港澳台投资企业	10.41	7.71	0.76	1.76	28.81	5.62

续表

项　目	拥有研发机构企业的百分比（%）	有研发活动企业的百分比（%）	研发支出占主营业务收入的百分比（%）	研发人员占总雇员人数的百分比（%）	每花费1亿元研发支出获得的有效发明专利数量（项）	每100名研发人员获得的有效发明专利数量（项）
外商投资企业	8.22	11.62	0.69	2.18	26.17	6.32

资料来源：《中国科技统计年鉴（2010）》，转引自《2030年的中国》。

表2-18　2009年中国创新投入与产出的分布（按企业类型分组）

项　目	企业数量（个）	份额（%）	研发人员（千人）	份额（%）	研发支出（十亿元）	份额（%）	有效发明专利数量（项）	份额（%）
总计	429 378	100.00	1 914.27	100.00	405.20	100.00	118 245	100.00
其中：国有企业	8 860	2.06	174.77	9.13	36.16	8.92	6 478	5.48
大型国有企业	419	0.10	119.64	6.25	27.75	6.85	3 913	3.31
民营企业	253 366	59.01	356.35	18.62	61.09	15.08	26 528	22.43
港澳台投资企业	33 865	7.89	198.82	10.39	38.80	9.58	11 179	9.45
外商投资企业	40 502	9.43	284.39	14.86	68.65	16.94	17 965	15.19

资料来源：《中国科技统计年鉴（2010）》，转引自《2030年的中国》。

因此，如果中国经济增长的动力发展悄然变化，对国有企业进行反思就到时候了。在增长阶段发生转折的情况下，如何克服国有企业对整个经济体构成“增长拖累”，应该要尽快提上议事日程。

（三）国有企业本身的经营困境很有可能继续加重

随着经济增速放缓，特别是国有企业大量布局的重化工业的行业增速显著下滑，国有企业在经济增速转变阶段低效率的问题会再次显现，一些国有企业极有可能会重新陷入经营困境。

国有经济状况的周期波动受宏观经济波动影响，特别是受产业结构变化和产业竞争格局变化的影响非常大①。张文魁（2010）在几年前认为，重化工业化的高峰期可能在若干年内结束，将进入平稳发展阶段。由于国有企业承受行业增速回调的压力及在压力下调整转型的能力要小于民营企业，加上重化工业领域的产业竞争格局正在发生重大变化，来自非国有企业的竞争将日益激烈，许多行业不但利润率会持续下降，国有资本的主导地位也可能将不复存在。钢铁行业即是例证。随着这种情况的持续出现，一些国有企业开始出现亏损，而且亏损面和亏损额越来越大，同时向其他行业蔓延，从而有可能将国有经济带入新一轮困境。

随着全球经济格局开始重大调整、新技术革命与产业革命出现，消费模式变化，商业模式创新层出不穷，中国的经济结构将面临新一轮重大调整。在此关键阶段，如果国有企业不能及时完善现代企业制度、改善经营机制、提升管理水平，不仅集中于重化工业领域的国有企业将进退失据，分布在一般竞争性领域乃至金融领域的国有企业的经营困境也将会进一步显现且日益加重。

九、简要结论

正确和全面地认识国有企业在经济发展中的作用，并不是一件容易的事情。从经济增长的宏观视野，特别是从经济增长经历不同阶段这样一个视角来分析和考察国有企业，既不会忽视国有企业在历史上曾经发挥的正面作用，也不会轻视国有企业在现阶段的负面作用。总体来看，随着我们经济增长阶段出现重大转折，对国有企业进行新一轮有力度的改革，将是一项不可回避的议程。

① 相关研究表明，行业是国有企业生产效率的首要影响因素（44.55%），对财务效益也有重要影响（18.85%）；而宏观因素对国有企业生产效率和财务效益影响分别为22.54%和17.70%。

第三章

国有经济比重与宏观经济表现：对21世纪以来的实证研究

改革开放30多年来，我国对国有企业进行了不断的改革和重组，同时支持和鼓励非公有制经济的发展壮大，从而使我国国有经济比重在过去30多年里显著下降，所有制结构得到优化。根据约定俗成的理解，本书中所谓的所有制结构，是指一国或一个区域内国有经济所占比重及非国有经济所占比重，我们将在后面设定合适的工具变量。所有制结构的显著变化极大地释放了市场活力，有力地推动了中国经济持续高速增长。从经验观察上看，非公经济比较活跃的地区的市场活力往往更强，经济发展水平更高；非公经济占比高的行业的竞争也更充分，创新更活跃，国际化水平也更高。

可以说，所有制结构变动是研究中国经济增长和整个宏观经济表现不可或缺的解释变量。不过，从学术角度来看，更需要以实证方法来测算所有制结构变动对经济增长速度到底有何影响，以及对投资、通货膨胀等判断宏观经济运行状态的指标到底有何影响。这不但有助于深入阐释分析所有制结构变化对中国经济增长的贡献，也有助于我们进一步了解宏观经济运行与所有制结构之间的关联。这样的研究成果，对于我们挖掘集约式经济增长的潜力、寻求宏观经济运行平稳地向新常态过度，都具有重要的政策意义。

改革开放以来，我国非公经济占比在绝大多数年份都是单向提高的，所有制结构数据变异程度有限，若把我国经济作为一个整体来进行所有制结构与宏观经济表现之间的相关性分析，在计量技术上存在困难。然而，我国经济总量大、区域经济发展不平衡，特别是不同省份的所有制结构存在显著差异，因此，可以以省、直辖市、自治区为单位，来检查所有制结构与宏观经济表现之间的关系。利用时间序列横截面数据模型（面板数据模型）解决用内部结构信息弥补时间序列数据变异程度不足的问题，并通过针对性的模型设定，凸显所有制结构带来的普遍性影响。

此外，国有资本的行业分布与宏观经济表现之间的微妙关系也值得探究。特别是在 2003 年之后这一轮高增长时期，机电产品制造、汽车、房地产三大主导产业对经济快速增长起到了关键性作用，而这三大产业恰恰是国有资本比较集中、具有较强控制力的领域。我们将分析这三大产业发展态势的变化对中国经济增长的影响，从而揭示这些领域的国有企业改革的必要性和紧迫性。

一、研究背景和实证方法

（一）研究背景和相关文献

所有制结构变化可以通过多种渠道给宏观经济表现带来影响。从生产角度看，私营企业往往有更高经营效率和创新精神，有助于促进全要素生产率的提高，进而提升经济的潜在增速。从投资角度看，私营企业一般可以更快、更准确地把握市场机会，有更高的资金使用效率。从价格传导角度看，私营企业活跃的地区和行业的市场竞争激烈，企业消化成本上升、平抑物价上涨的能力更强。对于上述各种效应，定量研究主要有两种思路。一种是利用总量生产函数研究所有制结构变化对生产体系，进而对经济增长的贡献；另一种是利用计量模型，从统计意义上测算其对经济运行和增长速度诸多方面的综合贡献。当然，也有一些文献将上述两种方法结合起来使用。近年来，研究所有制结构对宏观经济表现的影响主要有如下一些文献。

中国社会科学院课题组的高莉（2000）利用我国 20 多个省市的历史数据测算，认为非国有经济占比每提高一个百分点，GDP 增速可以提高 0.67 个百分点。刘伟等（2001）测算了所有制结构对资本和就业的影响，认为当非国有经济占比超过 53% 之后，受规模经济影响，中国经济增长会进入良性循环。白重恩（2006）分析了国有企业改制为股份制企业后对企业运营效率的影响。黄险平、李平（2008）利用生产函数和面板数据分析测算指出，国有企业规模与经济增长没有显著相关性。田卫民、景维民（2008）测算了中国最优的国有经济规模，认为从1978年到2006年，我国最优国有经济规模为25.05%。刘瑞明、石磊（2010）利用面板数据分析国有企业对经济增长的影响，发现国有企业不但自身效率不高，还会影响非国有经济部门的效率，进而降低整体经济增长速度。王文成（2011）分析了不同所有制企业在经济波动中的表现，进而说明不同所有制企业对经济增长的影响。

总体上看，已有研究主要集中在所有制结构对经济增长的影响上，对经济运行影响测算的较少。从结论上看，选择不同时期的样本和不同方法得到的结果有所不同，但是大多数实证研究均支持非公经济占比适度提高有利于经济增长的结论。从方法上看，早期的研究主要采用时间序列模型，最近的研究主要采用面板数据模型。

（二）研究方法选择

本章将分析所有制结构对宏观经济表现的多方面影响，包括对投资、出口、通货膨胀、GDP增速等方面的影响。我们将通过对特定时间段（2000~2012年）的定量分析测算相关影响系数。一般来说，使用传统时间序列模型测算时，需要分离出所研究时间段内影响经济运行的各类重要因素。但是，对于中国这样一个经济制度和经济结构处于快速变动中的国家，分离出上述影响是极为困难的。此外，由于样本期内所有制结构变动在多数年份都是单向的，也就是说，在样本期间内，国有经济比重几乎一直呈现逐年下降的态势，这就难以提供足够的样本变异度。利用面板模型进行分析可克服上述困难。一是将各区域被解释变量和解释变量放在同一个模型中进行比较分析，通过特定计量方法可以最大限度地回避计量上无法控制的变量所带来的影响。二是通过采用省际数据扩大样本，从而回避全国数据时间序列短、变异度低的问题。

因为农业部门在整个国民经济中占比较低，而服务业部门无相关统计数据，所以我们的分析集中于工业部门。从数据可获得性和稳定性角度考虑，本章选择国有及国有控股企业总资产占规模以上工业企业总资产的比重作为所有制结构的工具变量（以下分析均以此值作为所有制结构的工具变量）。这样选择，很大程度上是考虑到利润和产值更容易受到宏观经济的不对称影响，而资产状况相对比较稳定、客观。可以预期，选择什么样的所有制结构工具变量得到的系数会略有差异，但是不会对结论带来重大影响。

二、所有制结构优化可显著提高区域资金使用效率和投资增速

（一）所有制结构优化对资金使用效率的影响

从单个企业看，国有企业受体制便利性等因素影响，可能比私营企业更易从银行获得贷款。但是从区域层面看，私营企业发达的地区，经济往往更活跃，货币流通周转速度快，资金使用效率总体上会更高。利用面板数据模型，通过参数设定控制区域金融体系差异和宏观经济背景等因素的影响，可以估算出地区所有制结构对资金使用效率的影响。

1. 模型设定和指标选择

标准化的存贷差，即存贷差与存款之比，可反映区域资金使用效率。我们的分析中选用该值作为区域资金闲置程度或利用效率的显示性指标。模型设定中，各省资金使用效率与全国资金流通效率高度相关，利用全国存贷差可分离出各省受整体经济环境干扰所面临的共同影响。通常情况下，经济增长速度越高，意味着有更多的投资机会，资金利用率也会更高。由于各省经济结构、金融环境等方面存在差异，资金利用效率对区域经济增长速度的敏感程度不同，在模型中需要对各省经济增长速度设定不同的影响系数（回归中采用变系数方式）。此外，资金使用状况易受上年相关因素影响，比如一项贷款可能会跨年度分期执行，在方程中需设定自回归项反映其滞后影响。

综合以上分析，设定如下的模型：

$$dc_t^i = \alpha \cdot jg_t^i + \beta \cdot zdc_t + \gamma^i \cdot zs_t^i + ar\ (1) \tag{1}$$

其中，dc_t^i 为不同省、不同年份标准化的存贷差；jg_t^i 为不同省、不同年份工业企业所有制占比；zdc_t 为各年全国存贷差的情况；zs_t^i 为各省不同年份经济增长速度；ar（1）为自回归项。

2. 非公经济占比上升可降低存贷差占存款比重，提高资金使用效率

在（1）式的基础上，利用31个省2005～2011年的相关历史数据，计量回归的结果如下（具体参数见附录）：

$$dc_t^i = 0.11 \times jg_t^i + 0.93 \times zdc_t + \gamma^i \times zs_t^i + 0.46ar\ (1)$$

从回归结果看，在样本期内，规模以上工业企业中国有成分每降低10个百分点，大约可以释放出存款余额10.5%的资金进入经济领域。回归结果还显示，各省标准化的存贷差受全国标准化存贷差的影响明显；上一年的存贷差会显著影响到当年存贷差的变动情况。回归结果显示各省经济增速对本省存贷差变动的影响系数多数比较显著，但符号有正有负。实际上，全国的经济增速已经通过全国标准化存贷差对各区域带来影响，各地自身经济增速的影响是对全国影响的修正，所以既可能出现正值也可能出现负值。

（二）所有制结构优化对投资增速的影响

利用面板数据测算所有制结构对投资增速的影响，所面临的重要制约是，产业结构带来的附加影响可能会扭曲测算结果。我国所有制结构与产业结构相关性比较密切，特别是国有企业在重化工业中占比较高，若想客观地测算所有制结构对投资的影响，就需要分离出由于产业结构的差异所带来的影响。本项分析的样本期为2000～2011年，这是我国资本密集型重化工业高速发展的时期，该问题表现得更为突出。我国地域广阔，横截面样本丰富，可以针对不同产业结构分区域构建多个面板模型，从而克服上述问题。

1. 设定分组面板数据模型、克服产业结构对测算的影响

我国东南沿海地区的私营企业发达，且主要从事制造业，而中西部

地区国有企业占比相对较高，且主要从事重化工业。2004年以来我国重化工业加速发展，受此影响西部地区重化工业发达的地区投资增长较快。例如，采矿业占优势的省份，所有制结构中国有成分也相对较高（见图3-1）。

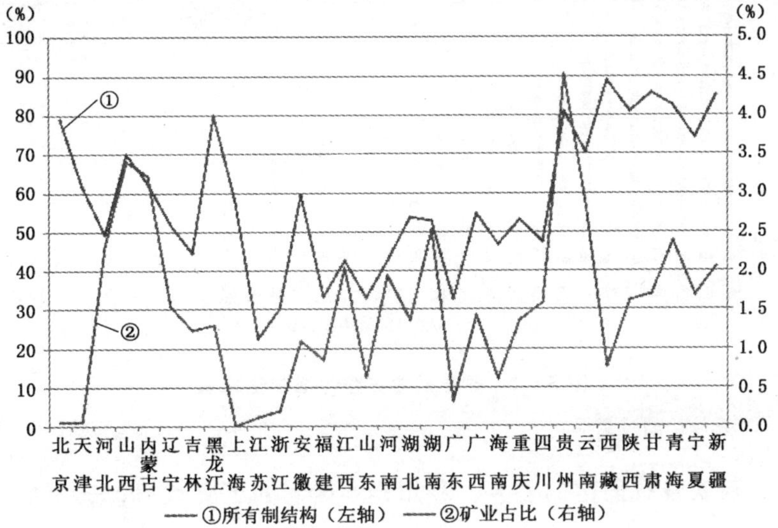

图3-1 2011年各省所有制结构和采矿业占比情况

资料来源：Wind资讯。

为克服产业结构对计量回归的干扰，可将各省分配在三个不同群组进行研究。第一个群组规模以上矿业增加值在工业增加值中占比低于10%，第二个群组占比为10%～20%，第三个群组占比在30%以上。三个群体分别代表制造业地区、制造业和资源性行业均衡发展地区、资源性行业地区。2011年各省矿业占整体增加值比重见图3-2。

2. 所有制结构优化可显著提高区域投资增速

按照上面分析，三个群组的计量模型均设定为如下形式：

$$tz_t^i = \alpha \cdot jg_t^i + \beta \cdot ztz_t + c^i \tag{2}$$

（2）式中 tz_t^i 为不同省、不同年份投资实际增速；jg_t^i 为不同省、不同年份工业企业所有制占比；ztz_t 为各年全国投资增长速度，用于消除宏观经济运行带来的普遍性影响；c^i 为随截面样本变化的常数

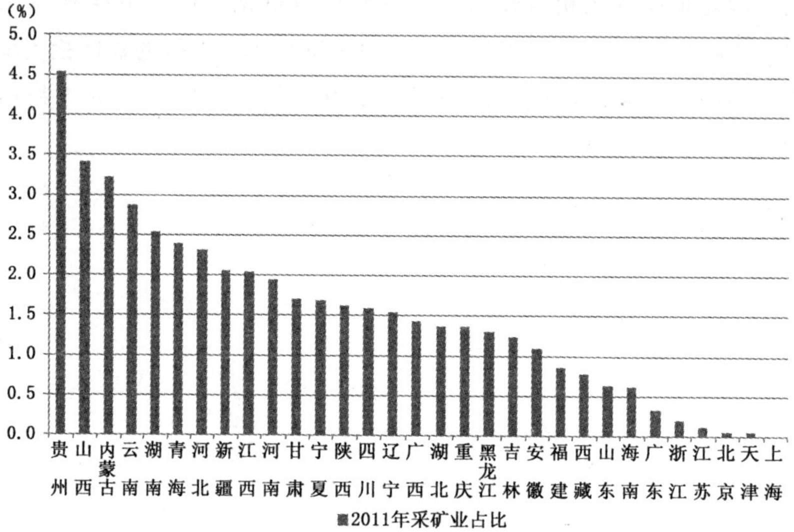

图 3－2　各省矿业占整体增加值比重

资料来源：Wind 资讯。

项，反映各省固定的差异。利用样本区间的历史数据，三个群组回归的结果如表 3－1 所示。其中，资源性行业地区群组只考虑了所有制结构对投资增速的影响。

表 3－1　不同产业结构地区所有制结构对投资的影响

不同区域	估计方程	效果（R^2）
制造业地区	$tz_t^i = -21.6 \cdot jg_t^i + 0.42 \cdot ztzi_t + c^i$	0.27
制造业和资源性行业均衡发展地区	$tz_t^i = -33.9 \cdot jg_t^i + 0.30 \cdot ztzi_t + c^i$	0.24
资源性行业地区	$tz_t^i = -33.8 \cdot jg_t^i + c^i$	0.24

资料来源：模型计算。

回归结果显示所有制结构优化对投资增速有稳健的积极影响。无论区域产业结构如何，规模以上工业企业中非公经济占比越高，投资增速就越高。从全国平均水平看，在样本期内，规模以上工业企业中国有经济成分占比每降低 10 个百分点，固定资产投资增速可提高 2～3 个百分点。

（三）所有制结构优化促进区域资金流通、提升投资增速的机制

计量测算显示，在样本期内随着所有制结构优化区域内将会有更多存量资金被用于贷款，同时区域的投资增速也会明显提升。由于投入生产的资金增多，潜在经济增速也会相应提高。总体来看，非公经济占比提升，可能从以下几个途径对资金使用带来影响。

——非公企业间竞争激烈，推动企业开创新的商机和生产领域，从而提高社会存量资金的利用效率。与国有企业相比，非公经济主要分布在竞争性行业，面临的生存压力更大，开拓新市场、创造新产品成为谋求竞争优势的重要途径。而这些新生产和经营领域的开拓都需要资金投入作为支撑。所以，区域内的非公经济占比提高，区域生产性的资金需求量相对提升，从而提高区域存量资金的利用效率。反映在统计数据上就是存贷差占存款比例提高，投资增速提升。

——非公企业生产经营效率高，提高资本边际收益水平，促进投资扩大。在与国有企业相类似的经营环境中，非公企业因为激励和约束机制科学灵活，在生产、经营环节的效率就更高。非公企业具有比市场平均水平更高的单位资产回报，使其在竞争和扩大市场中占有更大的优势，从而有更大的投资资金需求。

——非公企业成本意识较强，闲置资金的利用效率较高，会促进区域内资金流通和投资的扩大。非公企业在经营中有较强的成本利润意识，企业闲置资金通过多种渠道进入社会的生产和经营领域，从而其存贷差占存款比例会较低。在一些民间金融比较发达的地区，企业资金在银行体系外的循环也相对提高了资金的利用效率。

三、所有制结构优化可降低经济运行中的通货膨胀压力

（一）中国经济存在附加预期的菲利浦斯曲线

不同所有制企业盈利能力、利润水平、技术进步速度都有较大差异。这些差异可集中体现为区域间潜在经济增长率不同，进而影响到经济运行中的失业率和物价。标准的菲利浦斯曲线反映失业率和物价涨幅之间的替代关系。失业率与GDP增速或GDP缺口有确定的相关关系。我国缺乏代表性的失业率统计，如果只是研究CPI波动规律，可直接利用GDP增速作为解释变量（刘树成，1997；沈利生，2009）。这样对菲利浦斯曲线的检验可集中在GDP增长率和CPI之间进行。

图3－3列出了1978～2012年我国GDP与CPI数据波动的情况。从GDP增速与CPI的散点图（左图）看，线性关系并不明显。从CPI变动率与GDP增速的散点图（右图）看，线性关系明显改善。这说明，我国存在附加预期的菲利浦斯曲线。利用OLS方法也显著确认中国经济存在附加预期的菲利浦斯曲线。

（二）所有制结构优化可降低CPI平均涨幅

以附加预期的菲利浦斯曲线为桥梁，可测算所有制结构优化对物价变动的影响。如前所述，为了得到足够的变异度，并简化难以定量测量的其他因素对物价变动的影响，设定面板模型如下：

$$cpi_t^i = \alpha \cdot jg_t^i + \beta \cdot gdpg_t + cpi\ (-1)_t^i \tag{3}$$

其中，cpi_t^i 为不同省、不同年份CPI涨幅；jg_t^i 为不同省、不同年份工业企业所有制占比；$gdpg_t$ 为各年全国GDP增长速度，为GDP缺口的工具变量；$cpi\ (-1)_t^i$ 为不同省滞后一期的CPI涨幅，用以反映CPI的增长预期。

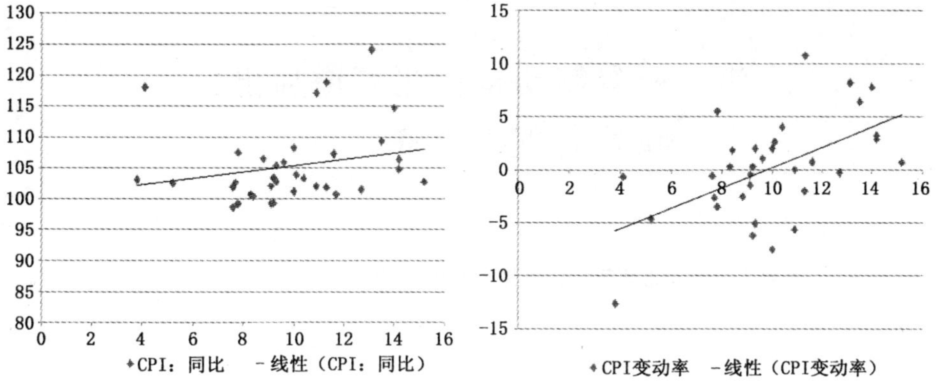

图 3－3　中国附加预期的菲利浦斯曲线

在上述模型的基础上，利用 31 个省市 2000～2011 年数据，计量回归的结果如下。

$cpi = 2.03 \times jg + 0.34 \times gdpg + 0.95 \cdot cpi\ (-1)$

从回归结果看，上一期物价涨幅对本期物价有明显影响。2000～2011 年，GDP 增长每提高 1 个百分点，CPI 平均会上涨 0.34 个百分点。如果其他条件不变，在样本期内，规模以上工业企业中国有占比每降低 10 个百点，可以平均降低 CPI 涨幅 0.2 个百分点。

（三）通过平抑物价上涨，所有制结构优化可对经济带来广泛积极影响

所有制结构优化平抑物价上涨的本质在于市场化水平提高后企业内部和全社会经济效率提升。平抑物价上涨，增加了宏观调控政策的操作空间，在相同条件下可实施规模更大的需求扩张政策或货币政策，从而提高经济增速。平抑物价上涨还可以在经济增长的同时提高居民实际收入水平，促进民生改善。平抑物价，可以降低我国劳动力生活成本，对于维持要素成本优势、促进国际竞争力提升有重要贡献。

四、所有制结构优化可增加出口和外商直接投资

(一) 所有制结构优化对出口占 GDP 比重的影响

我国经济外向度越高的省份通常都是非公经济发达的地区。定量分析所有制结构对区域出口能力的影响，同样面临着影响因素多、数据变异度不够的难题。不同时期，国际经济环境、汇率、外贸政策等都会给出口增长情况带来影响。利用全国平均出口依存度作为面板数据的背景性变量，可平抑各地发生均衡影响的不可测因素。而各地自身区域特征的影响，如产业结构对出口的影响，可通过设定固定横截面的常数项进行控制。如上所述，构建如下面板数据模型：

$$ck_t^i = \alpha \cdot jg_t^i + \beta \cdot zck_t + c^i \tag{4}$$

其中，ck_t^i 为不同省、不同年份出口占 GDP 的比重；zck_t 为各年全国出口占 GDP 的比重；jg_t^i 为不同省、不同年份工业企业所有制占比。利用 31 个省 2004~2011 年的数据的回归结果如下：

$$ck_t^i = -0.16 \cdot jg_t^i + 0.68 \cdot zck_t + c^i$$

从测算结果看，所有制结构优化可以提高区域的外向度。总体看，在样本期内，规模以上工业企业中国有经济成分每降低 10 个百分点，出口占 GDP 的比重就可提高 1.6 个百分点。

(二) 所有制结构优化可增加外商直接投资

私营经济发达的地区，市场经营环境好、经济活力比较强，往往更容易吸引外方以独资或合资的形式参与地方经济建设。利用面板数据模型，我们可以在较少分离其他干扰因素的情况下，测算一个区域的所有制结构对吸引外资的影响。模型的设定的方法与上一部分相同。用实际利用外资金额与当年 GDP 的比值作为吸引外资能力的指示变量。用全

国实际利用外资与GDP的比值，表示样本期的背景性变动。同时，设立横截面常数以表示各地在利用外资上的区域差异，重点在于凸显所有制结构对吸引外资的影响。设定模型如下：

$$fi_t^i = \alpha \cdot jg_t^i + \beta \cdot zfi_t + c^i \tag{5}$$

其中，fi_t^i 为不同省、不同年份实际利用外资占GDP的比重，zfi_t 为各年全国实际利用外资占GDP的比重，其他参数同前。利用各省2004～2011年的数据分析的结果如下：

$$fi_t^i = -0.03 \times jg_t^i + 1.05 \times zfi_t + c^i$$

回归结果显示，所有制结构优化可以增加外商直接投资。在样本期内，规模以上工业企业中国有经济成分每降低10个百分点，会促进FDI占GDP的比重上升0.3个百分点。

（三）所有制结构优化是建设开放经济新体制的重要组成部分

如前测算，所有制结构优化可以显著提高区域内的出口和吸引外资水平。非公企业市场开拓能力强、国际化水平高，非公企业活跃的地区市场环境好，这些都有利于出口和吸引外资。进入新常态，我国出口增速从过去高达20%以上下降到不足10%，而2014年我国对外直接投资已经超过吸引外资，成为净对外投资国。我国对外经济合作的重点和方式已经发生显著变化，非公经济起到了重要作用。对外直接投资的主体和方式发生积极变化，由先前国有大型企业对外收购重要战略资源转变为各类企业特别是民营企业广泛对外整合产业链，实现全方位走出去。同时，我国出口产品的结构也在发生变化，劳动密集型产品占比下降，高技术产品出口占比上升。适应国际环境和国内供给条件的变化，提高对外经济合作的水平，需要继续优化所有制结构，适当提高非公经济在竞争性领域的占比。

五、所有制结构优化可以提高经济潜在增长率

（一）中国潜在增长率的变化特点

1. 后发追赶国家的潜在增长率存在明显的倒 U 形特征

工业化后发国家增长的条件与发达国家或者前沿国家有很大的不同。其中，最为关键的环节在于后发国家可以利用现成的技术整合供给和需求，利用其自身生产资源以及国内外的广阔市场培育高增长动力。追赶型国家与前沿国家技术水平差距越大，后发优势体现得越明显，增速的潜力就越大。从历史经济看，后发国家往往经历起飞、高速增长、中高速增长，低速增长几个阶段，形成一个完整的追赶周期。当其增长速度回归到低速时，增长的驱动力主要落在技术进步上，增速也会与发达国家水平基本相当。图 3－4 列出了几个国家经济增速在长时间周期内的变动情况。后发国家与前沿国家技术水平差异难以精确量度，所以往往利用人均 GDP 之间的差距作为指示性变化。从生产的角度看，人均 GDP 综合反映了人均产业的情况，一定程度上可以反映技术水平。作为一个最大的发展中国家，中国经济增长的历史也符合上述规律。当前，中国经济增长正在从高速增长向中高速转变，并带来结构和增长机制的深刻变化。

2. 从截面数据看，潜在增长率与区域发展水平存在显著关系

图 3－5 显示了 2012 年各省增长速度和不变价人均 GDP（1978 年价）的关系。可以看到，两者存在显著负相关性，即人均 GDP 越高经济增速越低。如果采用其他年份的数据，上述规律依然明显。该规律在一定程度上反映了后发国家随着经济增长水平提高，经济增速下降的特点。然而，从时间轴上看，无论是总体还是具体的一个地区，潜在经济

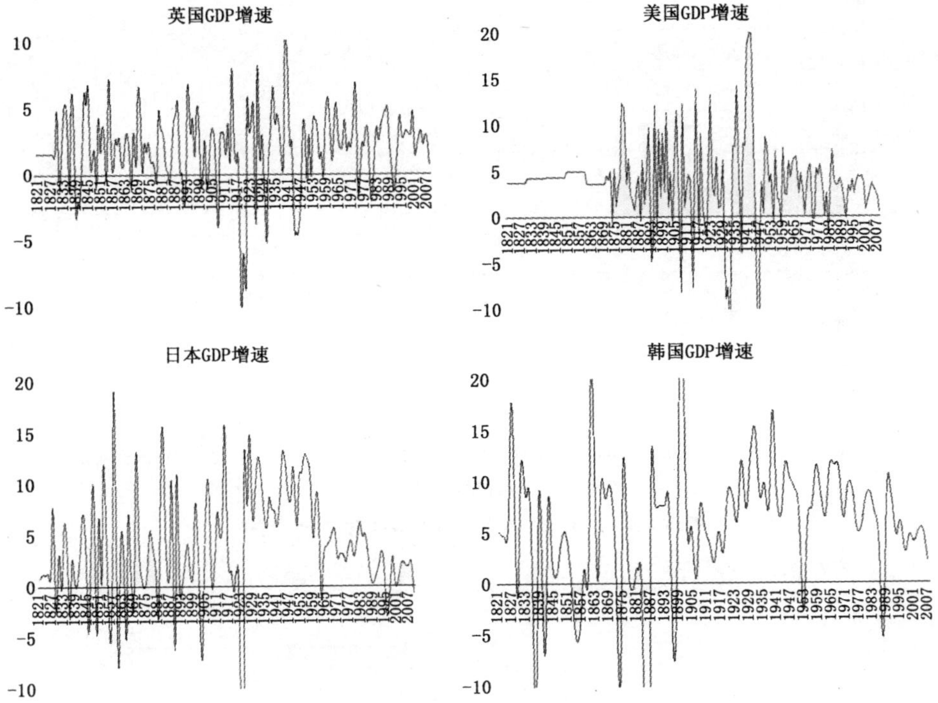

图 3-4 追赶经济体与发达经济体增速比较

资料来源：国务院发展研究中心“工业化与经济增长”课题组数据库。

增长速度与人均 GDP 都没有表现出上述的倒 U 形曲线。

图 3-6 显示我国 GDP 增速和不变价人均 GDP（1978 年价）间的关系。从图上看，GDP 增速和不变价 GDP 之间关系不显著。利用这两者间进行计量检验也不支持两者有负相关的推断。图 3-7 为北京市不变价人均 GDP 与 GDP 增速间的关系。我们看到人均 GDP 达到 13 000[①] 元之后，其平均增速有所下降，似乎可以证实随着人均收入水平提高，GDP 增速下行的规律。但对照图 3-5，北京从人均 GDP 6 000 元到 15 000 元，增速都应保持下降态势才符合规律，而实际上，北京在该区间保持了相对稳定的增速。

截面特征（见图 3-5）和时间序列特征（见图 3-7）之间的差异

① 如无特别说明，本书中计量单位均为 1978 年不变价的人民币。

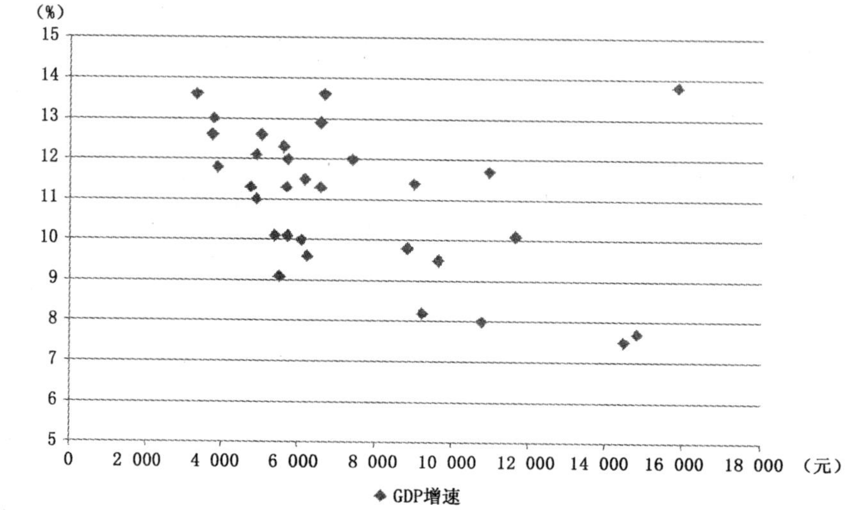

图 3－5　2012 年各省 GDP 增速和人均 GDP

资料来源：中经网。

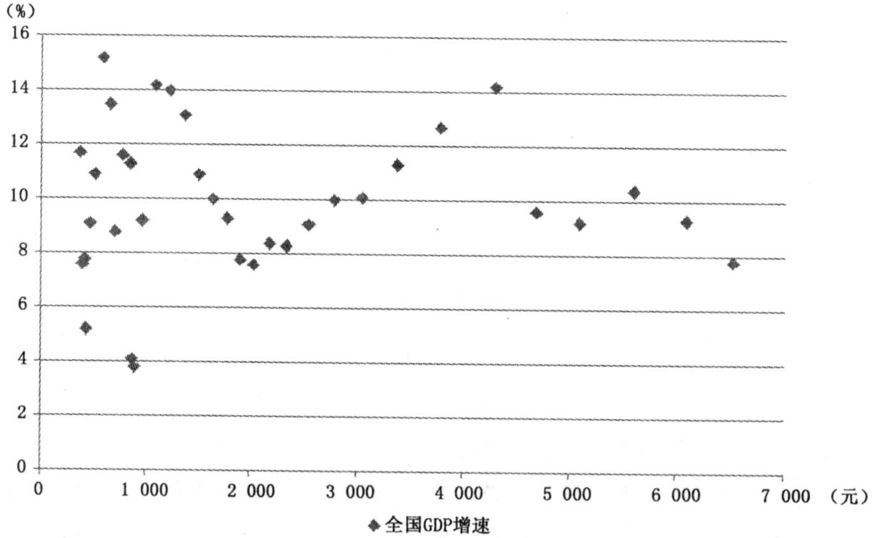

图 3－6　全国 GDP 增速随人均 GDP 变动规律

资料来源：中经网。

在于观察角度不同。图 3－5 中，各省都面临同样的宏观环境，更容易显示出潜在增长率与人均 GDP 的关系。图 3－7 中，北京在发展过程中面临不同宏观环境，潜在增长率的变动规律被掩盖。然而，图 3－5 的

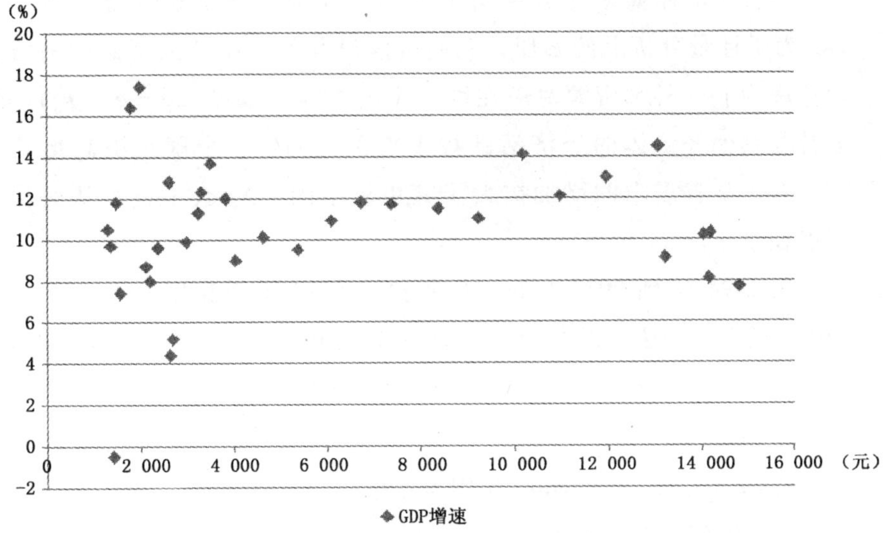

图 3-7　北京市 GDP 增速与人均 GDP 变动规律

资料来源：中经网。

截面分析也不全面，一方面它不是一个经济体在时间序列上表现出来的规律，另一方面各省之间相互影响对规律有扭曲。图 3-5 和图 3-7 的差异表明，研究潜在增长率应该将经济体自身变化和外部条件变化分开。同时也说明，在计量分析中应选用同时考虑时间序列和横截面特征的面板分析。

（二）利用面板数据分析方法分离并分析潜在增长率变动的平均规律

通俗地讲，面板数据分析方法就是将横截面和时间序列分析两者的优点结合在一起，从而解决数据信息量不足的问题。比如，图 3-5 虽然显示从截面数据看，潜在增长率与人均 GDP 存在负相关关系。但是，通过多个样本（各省）显示出的信息，我们无法直接推断出在一个省的发展过程中是否存在同样的规律①。如果同时将图 3-5 与每个省的图 3-7 的信息结合在一起，可以得到各省潜在增长率的结构信息。

① 如果在所有年份各省间都存在固定的增长率差距，那么横截面数据也会显现图 3-5 的形态。

一个经济体如果充分利用了内部和外部资源将获得潜在增长率 g_z。为了计量分析上的方便，我们可假设其不利用外部资源时的潜在增长率为 g_a，外部资源对潜在增长率的贡献为 Δg（$\Delta g = g_z - g_a$）。Δg 通常与其他经济体的经济活跃程度有关。例如，全国经济高增长时期，对于某省需求的增加扩大了其市场范围，Δg 会上升，从而提升其潜在增速。

用 1994 年到 2012 年间 31 个省的 GDP 增长速度、不变价人均 GDP、进出口增速，以及全国 GDP 增速等历史数据①，采用 panel data 分析方法得到下面的回归结果（见附表 3－8）：

$$g_z = g_a + \Delta g + c_i \tag{6}$$

$$g_a = 2.63 + 9.75 \times rgdp - 6.01 \times rgdp^2 \tag{7}$$

$$\Delta g = 0.67 \times zzs + 0.01 jck \tag{8}$$

其中，zzs 是全国 GDP 增速，rgdp 是各省不变价人均 GDP，jck 是各省进出口增长率。c_i 为各省自身经济特性，由回归得到。

（6）式中 c_i 为各省潜在增长率变化的特有属性。各省潜在增长率除了与人均 GDP 和外部环境（全国经济增长以及出口情况）有关，还与其他众多因素相关。由于这些因素不是我们测算的重点，将其统一归纳在 c_i 中。

（7）式显示不考虑外部的影响，潜在增长率与人均 GDP 间的平均关系。从该式看，不考虑外部影响，随人均 GDP 上升，潜在增长率逐步升高，当不变价人均 GDP 超过 8 000 元人民币后，潜在增速会逐年下降（见图 3－8）。

（三）所有制结构对潜在 GDP 的影响的测算

与上述几节面临的问题一样，如果将我国作为一个整体看，经济改革进程基本就是一个非公经济占比提升的单向过程。然而，在这个过程中我国还面临国际市场需求的高速扩张、后发优势不断释放、新技术快

① 考虑到 1994 年汇率并轨，国内市场成熟度更高。从其他年份开始不会对结果带来大的影响。

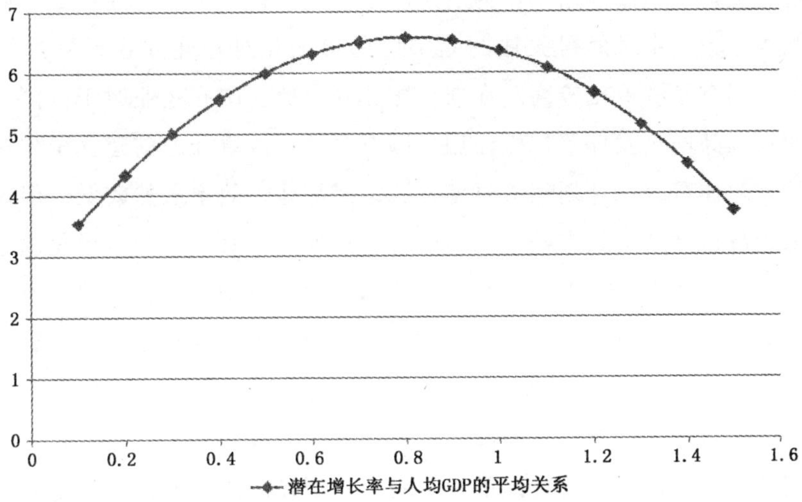

图3－8　省域经济潜在增长率随人均GDP变动平均规律

资料来源：作者计算。

速发展等外部环境。我们很难将这些内外部的影响因素与所有制变化的过程相分离，也就是说，从总体上很难测算所有制结构对潜在GDP的单独影响。然而，相对于各省来说，在我国的增长进展中，面临的条件基本一致。通过省际的对比，我们是可以分离出所有制结构对于潜在经济增长率的平均影响。在（7）式中加上所有制结构的变化后，采用面板数据的处理办法，计量回归后可以得到如下结果。

$$g_a = 5.18 + 9.69 \times rgdp - 5.96 \times rgdp^2 \quad (9)$$

$$\Delta g = 0.58 \times zzs + 0.01 \times jck - 2.58 \times jg \quad (10)$$

其中，jg为各省工业企业中国有经济占比。从回归结果看，如果工业企业中国有经济占比平均下降10个百分点，各区域的潜在经济增长速度可以提高0.26个百分点。

需要指出的是，这样的测算结果只适用了样本期的情况，而且是平均的效果。可以预期，随着所有制结构的进一步降低，其对经济增长的贡献程度将发生变化。对不同的地区，所有制结构占比情况差异较大，需要因地制宜地优化结构。

同时，我们应该历史地看待国有经济对于我国启动工业化和高增长曾经发挥的积极作用。作为后发追赶型经济体，中国有独特的发展环境和历程，其中最值得关注的是中国的市场化进程建立在计划经济基础上，国有经济占比较高。在新中国建立之后，国有企业对于我国启动工业化和高增长发挥了积极作用。国有经济在改革开放前建立了相对完备的工业体系，在计划经济时期，我国经济运行效率虽然较低，但这为后来经济持续高增长准备了物质条件。此外，国有企业为市场化改革提供了人才、技术、管理经验来源。我国高增长时期的增长绩效之所以超出所有后发追赶型国家，最重要的一个原因在于技术和人才从国有部门逐步向民营企业转移。这在一定程度上减少了技术进步、人才培育的时间。还有一种可能性，即国有经济成分占比较高，平均化的收入分配为高增长时期排浪式消费提供了空间。计划经济体制下，国有企业收入分配差距较小，居民财富和收入分布较为平均。市场化改革后，平均化的收入水平，有利于大众消费集中释放，从而形成我国后来从家电到汽车的排浪式消费升级的过程。因此，我们应该理解，所有制结构的优化其实是一个动态的过程。

六、增长阶段的重大转折与国有资本集中的主导产业的改革

（一）国有资本集中的主导产业退化是2010年之后经济增速下滑的直接原因

2010年，我国经济增速还处于10%的台阶，但从2011年开始明显下滑，到2014年已经处于7.5%左右的水平。一般认为，这一次经济增速下滑意味着我国经济增长阶段的重大转折，许多研究文献从供需条件变化、人均GDP水平等多个角度予以阐释。如果我们从主导产业的角度来观察，可以发现，这一次经济增速明显下滑的直接原因还是房地产、汽车、机电类出口等主导产业增速先后大幅下降。主导产业退化引

起包括前后向、旁侧产业在内的关联部门增长放缓，其给消费、投资等重大基础性宏观变量带来影响将会持续一段时期。而这些主导产业，恰恰是国有资本比较集中的产业。

1. 主导产业及其关联部门增速下降，直接带动 GDP 下降约 3 个百分点

——机电类出口增长放缓，影响 GDP 增速下降约 1 个百分点。2013 年机电类产品（HS 分类第十六类）占出口总额的比重为 43.2%，高出占比份额第二的纺织类 30 个百分点，是决定出口增长的中坚力量。机电类出口主要包括通用和专用设备制造、电气机械、电子及通信设备制造等行业。利用 2010 年投入产出表可以分解机电类出口拉动的重点行业，并估算其对整体经济的拉动作用。

表 3－2　　机电类产品出口及其对上游行业的拉动程度

项　目	在总产出中的占比（%）	出口占产出的比重（%）	拉动程度最高的三个行业及其在本行业总产出中的占比（%）
通用设备制造业	3.3	10.4	本行业（0.22），钢压延加工（0.12），有色冶炼压延（0.06）
专用设备制造业	2.0	11.5	钢压延加工（0.15），通用设备（0.12），本行业（0.10）
电气设备	1.4	9.6	有色冶炼压延（0.36），本行业（0.09），通用设备（0.05）
输配电及控制设备	0.8	20.7%	本行业（0.14），有色冶炼压延（0.11），钢压延加工（0.08）
家用电力非电力器具	0.9	21.7	塑料橡胶（0.11），本行业（0.08），电气设备（0.07）
其他电气机械及器材	0.6	40.7	电子元器件（0.08），本行业（0.06），非金属矿（0.05）

续表

项　目	在总产出中的占比（%）	出口占产出的比重（%）	拉动程度最高的三个行业及其在本行业总产出中的占比（%）
通信设备及雷达制造	1.0	53.8	电子元器件（0.31），本行业（0.16），塑料橡胶（0.07）
电子计算机制造业	1.4	62.8	电子元器件（0.45），本行业（0.17），金融业（0.05）
电子元器件制造业	1.6	19.8	本行业（0.40），有色冶炼压延（0.06），专用化学（0.05）
家用视听设备制造	0.3	50.3	电子元器件（0.47），本行业（0.06），金融业（0.04）
其他电子设备制造	0.2	17.3	电子元器件（0.26），本行业（0.05），其他电气机械及器材（0.05）

资料来源：国家统计局，作者估算。

从表3-2看到，机电类产品相互投入占用关系密切，形成包括有色金属、钢铁、通专用设备、通信计算机设备等在内的一个主导产业综合体。考虑到出口引致的投资，机电类产品出口占到整体经济活动总量的3.7%①，占到增加值的10.5%。对加工贸易带来的影响修订后，其对增加值的贡献也占到6%左右。1995～2010年间，机电类出口平均增速为26%，按2010年的参数推算，机电类出口对GDP增长贡献约为1.6个百分点。2012以来，机电类出口增速大幅下降，过去两年平均增长9%，2014年增速预计低于3%。进入新常态，即便按前两年平均9%的增速计算，机电类出口增速下降对GDP增速下降的影响也约为1个百分点。

——汽车及其关联产业增长放缓，影响GDP增速下降约0.84个百分点。2000～2010年间，汽车产量年均增速为23.7%。2011年后汽车行业增长大幅放缓，近3年平均增速为9.2%。汽车制造业拉动行业集

① 不考虑出口生产劳动者报酬、税金等影响。

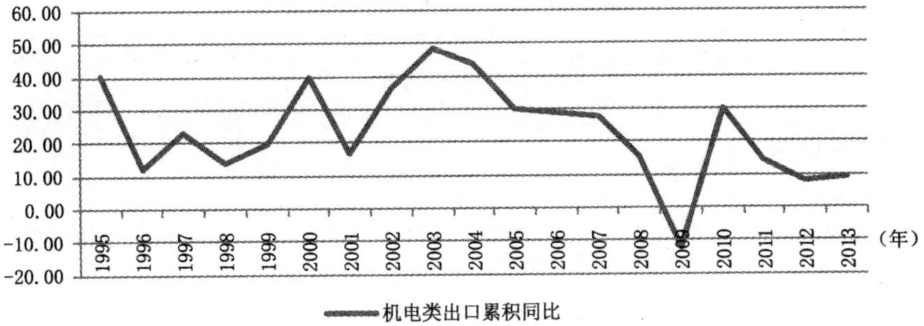

图3-9　机电类产品出口增长情况

资料来源：Wind资讯。

中度较高，包括本行业在内，其拉动效果最明显的5个行业占到其总投入的60%。其联系最密切的行业包括通用专用设备、钢压延、塑料和橡胶、批发零售、有色金属冶炼与压延业等。

表3-3　　汽车制造使用环节占GDP的比重（2010年）

项　目	汽车及其相关领域整体	汽车制造链条	燃料消耗	汽车服务
绝对价值（亿元）	23 407	21 735	1 385	287
占GDP比重（%）	5.8%	5.4%	0.3%	0.1%

资料来源：根据2010年投入产出表测算。

根据2010年投入产出表估算，汽车及其直接关联领域占GDP的比重约为5.8%。以2010年相关参数简单估算，2000~2010年，汽车及其关联部门对GDP增长平均贡献1.37个百分点。2011~2013年间，其对GDP增长平均贡献仅为0.53。2011年以来，汽车行业增速放缓对GDP增速下降贡献了约0.84个百分点。

——房地产及其关联行业增长放缓，影响GDP增速下降0.95个百分点。房地产业物化投入占总投入的比例不高，其拉动的主要产业包括金融、租赁和商务服务、建筑等行业。由于房地产业总量大，与旁侧的家电、家具行业联系密切，对整体经济增长的影响较大。表3-4测算了房地产及其相关产业对GDP的贡献。

表 3-4　　房地产及其相关行业对 GDP 的贡献

项　目	房地产及其相关领域整体	房地产链条	家具（新房建设相关部分）	家电（新房建设相关部分）
绝对价值（亿元）	23 407	22 773	430	304
占 GDP 比重（%）	5.8%	5.6%	0.1%	0.1%

注：上述计算均为其产业链包含的价值。

资料来源：根据 2010 年投入产出表测算。

2000～2010 年间，商品房销售额平均增长 32.1%，2011～2013 年平均增长为 15.8%。以 2010 年相关参数估算，2011 年以来房地产行业增速下降，对 GDP 增速下降贡献了约 0.95 个百分点。

2. 主导产业退化将对经济增速产生持续影响

主导产业间联系密切，存在动员闲置资源促进经济增长的正向循环。房地产、机电类出口、汽车制造三个主导产业的增长存在密切联系。出口快速增长推动城镇化进程，而城镇化过程中通过住宅用地向工业用地的补贴，维系着我国出口部门较高的竞争力。与城镇化和房地产领域高速发展相关联的是汽车行业的发展。城市规模扩大，通勤时间增加，客观上增加了对于小客车的需求，而房地产开发支撑的基础设施建设水平提高，为汽车普及提供了有利条件。三个主导产业综合体相互影响、激发，促使我国经济运行在平均接近 10% 的高位。在此链条中，闲置或者未得到充分利用的土地资源、农村劳动力、潜在的居住和消费需求、国外制成品市场需求相互联结在一起形成正向反馈。该反馈机制不像生产链条那样紧密，但是却发挥着重要的协同作用。最近几年，出口、房地产、汽车相继从超高速增长水平大幅下调，并非巧合。

增长机制调整的影响面广，其对 GDP 增速的拖累会超出主导产业退化的直接影响。主述三个主导产业对 GDP 增速下降综合贡献约 3 个百分点。然而，在测算中没有考虑由于其同时下降带来的各种隐性影响。比如，房地产市场增速放缓使按揭购房产生杠杆效应降低，将对生产消费带来影响，并影响到基础设施建设增速。机电类产品出口、汽车行业增速放缓，其生产率进步速度会明显下降。GDP 增速下降后，收入下降进而影响到消费的增长，并通过乘数效应产生紧缩。增长机制的调整对宏观经济平衡、投资消费比例、技术进步均会带来广泛影响，其对 GDP 增速的拖累仍在持续。

（二）国有企业改革和所有制结构的优化有助于实现中高速增长

国际经验显示，东亚后发追赶型经济体结束高增长时，增速回落幅度较大，往往直接下降到中低增速[①]。然而，从经济总体发展水平、区域差距、产业竞争力、企业综合实力等方面看，我国仍有保持中高速增长的潜力。相比其他追赶型经济体，市场机制不健全、市场化程度低是我国的典型特征。单从主导产业退化这个角度来看，我们一方面需要通过技术创新和商业模式创新来寻找和培育新的主导产业，另一方也需要通过既有主导产业的改革和重组来延缓退化速度，这其中一个重要措施就是要大力破除主导行业或明或暗存在的垄断现象，要大力放松行业管制和行业准入，通过市场深化提高效率，从而促进经济增长。特别是要看到，这些主导产业中，国有资本比较集中，下一步必须要对这些产业中的国有企业进行及时改革重组，促使这些企业转变机制、释放活力、接受平等竞争和优胜劣汰，同时要在这些产业中引入更多的非公有资本，使这些产业以及其他产业的所有制结构进一步优化，这样才能有利于产业的健康发展和中高速增长的持续。

七、简要结论

在样本区间内的计量分析显示，所有制结构优化对经济运行各方面都有积极的影响。非公有制经济占比提高，可以明显降低区域存贷差占存款的比例、提高资金的流通效率，可以明显提高投资增长速度，从而

① 刘世锦等：《陷阱还是高墙：中国经济面临的真实挑战和战略选择》，2011 年 156 ~ 163 页。

增加资本存量，促进经济增长；非公有制经济占比提高，还可以显著提高出口和 FDI 占 GDP 的比重，提高区域经济的外向度和经济全球化程度；非公有制经济占比提高，也可以增强对物价上涨的消化能力，有助于抑制通货膨胀，有利于宏观经济平稳运行。主导产业的退化直接拉低了我国经济增速，而这些主导产业恰恰是国有资本比较集中的领域，加快主导产业国有企业的改革和对非公有资本的开放，有利于中高速增长的持续。本章反映的所有制结构的指标是工业企业中国有经济所占比重，如果考虑全部经济中国有成分的变化，我们预计，所有制结构优化对经济运行效率提升和价格上涨平抑等作用将更大。

我国已进入增长阶段的重大转折期。在推进国有企业分类改革的基础上，大力支持非公有制经济健康快速发展，使国有经济比重进一步适度下降，非公有制经济比重进一步适度提高，对于未来几年防止我国经济增速的过度下滑、保持我国宏观经济运行的总体平稳，具有重要意义。

附录　计量回归结果的参数及检验值

1. 前文（1）式的参数设定及回归结果见附表 3－1。

附表 3－1　　标准化存贷差回归结果

Dependent Variable: DC?				
Method: Pooled Least Squares				
Sample (adjusted): 2005－2011				
Convergence achieved after 10 iterations				
Variable	Coefficient	Std. Error	t－Statistic	Prob.
JG?	0.105916	0.050354	2.103451	0.0368
ZDC	0.931919	0.097551	9.553177	0.0000
AR (1)	0.468657	0.056919	8.233789	0.0000

续表

R - squared	0. 943985	Mean dependent var		0. 306728
Adjusted R - squared	0. 933883	S. D. dependent var		0. 121468
Durbin - Watson stat	1. 992665			

注：回归结果中省略了变系数的各省增速项。

2. 前文（2）式三个群组的回归结果见附表 3 - 2 ~ 附表 3 - 4。

附表 3 - 2　　制造业地区所有制结构与投资增速

Dependent Variable：DC?				
Method：Pooled Least Squares				
Sample：2000 2011				
Total pool（balanced）observations：120				
Variable	Coefficient	Std. Error	t - Statistic	Prob.
C	21. 73746	11. 45188	1. 898157	0. 0603
JG?	- 21. 59953	14. 19521	- 1. 521607	0. 1310
ZDC	0. 426613	0. 236215	1. 806041	0. 0737
R - squared	0. 270850	Mean dependent var		20. 25500
Adjusted R - squared	0. 196585	S. D. dependent var		11. 91360

注：回归采用固定效应模型，省略了横截面常数项。

附表 3 - 3　　制造业和资源均衡发展地区所有制结构和投资增速

Dependent Variable：DC?				
Method：Pooled Least Squares				
Sample（adjusted）：2000 2011				
Total pool（balanced）observations：144				
Variable	Coefficient	Std. Error	t - Statistic	Prob.
C	45. 14656	11. 06462	4. 080261	0. 0001
JG?	- 33. 88892	10. 21665	- 3. 317028	0. 0012
ZDC	0. 303274	0. 198007	1. 531633	0. 1280
R - squared	0. 238113	Mean dependent var		27. 44028
Adjusted R - squared	0. 161924	S. D. dependent var		9. 627273

注：回归采用固定效应模型，省略了横截面常数项。

附表 3 - 4 资源性地区的所有制结构和投资增速

Dependent Variable: DC?				
Method: Pooled Least Squares				
Sample (adjusted): 2000 2011				
Total pool (balanced) observations: 108				
Variable	Coefficient	Std. Error	t - Statistic	Prob.
C	45.33804	8.426928	5.380138	0.0000
JG?	-24.03930	10.86353	-2.212845	0.0292
R - squared	0.239046	Mean dependent var		26.82778
Adjusted R - squared	0.169163	S. D. dependent var		11.63450

注：所有制结构和宏观经济增速共线性，回归中取消了宏观经济增速项。采用固定效应模型，省略了横截面的常数项。

3. 前文（3）式的参数设定及回归结果见附表 3 - 5。

附表 3 - 5 CPI 与所有制结构变动的关系

Dependent Variable: CPI?				
Method: Pooled Least Squares				
Sample (adjusted): 2000 2011				
Total pool (unbalanced) observations: 368				
Variable	Coefficient	Std. Error	t - Statistic	Prob.
JG?	2.032673	0.859305	2.493494	0.0131
ZS?	0.344038	0.067702	5.081663	0.0000
CPI? (-1)	0.949438	0.011269	84.25575	0.0000
R - squared	-0.418558	Mean dependent var		102.3865
Adjusted R - squared	-0.426331	S. D. dependent var		2.423554
Durbin - Watson stat	2.623564			

4. 前文（4）式的参数设定及回归结果见附表 3 - 6。

附表 3－6　　出口与所有制结构变动的关系

Dependent Variable：CK?				
Method：Pooled Least Squares				
Sample：2004 2011				
Total pool（balanced）observations：248				
Variable	Coefficient	Std. Error	t－Statistic	Prob.
C	0.085827	0.029627	2.896942	0.0042
JG?	－0.155057	0.051996	－2.982092	0.0032
ZCK	0.677747	0.071971	9.416997	0.0000
R－squared	0.968374	Mean dependent var		0.177823
Adjusted R－squared	0.963666	S.D. dependent var		0.211124

5. 前文（5）式的参数设定及回归结果见附表3－7、附表3－8。

附表 3－7　　出口与所有制结构变动的关系

Dependent Variable：FI?				
Method：Pooled Least Squares				
Sample：2004 2011				
Total pool（balanced）observations：248				
Variable	Coefficient	Std. Error	t－Statistic	Prob.
C	0.012921	0.007009	1.843356	0.0667
JG?	－0.029157	0.014736	－1.978650	0.0491
ZFI	1.053111	0.225195	4.676447	0.0000
R－squared	0.848647	Mean dependent var		0.027258
Adjusted R－squared	0.826120	S.D. dependent var		0.022967

附表 3－8　　潜在增长率与人均 GDP 关系回归结果

Variable	Coefficient	Std. Error	t－Statistic	Prob.
C	2.627797	0.480119	5.473220	0.0000
RGDP?	9.754444	0.835910	11.66925	0.0000

续表

Variable	Coefficient	Std. Error	t - Statistic	Prob.
RGDP? ^2	-6.011914	0.615747	-9.763613	0.0000
ZZS	0.667248	0.042088	15.85369	0.0000
JCK?	0.010146	0.002954	3.435079	0.0006
	Weighted Statistics			
R - squared	0.447508	Mean dependent var		4.852653
Adjusted R - squared	0.443724	S. D. dependent var		2.348535
S. E. of regression	1.751629	Sum squared resid		1791.831
F - statistic	118.2574	Durbin - Watson stat		0.770712
Prob (F - statistic)	0.000000			
	Unweighted Statistics			
R - squared	0.409268	Mean dependent var		11.65216
Sum squared resid	2218.272	Durbin - Watson stat		0.622550

第四章

国有企业改革对经济增长的提振效应分析

改革开放以来，我国对国有企业进行了多轮改革，特别是经过1993年起的现代企业制度建设和2003年以后的国有资产管理体制改革，国有企业的经营管理水平有了明显提高，国有企业在2003年之后的这一轮高速经济增长中获得了良好的发展。但根据经验观察和已有研究，国有企业所有人缺位、经营效率低的问题并未根本解决。尽管在21世纪头10年那一段宏观经济高速增长时期里，国有企业看起来有着良好的表现，但我们要问，国有企业在宏观经济高增长的过程中是受惠更多，还是贡献更多？或者说，国有企业对于经济增长到底是起着一种促进性作用，还是抑制性作用？在当前中国经济增长阶段出现重大转折、经济增长潜力需要深入挖掘的大背景下，这一问题显得尤为重要。

一、有关国有企业发展及经营效率的文献综述

世界上许多国家在工业化的较早阶段或多或少都存在一些国有企业。某些经济学理论也认为，政府兴办一些国有企业可以在一定程度上解决“市场失灵”问题，能提供私人企业不愿意提供或无能力提供的公共产品，实现社会公正和稳定。譬如，Hansen（1962）就提出了混合经济思想，认为国家干预经济有一定的必要性，提出政府应当通过设立国有企业的方式，增加公共基础设施，发展社会事业。

虽然在工业化早期通过设立大量国有企业，可以集中和配置资源，实现快速资本积累和优先发展重工业的战略意图，但国有企业效率低下

的问题始终存在。理论上通常认为，国有企业的低效率根源于其公有产权所引发的委托代理问题。Jensen 和 Meckling（Jensen and Meckling，1976）证明了，在一个非个人独资企业中，由于所有权和控制权的分离以及由此产生的代理成本，导致企业经营者的决策会使企业的价值低于最优水平，也就是存在效率损失。国有企业的公有产权属性决定了其不可避免地存在着效率损失。姜纬（1994）认为，由于国有企业的治理关系包括中央政府、地方政府、企业领导和工人的多层委托代理关系，在任何一种产权和治理结构下，代理人总会选择一种对自己最有利的行为方式，从而侵蚀国有财产满足个人利益。张维迎（1995）进一步证明，随着公有化程度提高和公有经济规模的扩大，会导致委托代理层次增加，从而拉大初始委托人与最终代理人之间的距离，使得监督变得更加缺乏效率。还有研究认为，除了国有企业的所有权和控制权分离所带来的委托代理问题外，由于各种政策性负担及导致的预算软约束也是造成国有企业效率低下的原因（Lin et al，1998，2004）。基于不同时期数据样本的实证研究也发现，国有企业在各类所有制企业中生产效率最低（刘小玄，1995，2000；Zheng et al，1998；姚洋，1998，伍晓鹰，2013）。

改革开放以来中国政府认识到了国有企业政企不分的弊端，先后进行了多轮改革举措，并取得了显著效果。所有这些改革措施虽然未能从根本上解决国有企业中存在的委托代理和经营者选择机制问题，但都在一定程度上完善了企业的经营管理制度，强化了对经营者的监督和激励机制，因而在一定程度上改善了国有企业的生产效率。部分实证研究发现，国有企业改革大大激发了国有企业经营者的积极性，提高了工人的收入水平，并且提高了生产效率和投资规模（Groves et al.，1994）。刘小玄（2004）依据 2001 年全国普查工业数据，对民营化改制对提升中国产业效率的效果进行了分析，认为“相对于原有的占支配地位的国有产权体制来讲，普遍进行的民营化或股份化已经明显地促进了绩效的提高”。其他许多研究也肯定了国有企业改革的积极效果（Li，1997；白重恩等，2006；胡一帆等，2006）。还有研究发现，中国大型国有企业的下属上市公司较其他类型的上市公司经营表现更好，大型国有企业集团在中国经济发展中（特别指出在市场不完善的发展中经济体）的重要作用在不断增强（Guest and Sutherland，2010）。

但也有许多研究发现，现有的改革并没有解决国有企业的根本问题，国有企业效率低的问题仍然存在。一些研究区分了生产效率损失和创新效率损失，发现创新所具有的高度不确定性和效果长期性导致了国有企业更易出现创新效率低下的问题。Qian 和 Xu（Qian and Xu，1998）、Huang 和 Xu（Huang and Xu，1998）的理论模型表明，集权经济通常采用事前官僚监督机制，这极易造成项目选择失误并延迟创新，他们还指出软预算约束导致创新效率损失。陆铭（2003）则认为，在改革过程中，国有企业的产值份额越来越小，但其就业份额却仍然非常之大，这就使得政府更加强调国有企业稳定社会的功能。在国有企业的工资和就业决定受到管制的情况下，一些通常被认为有效的改革措施（如提高管理者固定收入和利润分成比率）反而会阻碍企业重构，导致国有企业与非国有企业之间的劳动生产率差距不仅没有缩小，相反，却出现了扩大的趋势。吴延兵（2012）的理论和实证研究发现，已有国有企业改革通过监督和激励机制设计在一定程度上地解决了国有企业经营者的短期生产激励问题，减少了国有企业的生产效率损失，但无法解决其长期创新激励问题，因而国有企业经营者有积极性提高生产效率而无积极性提高创新效率。所以，国有企业的创新效率损失应大于生产效率损失。

正是由于国有企业效率低的问题仍然存在，不少研究认为，国有企业进一步改革有利于经济发展和提高经济整体效率。刘瑞明（2010）认为，国有企业的效率损失应该包含两种：一是国有企业本身的效率损失，二是由这种效率损失进一步带来的其他效率损失。其实证分析发现，由于软预算约束的存在，国有经济拖累了民营企业的发展进度，从而对整个经济体构成“增长拖累”。另有不少研究从资源错配的角度测度国有企业的效率损失。Hsieh 和 Klenow（Hsieh and Klenow，2009）根据中国、印度、美国的制造业数据发现，假如要素完全自由流动，那么美国制造业的全要素生产率可以提升 30% ~43%，中国可以提升 86% ~115%，印度可以提升 100% ~128%。Brandt 和 Zhu（Brandt and Zhu，2010）通过对中国农业、国有非农业和非国有的非农产业三个部门的全要素生产率进行估计，认为如果资本和劳动力在国有和非国有部门完全自由流动的话，则在1978～2007年的29年间，中国的全要素生产率和劳动生产率可以每年提高0.82和1.58个百分点，或者可以在投资率保持在1978年较低水平的情况下，实现与实际相同的经济增长速度，从而可以将节省的大量投资用于消费和提高居民福利。

从对既有文献研究结果的梳理可以发现，多数研究认为国有企业由于其实际所有人（国家）的虚位化带来的委托代理问题，导致其天然容易产生效率低下的问题，而且这种效率损失随着国有企业规模的扩张而加大。虽然改革开放以来针对这一问题我国采取了多种改革措施，而且也在一定程度上解决了激励约束矛盾，提高了国有企业效率，但很难根本解决国有企业效率损失及其带来的“增长拖累”现象。现有少数研究估算了国有企业改革对经济增长的影响，但多数过于简略。便如Hsieh和Klenow（Hsieh和Klenow，2009）、Brandt和Zhu（Brandt和Zhu，2010）仅仅考虑了不同所有制企业的效率差异，没有考虑国有企业改革的间接影响；只考虑了对资本和劳动力可以瞬时流动（相当于一步到位式改革）的一种情况，没有考虑渐进式改革的影响。另外，已有文献主要是基于历史数据进行研究的，缺乏对未来的展望，因此对实际改革缺乏更明确的借鉴和政策指导作用。本章重点模拟分析不同国有企业改革情景下（不同改革速度），对未来中国经济增长的影响，从而可以更好地展现不同国有企业改革方案下的经济增长效应。

二、对2003～2012年间国有企业和非国有企业效率及发展模式的比较

影响国有企业对经济增长的因素体现在多个方面。首先，与国有企业在经济中的行业分布有关。不同行业的增长速度有较大差异，国有企业和非国有的效率差异也有差别。其次，与国有企业和非国有企业的投资行为有关。如果国有企业能获得超过其经济份额的更多投资，则对经

济增长的影响更大。最后，与国有企业和非国有企业之间的生产效率差别有关。如果两者效率差别小，则国有经济改革对经济增长的激励作用弱。以下将从三个方面对国有企业和非国有企业进行比较。

（一）国有企业在国民经济中的行业分布

2003年以来，国有企业在国民经济中的比重保持了相对稳定。其中，国有控股企业增加值比重在2003年为26.6%，2012年为25.2%，10年间仅降低了1.4个百分点（见表4－1）。

表4－1　2003～2012年国有企业及国有经济增加值占GDP的比重

项目＼年份	2003	2004	2005	2006	2007	2008	2009	2010	2011	2012
全国GDP（亿元）	135 823	159 878	184 937	216 314	265 810	314 045	340 903	401 513	473 104	518 942
国有经济（亿元）	49 913	58 954	65 405	78 369	96 757	108 939	114 637	132 894	156 770	174 875
国有企业（亿元）	36 139	44 241	48 623	58 422	72 895	83 060	84 640	99 588	115 751	130 801
国有经济占GDP比重（%）	36.7	36.9	35.4	36.2	36.4	34.7	33.6	33.1	33.1	33.7
国有企业占GDP比重（%）	26.6	27.7	26.3	27.0	27.4	26.4	24.8	24.8	24.5	25.2

资料来源：见附表4－1、附表4－2说明。

由于有些部门，如教育、文化医疗等事实上属于国有经济，但并不包括在国有企业的统计中，我们对租赁和商务服务业、科学研究技术服务和地质勘查业、水利环境和公共设施管理业、居民服务和其他服务业、教育、卫生社会保障和社会福利业、文化体育和娱乐业，以及公共管理和社会组织这8个行业的国有经济增加值进行了估计。估计的方法是先计算这8个行业中每年国有经济新增固定资产占该行业全部新增固定增产的比重，然后假定这8个行业中国有经济的增加值与该行业增加值的比重和新增固定资产的比重相同。经过上述调整以后，历年国有经济在GDP中占比比国有企业在GDP中占比提高约8～10个百分点，但随着时间变化，也同样呈下降的趋势，从2003年的36.7%降低到2012

年的 33.7%。

国有企业在各行业的分布很不均衡。2012 年，国有企业增加值总量约 13.08 万亿元，占当年 GDP 的 25.2%（不包括机关事业单位和社会团体等非企业组织）。其中，制造业国有企业增加值达 33 014 亿元，占全社会制造业的 20.7%；然后是金融业，共计 25 850 亿元，约占该行业总量的 90%，其他的依次是采掘业（共计 17 259 亿元，占该行业 59.8%），电力燃气水、建筑和交通运输仓储邮政业的规模差不多，增加值分别为 10 204 亿元、10 186 亿元和 10 701 亿元；最后是批发零售业和房地产业，增加值分别为 9 174 亿元和 6 977 亿元。除此以外，其余行业的规模较小，均在 2 000 亿元以下（见图 4-1）。

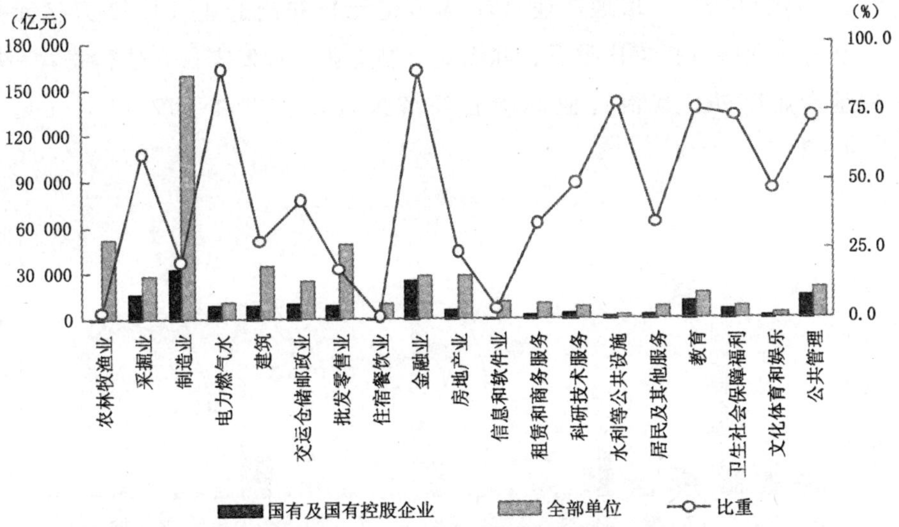

图 4-1 国有及国有控股企业在各行业的增加值分布

资料来源：见附表 4-1 和附表 4-2 的说明，本处的国有及控股企业不包括事业、社团和政府部门等单位。

（二）国有企业的投资强度高于非国有企业

投资的分布情况，包括投资的行业分布、国有部门和非国有部门的分布，是影响经济增长的重要因素。如果投资主要分布在高效率的部门，则有利于经济增长。相反，如果由于体制等因素，投资不是按照效率原则分布，而是更多配置到低效率部门，则对经济发展会产生不利影响。

从整体经济看，2003～2012 年，国有单位固定资产投资占全社会固定投资的比重呈大幅度下降的趋势。2003 年，国有单位固定资产投资总额为 2.94 万亿元，占全社会的 53.0%；而 2012 年，国有单位投资总额增长到 12.46 万亿元，但占全社会投资的比重下降到 34.6%（见附表 4－3）。如果非国有经济的投资效率较高，这种变化应该有利于整体经济的增长。

分行业看，2012 年国有经济投资的重点行业从大到小依次是交通运输业和邮政仓储业（2.47 万亿元）、水利、环境和公共设施管理业（2.33 万亿元）、房地产业（2.15 万亿元）和制造业（1.32 万亿元）。从各行业国有投资比重看，除农业、制造业、批发零售、住宿餐饮和房地产业以外，其他行业的国有经济投资比重都在 30% 以上（见图 4－2）。

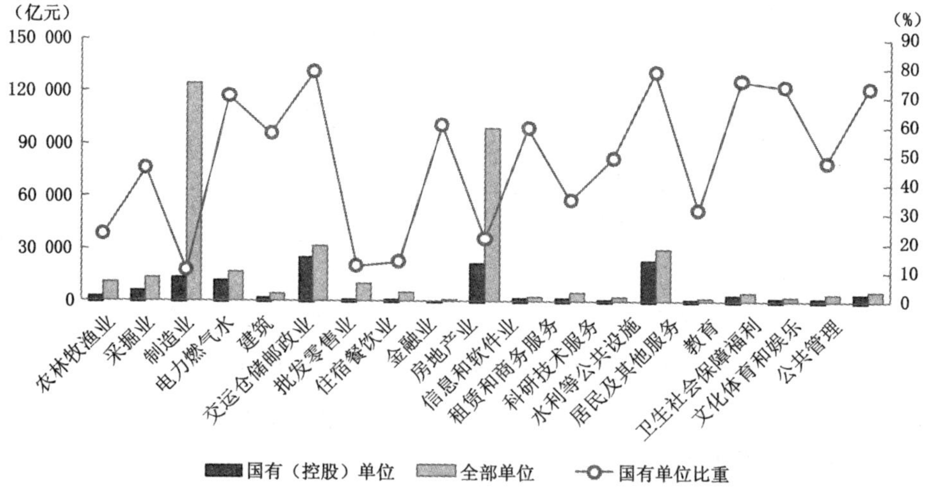

图 4－2 2012 年国有控股单位固定资产投资的行业分布情况

说明：国有（控股）单位不仅包括企业，还包括机关事业单位等。

资料来源：《中国统计年鉴》，《固定资产投资统计年鉴》。

从工业部门投资占营业收入的比重看，国有企业的投资强度显著高于非国有企业。2003～2012 年，国有企业新增固定资产占营业收入的比重在9.0%～16.4%，除2004年以外，每年均高于非国有企业1.17～7.24个百分点（见表4－2）。国有企业的投资比重高，说明国有经济的投资能力强于其经济实力（以营业收入衡量），也意味着如果国有企业运行效率更低的话，由于配置了更多的投资会降低整体经济的增长效率。

国有企业投资强度高的原因可能有多种。一是国有企业有较强的获得贷款的能力。随着我国银行业不断加强风险管理，对贷款的风险更加注重，国有企业一般规模大，而且属于国家所有，因此银行更愿意放贷给国有企业。二是国有企业的红利不需要分配给投资者，加上国有企业有做大做强的考核激励，将资源用于投资的动力更大。

表4－2　工业部门的国有和非国有企业投资比重比较

年份	国有及国有控股工业企业			其他工业企业			投资率差异（%）
	新增固定资产（亿元）	上一年的营业收入（亿元）	投资/营收	新增固定资产（亿元）	上一年的营业收入（亿元）	投资/营收	
2003	5 824	47 844	12.17	6 784	61 642	11.00	1.17
2004	7 595	58 027	13.09	13 665	85 144	16.05	－2.96
2005	7 682	71 431	10.75	10 957	127 478	8.60	2.16
2006	13 405	85 574	15.66	13 733	162 970	8.43	7.24
2007	14 960	101 405	14.75	16 617	212 188	7.83	6.92
2008	20 163	122 617	16.44	28 438	277 100	10.26	6.18
2009	17 475	147 508	11.85	18 167	352 512	5.15	6.69
2010	21 724	151 701	14.32	37 360	390 822	9.56	4.76
2011	21 952	194 340	11.30	32 644	503 404	6.48	4.81
2012	20 566	228 900	8.98	31 683	612 930	5.17	3.82

资料来源：《中国统计年鉴（2013）》，其中，新增固定资产＝本年固定资产原值－上年固定资产原值＋上年固定资产原值×0.01（其中，0.01为假设的报废率）。

（三）国有企业和非国有企业生产效率的比较

1. 大部分工业部门国有企业的资本生产率低于非国有企业

从单位固定资产①所创造的工业总产值看，大部分行业国有企业的

① 单位固定资产指固定资产净值年平均余额。

生产效率较低。2003 年，工业部门国有企业拥有 4.21 万亿固定资产净值，生产了 5.34 万亿元工业总产值，平均每元固定资产创造 1.27 元工业总产值；而非国有企业的工业企业则用 2.40 万亿元固定资产净值生产了 8.89 万亿元工业总产值，也即国有企业的单位资产总产值仅为非国有企业的 34.2%（见表 4－3）。到 2011 年，国有企业的单位固定资产能生产 1.98 元工业总产值，是非国有企业的 37.1%，说明两者的差距总体上有所缩小。

分行业看，绝大多数行业中国有企业的资产生产率都低于非国有企业。2003 年，在有数据的 36 个工业大类中，仅烟草加工业的国有企业效率高于非国有企业；到 2011 年，“石油加工及炼焦业”以及“电力蒸汽热水生产供应业”这两个行业的国有企业效率超越非国有企业，但其他 34 个行业的非国有企业效率仍高于国有企业。

从历史变化看，2003 年以来多数行业国有企业的资本产出效率有所提升，缩小了与非国有企业的差距。在有数据的 36 个行业中，有 29 个行业的国有企业缩小了与非国有企业的差距，有 7 个行业的差距扩大。例如，2003 年煤炭采选业的国有企业资本产出率是非国有企业的 26.2%，到 2011 年已经提升到 34.8%。国有企业与非国有企业效率差距的缩小，既有在此期间我国国有企业的管理体制经过持续改革使企业管理水平显著提升的原因，也有国有企业产业结构不断调整，更加集中于重资产、市场竞争程度小的行业的原因。

表 4－3　国有企业和非国有企业单位固定资产的工业总产值比较

行　业	国有企业总产值占比（2003，%）	国有企业 元/每元固定资产		非国有企业 元/每元固定资产		国有企业/非国有企业（%）	
		2003	2011	2003	2011	2003	2011
煤炭采选业	53.6	0.79	1.85	2.99	5.31	26.2	34.8
石油和天然气开采业	92.1	0.98	1.05	3.60	1.36	27.1	77.5
黑色金属矿采选业	16.7	1.12	1.65	3.67	5.80	30.6	28.4
有色金属矿采选业	28.7	1.47	3.17	3.36	4.87	43.8	65.2
非金属矿采选业	12.3	0.59	2.32	4.00	6.36	14.9	36.4

续表

行　业	国有企业总产值占比	国有企业元/每元固定资产		非国有企业元/每元固定资产		国有企业/非国有企业（%）	
	（2003，%）	2003	2011	2003	2011	2003	2011
食品加工业	5.4	2.71	6.55	5.01	7.31	54.1	89.6
食品制造业	5.8	1.87	3.29	3.23	5.25	57.9	62.5
饮料制造业	16.5	1.66	3.67	2.17	4.26	76.6	86.3
烟草加工业	**99.3**	**3.73**	**7.36**	**2.54**	**4.02**	**146.9**	**183.3**
纺织业	**2.4**	**1.60**	**2.59**	**3.11**	**5.14**	**51.4**	**50.4**
服装及其他纤维制品制造	1.4	2.61	5.90	5.59	7.50	46.8	78.6
皮革毛皮羽绒及其制品业	0.3	2.69	5.73	6.48	8.46	41.5	67.8
木材加工及竹藤棕草制品业	2.3	0.90	2.91	3.53	6.41	25.6	45.5
家具制造业	1.7	1.61	6.01	4.07	6.27	39.5	95.8
造纸及纸制品业	6.9	1.02	1.38	2.21	3.21	46.1	43.1
印刷业记录媒介的复制	11.5	1.35	2.17	2.33	4.15	58.2	52.2
文教体育用品制造业	1.2	2.01	3.79	4.97	6.52	40.5	58.0
石油加工及炼焦业	**68.6**	**2.87**	**5.81**	**3.38**	**4.49**	**85.0**	**129.3**
化学原料及制品制造业	18.7	1.26	2.14	3.62	4.48	34.9	47.8
医药制造业	11.8	2.12	3.15	2.79	4.79	75.8	65.8
化学纤维制造业	8.2	1.07	2.33	2.67	4.37	40.0	53.3
橡胶和塑料制品业	5.7	1.65	3.59	3.29	5.10	50.2	70.4
非金属矿物制品业	10.6	0.99	1.76	2.26	3.82	43.9	46.2
黑色金属冶炼及压延加工业	36.9	1.55	2.29	4.22	5.35	36.7	42.9
有色金属冶炼及压延加工业	28.8	1.42	3.16	4.32	6.14	33.0	51.5
金属制品业	5.8	2.06	4.14	4.59	5.99	44.9	69.1
普通机械制造业	12.5	2.39	4.21	4.15	6.01	57.7	70.0

续表

行　业	国有企业总产值占比（2003,%）	国有企业元/每元固定资产		非国有企业元/每元固定资产		国有企业/非国有企业（%）	
		2003	2011	2003	2011	2003	2011
专用设备制造业	20.5	1.95	4.01	4.69	5.79	41.5	69.3
交通运输设备制造业	44.0	3.38	5.13	4.85	5.61	69.7	91.4
电气机械及器材制造业	8.9	2.38	6.22	5.48	7.10	43.5	87.7
电子及通信设备制造业	8.3	4.78	3.56	6.29	7.60	76.0	46.9
仪器仪表文化办公用机械	10.3	1.78	4.39	5.60	6.84	31.8	64.2
其他制造业	8.9	3.32	3.49	5.53	8.65	60.0	40.3
废弃资源综合利用业	3.8	5.00	6.38	12.48	8.71	40.1	73.3
电力蒸汽热水生产供应业	**93.0**	**0.40**	**0.94**	**0.62**	**0.72**	**65.6**	**130.9**
煤气的生产和供应业	44.4	0.52	1.78	2.07	2.85	25.2	62.4
自来水的生产和供应业	69.4	0.32	0.35	0.53	0.87	61.9	40.9
全国总计	26.2	1.27	1.98	3.71	5.33	34.2	37.1

资料来源：《中国统计年鉴（2004）》、《中国统计年鉴（2012）》，略去了数据不足的开采辅助活动；其他采矿业；金属制品、机械和设备修理业；将汽车制造业和塑料制品业分别合并到交通运输设备制造业及橡胶和塑料制品业。

2. 总体来看国有企业的劳动生产率高于非国有企业

尽管国有企业的资本产出效率较低，但由于国有企业多数分布在重资产和垄断程度较高的行业中，吸纳就业人数相对较少，总体来看，国有企业的劳动生产率反而高于非国有企业。2003 年，工业部门国有企业总就业人数为 2 162.9 万人，人均产值为 24.69 万元，与非国有企业的人均 24.78 万元大致差不多。但 2011 年，工业部门的国有企业就业人数下降到 1 812.0 万人，人均产值提高到 121.99 万元，高于非国有企业 44.0%。

尽管总体上国有企业的人均产出更高，但从实际情况看，一些国有企业存在人浮于事的情况，而且非国有企业中存在大量就业人数众多的小微企业，因此不能简单地认为国有企业的劳动生产效率更高。事实上，也有不少细分行业的国有企业人均产出低于非国有企业。2011 年，在 36 个工业行业中，有 23 个行业的国有企业人均产出低于非国有企业（见表4－4）。国有企业人均产出高于非国有企业的行业大部分是垄断性行业或重资产行业，如烟草、石油加工、非金属矿物制品业和交通运输设备制造业。因此，如果考虑到国有企业和非国有企业在行业分布、企业规模、资本有机构成等方面的差异，非国有企业的劳动生产率并不一定低于国有企业。

表 4－4　　国有企业和非国有企业人均工业总产值比较

行　业	国有企业总产值占比（2011，%）	国有企业万元/人		非国有企业万元/人		国有企业/非国有企业（%）	
		2003	2011	2003	2011	2003	2011
煤炭采选业	53.6	6.14	44.55	8.31	77.55	73.8	57.4
石油和天然气开采业	92.1	44.56	111.01	403.51	251.18	11.0	44.2
黑色金属矿采选业	16.7	8.57	87.18	16.37	131.51	52.4	66.3
有色金属矿采选业	28.7	10.19	79.80	18.54	101.80	55.0	78.4
非金属矿采选业	12.3	6.46	49.13	14.59	76.89	44.3	63.9
食品加工业	**5.4**	**24.90**	**133.48**	**36.69**	**121.75**	**67.9**	**109.6**
食品制造业	5.8	17.05	61.37	24.41	80.89	69.8	75.9
饮料制造业	16.5	22.37	76.12	27.13	88.94	82.5	85.6
烟草加工业	**99.3**	**110.51**	**357.17**	**23.07**	**44.47**	**479.0**	**803.2**
纺织业	2.4	9.06	30.54	17.77	56.57	51.0	54.0
服装及其他纤维制品制造	1.4	8.12	25.01	12.04	35.61	67.4	70.2
皮革毛皮羽绒及其制品业	**0.3**	**10.56**	**40.92**	**13.83**	**34.35**	**76.3**	**119.1**
木材加工及竹藤棕草制品业	2.3	9.37	38.66	17.08	71.32	54.8	54.2
家具制造业	**1.7**	**10.21**	**77.26**	**16.97**	**47.51**	**60.1**	**162.6**

续表

行　业	国有企业总产值占比（2011，%）	国有企业万元/人		非国有企业万元/人		国有企业/非国有企业（%）	
		2003	2011	2003	2011	2003	2011
造纸及纸制品业	6.9	20.55	80.41	22.62	82.46	90.8	97.5
印刷业记录媒介的复制	11.5	13.31	45.05	19.45	55.90	68.4	80.6
文教体育用品制造业	**1.2**	**10.10**	**31.77**	**11.12**	**29.09**	**90.8**	**109.2**
石油加工及炼焦业	**68.6**	**144.47**	**533.48**	**39.92**	**237.96**	**361.9**	**224.2**
化学原料及制品制造业	18.7	25.04	117.54	33.69	138.08	74.3	85.1
医药制造业	11.8	22.12	57.96	27.13	88.96	81.5	65.2
化学纤维制造业	8.2	28.88	73.79	51.12	157.62	56.5	46.8
橡胶和塑料制品业	**5.7**	**20.66**	**74.85**	**21.68**	**65.41**	**95.3**	**114.4**
非金属矿物制品业	**10.6**	**10.80**	**83.37**	**15.42**	**77.09**	**70.1**	**108.1**
黑色金属冶炼及压延加工业	36.9	37.11	173.71	42.45	198.34	87.4	87.6
有色金属冶炼及压延加工业	28.8	24.78	159.23	43.98	200.26	56.3	79.5
金属制品业	5.8	18.06	73.85	23.11	75.03	78.2	98.4
普通机械制造业	12.5	17.54	81.08	21.57	83.16	81.3	97.5
专用设备制造业	20.5	13.52	79.84	24.43	81.12	55.3	98.4
交通运输设备制造业	**44.0**	**40.89**	**147.69**	**30.06**	**90.59**	**136.0**	**163.0**
电气机械及器材制造业	**8.9**	**20.74**	**114.51**	**31.86**	**83.71**	**65.1**	**136.8**
电子及通信设备制造业	**8.3**	**58.80**	**88.26**	**57.68**	**77.02**	**101.9**	**114.6**
仪器仪表文化办公用机械	10.3	11.32	57.41	26.21	61.80	43.2	92.9
其他制造业	**8.9**	**18.18**	**91.87**	**12.44**	**55.83**	**146.1**	**164.6**
废弃资源综合利用业	**3.8**	**12.86**	**179.24**	**38.02**	**167.48**	**33.8**	**107.0**
电力蒸汽热水生产供应业	**93.0**	**26.89**	**194.84**	**45.15**	**124.42**	**59.6**	**156.6**
煤气的生产和供应业	44.4	14.02	136.37	55.61	181.41	25.2	75.2

续表

行　业	国有企业总产值占比（2011,%）	国有企业万元/人		非国有企业万元/人		国有企业/非国有企业（%）	
		2003	2011	2003	2011	2003	2011
自来水的生产和供应业	69.4	8.27	26.71	26.23	59.95	31.5	44.6
全国总计	26.2	24.69	121.99	24.78	84.73	99.6	144.0

资料来源：《中国统计年鉴（2004）》《中国统计年鉴（2012）》，略去了数据不足的开采辅助活动；其他采矿业；金属制品、机械和设备修理业；并将汽车制造业和塑料制品业分别合并到交通运输设备制造业及橡胶和塑料制品业。

3. 国有企业的全要素生产率增长较快，目前已经和非国有企业不相上下

由于国有企业的资本产出效率较低，而人均总产值较高，为综合比较国有企业和非国有企业的生产效率，需要进行全要素生产率分析。

（1）估计方法

全要素生产率通常被解释为总产出中不能由要素投入所解释的“剩余”。因此，对全要素生产率估计通常是从拟合生产函数开始。假设企业的生产函数为：

$$y_{it} = al_{it} + \beta k_{it} + \varepsilon_{it} \tag{1}$$

其中，y_{it}、l_{it}、k_{it} 分别为 t 时期 i 企业产出、劳动投入和资本投入的对数。ε_{it} 为误差项，表示希克斯中性的生产率。

对于式（1），传统的简单线性估计方法存在两个问题：一是同时性偏差（Simultaneity Bias）。企业从过去的经验中能部分预期到当期的效率，在生产利润最大化原则的引导下，决策者将会根据预期对生产组合进行调整，即当误差项代表生产率，那么其中的一部分将会影响到 l_{it} 和 k_{it}，出现残差项和回归项相关的情况，使 OLS 的估计结果产生偏误。二是样本选择偏差（Selectivity and Attrition Bias）。由于生产率较低的企业会被淘汰，留在市场上的企业都是生产率更高的企业，仅根据在位企业样本来估计将会高估了 TFP。其中，最为突出的是同时性偏差的问

题，学者们提出了不同的方法来解决这一问题，影响最大的是 Olley 和 Pakes（Olley and Pakes，1996）提出的基于一致半参数估计值方法（简称“OP”方法），以及 Levinsohn 和 Petrin（Levinsohn and Petrin，2003）提出的 LP 估计方法。

两种方法都首先将（1）式中的残差分解成两项，并写成 $\varepsilon_{it} = \eta_{it} + \tilde{\omega}_{it}$。其中，$\tilde{\omega}_{it}$表示全要素生产率，$\eta_{it}$为服从独立同分布、对企业决策没有任何影响的扰动项。接下来，OP 方法和 LP 方法对 $\tilde{\omega}_{it}$ 进行了不同的假设。在 OP 方法中，首先需要构建资本存量和投资额之间的关系，即：

$$k_{it+1} = (1-\delta)k_{it} + i_{it} \tag{2}$$

其中，k 表示企业的资本存量，i 为当期投资，δ 表示折旧。然后，构建最优的投资函数，将投资写成生产率和资本存量的函数。

$$i_{it} = i_t(\tilde{\omega}_{it}, k_{it}) \tag{3}$$

假设生产率和投资之间有单调的关系，则根据（3）式，可以将生产率写成投资和资本存量的函数，假设 $h(\ ) = i^{-1}(\ )$，则：

$$\tilde{\omega}_{it} = h_t(i_{it}, k_{it}) \tag{4}$$

将式（4）代入式（1）中，得：

$$y_{it} = al_{it} + \beta k_{it} + h_t(i_{it}, k_{it}) + \eta_{it} \tag{5}$$

从而式（5）中的误差项将不存在同时性偏差的问题。对于式（5）的估计，将分为两步，首先，估计出 a，然后再根据 $\beta k_{it} + h_t(i_{it}, k_{it})$ 的估计值估计出资本的系数。根据上面的步骤可以看出，OP 方法事实上是用投资作为生产率的代理变量。

LP 方法的步骤和思路与 OP 方法差不多，只是 LP 方法中，式（3）的投资为中间投入，并假设中间投入与生产率之间有单调的关系，从而将生产率写成中间投入的函数。即在 LP 方法中，用作生产率代理变量的是中间投入。两种估计方法各有自己的优势，现有研究中有的采用 OP 方法来估计生产率（如聂辉华和贾瑞雪，2008），也有用 LP 方法进行估计（如 Yu，2013）。以下我们将利用了这两种方法估计并进行比较。

（2）数据说明

这部分使用的数据来自于在国内外研究中广泛使用的中国全部国有及规模以上工业企业数据库，时间跨度为1998~2007年。该数据库包括全部国有以及年销售额超过500万元以上的非国有工业企业；各年份中包含的企业数从16万到30万不等。样本中不仅有企业代码、企业名称、所在地、注册类型等基本信息，而且还包括工业增加值、从业人数、固定资产合计、实收资本等多个财务指标。

由于样本大、指标多、时间长的缘故，数据库中的指标存在诸多问题，其他处理包括：①借鉴Brandt等（Brandt et al，2012）的方法，先后利用企业代码、企业名称、企业法人姓名等对同一家企业进行识别。②剔除关键指标（如工业总产值、工业增加值、固定资产、从业人员等）缺失或小于等于零的样本；剔除工业增加值大于总产值的样本；剔除职工人数少于10的样本；剔除存活时间小于零年或大于59年的观测值；结合本章使用的指标，剔除明显不符合实际和极端的观测值。③为消除价格变化的影响，用各地区工业品出厂价格指数对工业增加值进行价格平减，用固定资产投资价格指数对资本进行价格平减。

（3）大多数工业行业国有企业的TFP低于非国有企业，但国有企业的TFP有明显的追赶趋势

根据分行业计量结果，从全要素生产率水平看，1998年，在37个工业大类中[①]，国有企业的全要素生产率水平低于非国有企业的行业有31个，到2002年有28个，而到2007年则只剩下18个（见表4-5）。事实上，自1998年起，国家提出国有企业3年改革和脱困目标，一大批低效率国有企业通过各种途径实现了民营化，剩余的国有企业相对来说拥有较强的实力并且在卸包袱、补资金、转机制方面也取得了较大进展，因此总体上体现出国有企业TFP提升速度快于非国有企业的现象。

① 略去了废弃资源综合利用业。

表 4－5　　工业部门国有企业和非国有企业的全要素生产率比较

（单位：数值，取 log）

行　业	国有企业			非国有企业			国有企业—非国有企业		
	1998	2002	2007	1998	2002	2007	1998	2002	2007
煤炭采选业	2.2	2.3	3.2	2.7	2.6	3.6	－0.5	－0.3	－0.4
石油和天然气开采业	－0.4	－0.4	0.1	0.2	－0.1	0.4	－0.6	－0.3	－0.3
黑色金属矿采选业	6.2	6.7	7.9	5.9	6.4	7.0	0.3	0.3	0.9
有色金属矿采选业	5.7	6.2	7.2	6.1	6.5	6.9	－0.4	－0.3	0.3
非金属矿采选业	5.2	5.7	6.4	5.4	5.6	6.3	－0.2	0.0	0.1
食品加工业	3.7	4.2	4.9	4.3	4.6	5.1	－0.6	－0.4	－0.2
食品制造业	2.7	3.1	3.9	3.0	3.4	4.0	－0.3	－0.3	－0.1
饮料制造业	3.0	3.4	4.1	3.3	3.4	4.1	－0.2	－0.0	0.0
烟草加工业	4.3	5.1	5.9	3.9	3.4	3.4	0.4	1.7	2.5
纺织业	3.5	4.0	4.3	3.8	4.2	4.7	－0.4	－0.2	－0.4
服装及其他纤维制品制造业	3.1	3.2	3.8	3.4	3.5	4.1	－0.3	－0.3	－0.3
皮革毛皮羽绒及其制品业	3.3	3.5	4.5	3.6	3.9	4.4	－0.3	－0.4	0.1
木材加工及竹藤棕草制品业	3.8	4.5	4.9	4.3	4.6	5.2	－0.5	－0.1	－0.3
家具制造业	2.6	2.9	4.3	3.2	3.4	3.8	－0.6	－0.4	0.5
造纸及纸制品业	3.9	4.5	5.0	3.9	4.4	5.1	－0.1	0.1	－0.1
印刷业记录媒介的复制	3.2	3.7	4.2	3.6	3.8	4.1	－0.3	－0.1	0.1
文教体育用品制造业	2.3	2.6	2.9	2.6	2.6	2.9	－0.3	－0.0	－0.0
石油加工及炼焦业	4.6	5.2	5.8	3.9	4.6	5.0	0.8	0.6	0.7
化学原料及制品制造业	4.4	5.1	5.7	4.7	5.2	5.7	－0.3	－0.1	0.0
医药制造业	3.0	3.4	3.7	3.4	3.6	4.1	－0.4	－0.2	－0.4
化学纤维制造业	2.7	2.7	3.3	2.8	3.3	3.8	－0.1	－0.5	－0.6
橡胶制品业	3.5	3.9	4.4	3.5	3.9	4.5	0.0	－0.1	－0.1
塑料制品业	4.1	4.8	5.5	4.4	4.7	5.2	－0.3	0.0	0.3

续表

行　业	国有企业			非国有企业			国有企业—非国有企业		
	1998	2002	2007	1998	2002	2007	1998	2002	2007
非金属矿物制品业	3.8	4.3	5.2	4.1	4.5	5.3	-0.2	-0.1	-0.0
黑色金属冶炼及压延加工业	2.8	3.2	4.0	3.0	3.4	4.2	-0.2	-0.2	-0.2
有色金属冶炼及压延加工业	3.8	4.5	5.5	4.2	4.7	5.5	-0.3	-0.3	-0.0
金属制品业	4.2	4.6	5.3	4.2	4.6	5.1	-0.0	0.0	0.3
普通机械制造业	3.6	4.2	5.4	3.8	4.3	4.9	-0.2	-0.0	0.5
专用设备制造业	3.5	4.2	5.3	4.0	4.5	5.1	-0.5	-0.3	0.2
交通运输设备制造业	3.3	4.1	4.6	3.4	3.8	4.4	-0.1	0.2	0.2
电气机械及器材制造业	3.9	4.4	5.7	4.2	4.7	5.3	-0.4	-0.3	0.4
电子及通信设备制造业	3.9	3.9	4.2	3.6	4.1	4.2	0.2	-0.2	-0.1
仪器仪表文化办公用机械	3.3	3.7	4.7	4.1	4.5	5.0	-0.8	-0.8	-0.3
其他制造业	4.4	4.8	5.9	4.5	4.8	5.3	-0.1	-0.0	0.6
电力蒸汽热水生产供应业	5.4	5.8	6.3	5.8	6.4	5.9	-0.4	-0.6	0.4
煤气的生产和供应业	7.8	8.5	8.9	7.5	8.0	8.7	0.3	0.5	0.2
自来水的生产和供应业	4.5	4.9	5.3	4.5	5.1	6.6	-0.0	-0.2	-1.3
工业平均	3.38	3.88	4.77	3.91	4.30	4.78	-0.5	-0.4	-0.0

资料来源：模型计算结果。

（四）国有企业对其他企业的溢出效应显著低于非国有企业

国有企业改革不仅可以提高国有企业本身的生产效率（内部效应），还可以对其他企业产生正的外部效应（姚洋，1998）。有研究指出，国有企业的预算软约束，不仅会损害市场竞争，还会挤占民营企业的税收和积累，从而拖累民营企业的发展（刘瑞明、石磊，2010）。

在一个经济体中，企业之间的相互配套、相互学习是提高生产效率的重要因素。利用规模以上工业企业数据，我们分别测算了不同类型企业的溢出效应，也就是某一企业的发展对其他企业生产率的关联效应，其中我们特别关注产业配套效应。根据许召元等（2014）的研究，产能配套能力是我国工业企业生产率提高的重要因素，其贡献度可与研发投入的效应相比拟。所谓产业配套能力，是指为企业提供生产过程中所需要的各种原辅材料，也就是提供各种中间投入品的能力。对任一企业来说，产业配套能力主要表现在其上游产业集群的发展上，也就是在企业周围是否有上游企业，上游行业的完善程度、企业数量多寡、质量高低，以及上游企业与本企业之间的距离远近等。

根据计量分析结果（见表4－6），国有企业所形成的配套能力主要对国有企业本身生产率的提高有一定正向作用。而对民营企业、对外资企业甚至有负向效应，即存在所谓“国退民进”的现象，例如相同行业国有企业数量的增长对民营企业和外资企业的生产率存在明显的挤出效应。县内省内相同行业国有企业数量的增长（见表4－6中），对民营企业和外资企业生产率的系数分别为－0.028和－0.018，说明国有企业的数量增长会降低民营企业和外资企业的生产率，在一定程度上存在所谓“国进民退”的现象。计量分析的主要结果为：

1. 县内上游行业中国有企业形成的配套能力提高对民营企业和外资企业的溢出效应小

根据表4－6的计量结果，在同一县域范围内，国有企业数量的增长对国有企业的生产率有负向影响（－0.037）[①]，国有企业规模的扩张对国有企业生产率有正向效应（0.022），而国有企业的发展对民营企业和外资企业的效应均不显著。与之相反，非国有企业的发展对各种类型企业都有显著的正向溢出效应。例如，非国有企业数量的增长对国有企业、民营企业和外资企业都有正向影响（系数分别为0.035、0.011和0.022），也即非国有企业规模的扩张对民营企业和外资企业有显著

① 说明：本模型中的企业数量和企业平均产出均取了对数值，TFP也取了对数，因此回归系数也即弹性值，例如表4－6中模型（1）第二行系数为0.035，其含义即非国有企业数量每增长1%，可使国有企业的TFP提高0.035个百分点。

正向的溢出效应。

2. 同一省域内（不同县）国有企业的发展对其他企业的外部性也显著低于非国有企业

在同一省内，国有企业数量的增长对其他国有企业和民营企业的效应为负，说明国有企业的发展对其他企业有一定的挤出效应（系数分别为 -0.112 和 -0.125），而非国有企业数量的增长对各种企业都有正向溢出效应（系数分别为 0.141、0.194 和 0.080），国有企业的规模扩张对民营企业有一定正向影响，但其系数却小于非国有企业（分别为 0.043 和 0.127）。

3. 国有企业的发展对同行业其他企业没有显著溢出效应，而非国有企业有显著的正向外部性

同一行业之间，由于生产技术相似，存在直接的学习效应。但表 4-6 的回归结果可见，国有企业的发展对同行业其他企业只有很小的正向外部性（同一省内国有企业规模扩张对民营企业的系数为 0.002），而相同县内的非国有企业数量增长对民营企业和外资企业有显著溢出效应（系数分别为 0.03 和 0.029）。

表 4-6 国有企业和非国有企业发展对其他企业外部性的比较

变量		(1)	(2)	(3)
		lnTFP_国有企业	lnTFP_私企	lnTFP_外资企业
县内上游行业的企业数量	国有企业	-0.037*	0.003	0.007
	非国有企业	0.035**	0.011**	0.022***
县内上游行业的平均产出	国有企业	0.022***	-0.001	-0.005*
	非国有企业	0.007	0.048***	0.024***
县外省内上游行业的企业数量	国有企业	-0.112***	-0.125***	-0.108
	非国有企业	0.141***	0.194***	0.080***
县外省内上游行业的平均产出	国有企业	0.073***	0.043***	-0.013
	非国有企业	0.063*	0.127***	0.016

续表

变量		(1) lnTFP_国有企业	(2) lnTFP_私企	(3) lnTFP_外资企业
县内相同行业的企业平均产出	国有企业	0.002	-0.001	0.000
	非国有企业	0.002	0.030 ***	0.029 ***
县外省内相同行业的企业平均产出	国有企业	0.001	0.002 **	0.000
	非国有企业	0.006 *	0.002	0.003
企业研发投入占收入的份额		0.009 ***	0.003 **	0.003 *
企业的市场份额（占全国全行业）		4.708 ***	10.350 ***	8.640 ***
企业的负债率		-0.045 ***	-0.079 ***	-0.047 ***
出口比重		-0.003	-0.030 ***	-0.145 ***
企业年龄		-0.035 ***	0.007 **	0.031 ***
本县的平均工资水平		0.087 ***	0.128 ***	0.201 ***
年份虚拟变量		Yes	Yes	Yes
常数项		-0.299	0.887	1.680
Hausman 检验		0	0	0
R^2 (within)		0.2822	0.3235	0.3943
观察值个数		76 903	573 398	182 230

说明：***、**、*分别表示在1‰、1%、5%水平上显著，另外，所有的集聚变量均取了滞后一期的值。本模型中的因变量是微观企业的生产率（TFP），模型（1）、（2）、（3）中的企业分别只包括国有企业、除国有企业外的其他内资企业和外商及港澳台企业。

资料来源：模型计算结果。

根据表4-6的回归结果和历年国有企业及非国有企业的数量和总产出，可以估计国有企业改革对其他企业的生产率溢出效应。2012年规模以上工业企业的主营业务收入为92.93万亿元，共有企业数量34.38万家，其中国有控股企业1.79万家，主营业务收入为24.51万亿元。根据简单计算可知，假如当年有5%的国有企业进行改革，将使非国有企业的数量增加0.29%，非国有企业的数量增加平均规模提高1.30%。按照表4-6的结果，将数量和平均规模提高的幅度乘以相应的回归系数，可得国有企业的 TFP 将提高 0.05 个百分点（0.035 × 0.29 + 0.141 × 1.30），非国有企业的 TFP 将提高 0.28 个百分点[①]。结合本章第四部分对国有企业改革的数值模拟结果，可以计算出不同改革方案下对工业部门国有企业和非国有企业 TFP 的影响程度（表 4－7）。

表 4－7　国有企业改革对工业部门全要素生产率的影响　（单位：%）

改革情景及效应		2016	2017	2018	2019	2020	2021	2022	2023	2024
每年 5% 的国有企业改革	国有企业	0.05	0.05	0.05	0.04	0.04	0.04	0.04	0.03	0.03
	非国有企业	0.25	0.24	0.23	0.22	0.21	0.20	0.20	0.19	0.18
每年 10% 国有企业改革	国有企业	0.10	0.09	0.08	0.07	0.06	0.06	0.05	0.05	0.04
	非国有企业	0.48	0.44	0.41	0.39	0.36	0.34	0.32	0.30	0.29
每年 20% 国有企业改革	国有企业	0.20	0.16	0.13	0.10	0.08	0.06	0.05	0.04	0.03
	非国有企业	0.88	0.75	0.66	0.59	0.52	0.47	0.42	0.38	0.34

说明：（1）根据表 4－6 的结果，集聚的溢出效应有一年的滞后期，本章假设从 2015 年开始改革，因此，溢出效应从 2016 年开始。

（2）由于缺乏数据，本研究没有对服务业国有企业改革的溢出效应进行计算，而是简单假定其等同于工业部门的溢出效应大小。实际上，生产性服务业的改革很可能有比制造业更强烈的溢出效果。这一方面因为服务业部门的国有企业比重更高，另一方面因为服务业的开放程度明显低于工业部门，国有企业与非国有企业的效率差别更大。

资料来源：模型计算结果。

三、模拟国有企业改革对经济增速提振效果的可计算一般均衡模型（CGE）

为了对国有企业改革的经济影响进行全面模拟分析，本研究建立了一个反映国有企业行为特征的可计算一般均衡模型（CGE，Computable General Equilibrium Model）。CGE 模型以一般均衡理论为基础，以实际

① （0.012 + 0.169）× 0.29 + （0.044 + 0.1 + 0.026 + 0.003）× 1.30 ≈ 0.28

经济数据为期初均衡解，反映了各个市场主体（生产者、消费者、政府部门）的最优化决策行为。和一般的经济模型相比，CGE 模型更常用于模拟各种政策对经济的影响，包括直接影响和间接影响，因而成为政策分析的有力工具（Shoven 和 Whalley，1984）。本研究的 CGE 模型以国务院发展研究中心长期开发维护的动态递推中国经济可计算一般均衡模型（DRC－CGE）为基础。该模型的最初开发始于 1997 年（翟凡等，1997），后来不断完善并应用于中国加入 WTO 的影响、基础设施建设、节能减排、城镇化等方面政策影响的研究（李善同等，2000；高颖等，2006；何建武等，2009；刘世锦等 2010）。

（一）模型的基本特征

本研究的分析模型以国务院发展研究中心长期开发维护的动态递推中国经济可计算一般均衡模型（DRC－CGE）为基础，以 2010 年为基准年，采用根据 2010 年中国投入产出表为基础编制的中国社会核算矩阵的基础数据，对 2010～2025 年的经济情况进行模拟分析。

本章 CGE 模型包括了经济活动的各个环节，主要体现在五个方面：一是反映了经济的各行业生产活动，各行业的生产活动相应产生了对生产要素的需求；二是反映经济对产品的需求活动，总需求来自于居民、政府、企业生产活动和其他国家（地区），包括消费、投资和出口三大需求；三是反映各个经济主体的收入、消费和储蓄行为；四是反映对外贸易行为；五是反映经济增长情况的动态发展行为，各环节的联系如图 4－3 所示。

在本研究中的模型包括了国民经济全部 46 个生产部门（见图 4－1，其中工业部门按表 4－3 进一步细分），具体包括 1 个农业、5 个采掘业、22 个制造业、3 个公用事业、建筑业、14 个服务业部门，这些部门全面刻画了各行业的生产行为。

（二）模型所反映的国有企业经济特征

与经典的 CGE 模型相比，本章的模型做了以下几个方面的重要修改，以反映国有企业改革的影响。

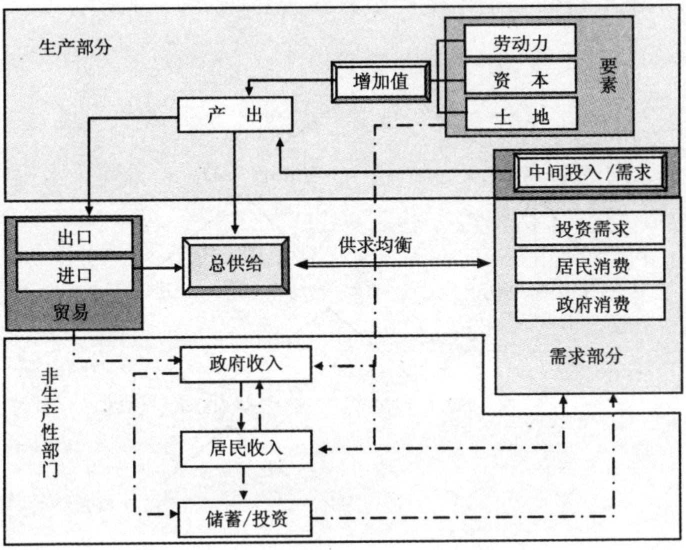

图 4-3 本章 CGE 模型的主要结构

1. 区分了国有和非国有生产部门，并反映了两种企业生产效率的差别

本模型建立了分行业国有企业和非国有企业的不同生产函数（组）。根据第二部分对国有企业和非国有企业的比较，国有企业与非国有企业存在一些重要差别，因此必须区分两种企业的生产函数才能较好地模拟国有企业改革的效应。

在本章 CGE 模型中，各行业的生产函数采用分层嵌套的方法进行刻画。各行业的总产出由加总中间投入和增加值按照 CES 函数形式进行生产，即厂商的最优化决策问题（CMP）可表示为：

$$Min \quad P_1 x_1 + P_2 (1+\tau) x_2$$

$$st. \quad Q = [\alpha_1 x_1^{\rho} + \alpha_2 x_2^{\rho}]^{\frac{1}{\rho}}$$

上式中，Q 代表总产出，x_1 和 x_2 代表投入要素（合成中间投入品和增加值），P_1 和 P_2 代表相应的价格，τ 为增值税税率，α_1 和 α_2 是参数，$\sigma = 1/(1-\rho)$ 是投入要素 x_1 和 x_2 替代弹性。

进一步，各行业的增加值可以根据资本、劳动和土地的投入按照

CES 技术生产得到。整个生产函数的嵌套如图 4－4 所示：

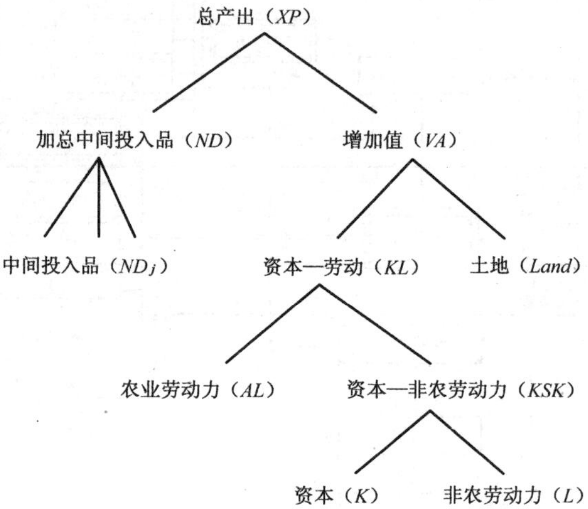

图 4－4　生产函数嵌套示意图

在模型中，国有企业和非国有企业的生产函数差别主要体现在最后一层嵌套的参数上，最后一层的生产函数如下：

$$Min \quad P_L L + P_K K$$

$$st. \quad KL = [\alpha_L(\lambda_L L)^{\rho} + \alpha_K(\lambda_K K)^{\rho}]^{\frac{1}{\rho}}$$

上式中，KL 表示资本和劳动形成的增加值，在上述最优化问题中，各行业国有企业和非国有企业生产函数的差别反映在 α_L 和 α_K 的差别上。如果某行业国有企业的资本产出效率低于非国有企业，则国有企业的 α_K 值会小于非国有企业的 α_K。在本章的 CGE 模型中，国有企业改革为非公控股的企业后，该企业的生产函数将在当年改变成同行业非国有企业的生产函数，这样如果该行业国有企业的 α_K 值较小，就会使该部分企业的产出由于 α_K 的增加而提高（α_L 也会相应变化）。

在模型中，国有企业和非国有企业的产品是高度替代的。模型中同一种产品既有国有企业生产，又有非国有企业生产，因此需要考虑两种产品的替代问题，模型中假设国有企业和非国有企业生产的产品是高度可替代但又不完全替代，即：

$$x_k = (\alpha_{国企} X^{\rho}_{国企} + \alpha_{非国企} X^{\rho}_{非国企})^{1/\rho}$$

上式中 x_k 表示产品 k 的总量，$\alpha_{企国}$ 和 $\alpha_{非国企}$ 分别是国有企业和非国有企业产品的份额，$\sigma = 1/(1-\rho)$ 是国有企业产品和非国有企业产品的替代弹性，对大部分行业，设定 $\sigma=6$，而对于同质化程度更高的行业，如电力、水设定为完全替代。

各行业的国有企业规模根据统计附表 4－2 的数据进行设定，各行业的资本存量和劳动力数量根据实际就业数据进行设定。

2. 区分了各行业国有企业和非国有企业的全要素生产率数值，从而可以反映国有企业改革的溢出效应

在最后一层嵌套的生产函数中，增加值的生产函数为 CES 形式，λ 反映技术水平（TFP），并且假设 $\lambda_L=\lambda_k$，即本模型假设为希克斯中性的技术进步模式。本模型中各行业的国有企业和非国有企业都有分别设定的 TFP 增长速度，在没有国有企业改革的情况下，相同行业中国有企业和非国有企业的 TFP 增速相同，但在国有企业改革的情况下，国有企业和非国有企业的 TFP 增速会按照表 4－5 中的数值进行外生改变，从而反映了国有企业改革的溢出效应。

3. 国有企业获得新增投资的比例高于非国有企业

根据第二部分的统计分析，国有企业的投资比重高于非国有企业，这一特征也在模型中得到了体现。即模型中新增资本的分配，不是完全按照效率原则根据回报率高低来选择投资行业的分布，而是假设资本是不完全流动的，这具体体现在两个方面。

首先，各行业获得新增资本的数量由下面两式决定：

$$NK_i^s = \gamma_i^k \left(\frac{R_i}{PTK^s}\right)^{\omega^k} TNK^s$$

$$PTK^s = \left[\sum_i \gamma_i^k R_i^{1+\omega^k}\right]^{1/(1+\omega^k)}$$

其中，NK_i^s 表示行业 i 所获得新增资本的数量，TNK^s 表示总体新增资本数量（等于当年新增投资），R_i 表示各行业的资本回报率，PTK^s 表示各行业平均的资本回报率。$\tilde{\omega}^k$ 是反映新增资本在各行业之间流动

性大小的弹性，当$\tilde{\omega}^k$越大，新增资本的流动性也就越大，$\tilde{\omega}^k=\infty$时属于完全自由流动情况，这时各行业的R_i一定全部相等。在模型中，$\tilde{\omega}^k=1.2$，因此，各行业允许有资本回报率的差别，即资本是不完全自由流动的。γ_i^k是反映各行业获得新增资本份额的系数，这一系数与期初国有企业资本存量的比重有关，反映了现实中国有企业获得投资比例较高的特点。

其次，在国有企业改革的情况下，各行业国有企业和非国有企业的γ_i^k是与改革路径相关的。例如，对于国有企业来说：

$$\gamma_i^k = \frac{K_{i,soe}^{-1} \times (1-\theta)}{\sum K^{-1}}$$

上式中$K_{i,soe}^{-1}$表示上一期该行业国有企业的固定资本存量，θ表示改革速度，当每年10%的国有企业改革时，$\theta=0.1$。通过（3）式[①]式可以反映国有企业改革提高资本配置效率的机制。例如，考虑仅有一个行业的情况：该行业国有企业占行业产值的比重为20%，但固定资本存量占40%，因此$\gamma_i^k=0.4$，而在有10%国有企业改革的情况下，$\gamma_i^k=0.36$，也就是说，在产值比重下降2%的情况下，新增资本占比下降了4%，因此，资本配置得到了改善。

四、国有企业改革对增速提振效果的数值模拟分析

党的十八届三中全会《关于进一步深化改革的决定》指出要“完善国有资产管理体制，推动国有企业完善现代企业制度，进一步深化国有企业改革”，但对国有企业改革的方向及具体方案和措施目前仍然没有统一的看法。本研究所定义的国有企业改革是指国有企业产权改革，

① $i_{it}=i_t(\tilde{\omega}_{it}, k_{it})$

即将国有全资和控股企业改造为非公有资本控股的混合所有制企业，这样的混合所有制企业的经营机制与非国有企业相当。这种方式也符合十八届三中全会所指出的“鼓励非公有制企业参与国有企业改革，鼓励发展非公有资本控股的混合所有制企业”改革方向，另外也符合一些研究对国有企业改革模式的比较。例如胡一帆等（2006）的研究发现，在多种改革模式中，彻底民营化（即民营机构处于控股地位）是一个较好的改善公司生产效率和盈利能力的方式。

（一）模型中反映的国有企业改革影响经济增长的机制

根据本章第二部分的研究，大多数工业行业国有企业的 TFP 绝对值低于非国有企业，但国有企业的 TFP 有明显的追赶趋势，也就是说，国有企业的 TFP 增长速度高于非国有企业，因此与 Brandt 和 Zhu（Brandt 和 Zhu，2010）假设国有企业的 TFP 增长率小于非国有企业不同，本模型中各部门国有企业和非国有企业的 TFP 增长速度相同，国有企业改革对经济增长的影响主要包括了以下三个机制。

一是改革后国有企业的资本生产率会立即提高（没有时间滞后）。我们假定国有企业改成非公控股的企业后，其生产函数将变成相同行业的非国有企业，这样其所拥有资本的生产率将相应提高。

二是改革将影响新增投资在国有企业和非国有企业之间的分配，降低资源错配程度（没有时间滞后）。由于国有企业的资本产出效率更低，而其获得投资的能力更强，国有企业的存在导致了资金的错配现象。在本研究的模型中，新增投资在企业之间的分配与国有企业的规模有关，因此国有企业改革将引导资金投向更有效率的部门，降低资本错配的程度。

三是国有企业改革将有助于提高非国有企业的 TFP 增长率（滞后一年，即当年的改革会从下一年开始产生外部溢出效应）。国有企业改革对非国有企业生产率的提高，主要来源于表 4－6 所显示的产业之间的溢出效应，即作为一个国有企业，其对非国有企业生产率的溢出效应低，而改革为非公经济控股的企业后，将对其他企业产生正向溢出效应。

（二）国有企业改革方案的设定

本研究中，我们主要根据国有企业改革速度的快慢，设定了以下三种改革方案：

方案1：在2015~2024年10年期间，假设非农产业中，每年有代表国有部门产出5%的国有企业进行改革（以每年改革后剩余国有企业为基数），即由国有全资或控股改为非公资本控股。在10年的时间里，国有经济的产出规模在现有基础上合计下降43.1%（按静态计算）。

方案2：假设非农产业中每年有代表国有部门产出10%的国有企业进行改革，在10年时间里，国有经济产出规模的静态下降合计达到68.6%。

方案3：假设非农产业中每年有代表国有部门产出20%的国有企业进行改革，在10年时间里，国有经济产出规模的静态下降合计达到90.3%。

（三）主要模拟结果

在基准情景下（即不实行国有企业改革的情景），2030年前中国经济增长速度呈逐步下行趋势，其中“十三五”期间平均增长速度约为6.8%，“十四五”期间约为5.9%。从人均GDP看，按2013年不变价美元计算，2020年将超过1万美元，2024年达人均1.31万美元，比2013年的6 691美元增长近一倍①。

在国有企业改革第一种方案下，GDP增长速度平均每年提高0.33个百分点（见表4-8）。改革实施第一年，即2015年的GDP总量有望增加3 138亿元左右，比基准情景的GDP高0.53%；到2024年GDP总量有望比基准情景多3.24万亿元，约占基准情景GDP的3.12%。

① 2013年不变价，且未考虑人民币升值的影响。

表 4-8　　国有企业改革不同方案下 GDP 增速和人均 GDP 水平与基准情景的变化

情景	2015	2016	2017	2018	2019	2020	2021	2022	2023	2024
增速:基准(%)	7.25	7.05	6.98	6.91	6.58	6.63	6.32	6.14	5.95	5.74
方案 1——5%(Δ)	0.57	0.58	0.48	0.41	0.35	0.30	0.23	0.18	0.13	0.07
方案 2——10%(Δ)	1.11	1.04	0.79	0.62	0.49	0.36	0.22	0.11	0.01	-0.08
方案 3——20%(Δ)	2.09	1.63	1.01	0.61	0.33	0.09	-0.04	-0.08	-0.15	-0.23
人均 GDP:基准(美元)	7 641	8 152	8 685	9 250	9 823	10 441	11 070	11 721	12 395	13 088
方案 1——5%(Δ)	0.53	1.08	1.53	1.92	2.26	2.54	2.76	2.93	3.05	3.12
方案 2——10%(Δ)	1.03	2.01	2.77	3.36	3.84	4.18	4.40	4.52	4.53	4.45
方案 3——20%(Δ)	1.95	3.50	4.47	5.07	5.40	5.34	5.30	5.22	5.07	4.83

资料来源：CGE 模型计算结果。

随着改革力度的加大，经济增长速度与基准情景相比有更大提高。第二种方案下经济增长速度平均每年提高 0.47 个百分点（表 4-6），而第三种方案下经济增速平均每年提高 0.50 个百分点。改革第一阶段对提振经济增速的效果更为显著，例如在改革的前 6 年（2015~2020）方案 1 下，经济增长速度比基准情景平均每年提高 0.45 个百分点，在方案 2 下可提高 0.73 个百分点，而在方案 3 下可以提高 0.93 个百分点（见图4-5）。

从人均 GDP 发展水平看，在第一种改革方案下，改革第一年人均 GDP 将比基准情景提高 0.53%（见图 4-6），到第五年可以提高 2.54%，到第十年可提高 3.12%；而在第二种改革方案下，到 2020 年人均 GDP 可提高 4.18%，到 2024 年人均 GDP 可以提高 4.45%；第三种改革方案下人均 GDP 开始提高最快，但到后期有所减缓，到 2020 年时可比基准情景提高 5.34%，到 2024 年则比基准情景只提高近 4.83%。

在模拟结果中，第二种方案的最后一年和第三种方案的后四年，经济增速低于基准情景，这是模型所反映的工业化中后期以后经济增速渐

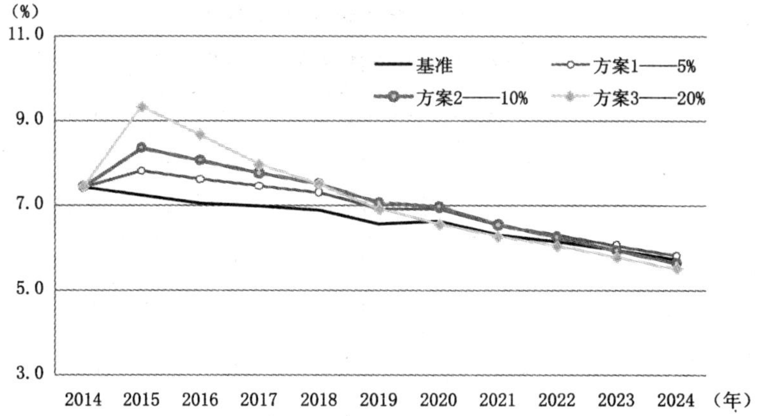

图 4-5 国有企业改革不同方案对经济增速的影响

资料来源：模型计算结果。

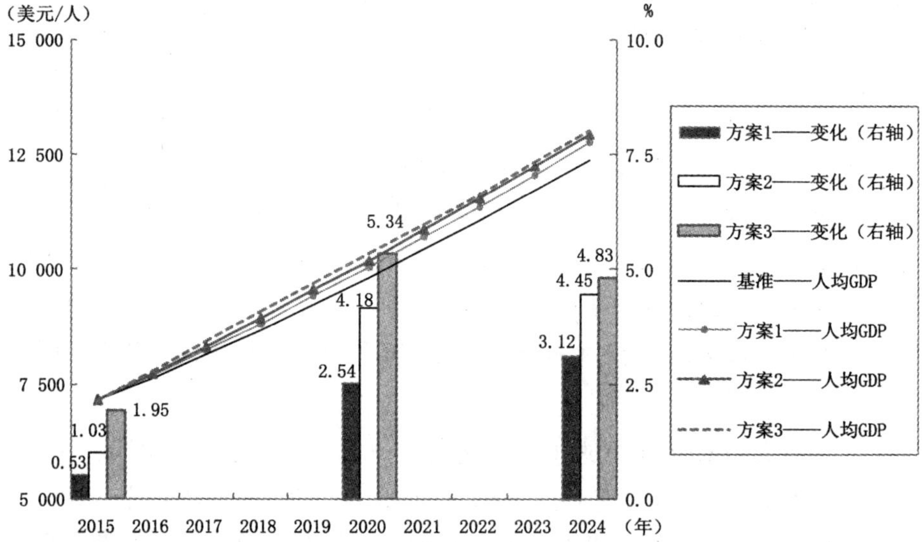

图 4-6 国有企业改革对人均 GDP 的影响

资料来源：模型计算结果。

降规律所带来的数值降低[①]，不应理解为国有企业改革在多年以后会带来经济增速的损失。在国有企业改革的第二和第三种方案中，2020 年前经济增长速度快，人均 GDP 水平显著高于基准情景（2020 年人均 GDP 水平分别高于基准情景 4.2% 和 5.3%），因此，增长速度本身有低于基准情景的趋势。模拟的后半时期国有企业改革的基数小，改革的正向效应减弱，就可能出现增速低于基准情景的结果，这是我们需要特别做出解释的一点。

（四）国有企业改革的内部效应和外部效应分解

在本研究中，国有企业改革对经济增长的提振机制有四个方面，其中前三个方面，即国有企业的资本生产率、影响新增投资在国有企业和非国有企业之间的分配，降低资源错配程度、提高国有企业的全要素生产率，属于直接提高所改制国有企业的产出或增长，可看作是内部效应，而国有企业改革对其他企业产生外部溢出效应，可看作是外部效应。这两种效应的大小和相对重要性在不同阶段有显著变化。表 4－9 对国有企业改革提振经济增速的总效应进行了分解（仅分解了方案 2）。由分解结果可见，在 2021 年前，内部效应占主导地位，而到了后期外部效应占主导地位。例如，2016 年内部效应（主要是要素重新配置的效应）约使经济增长速度提高了 0.88 个百分点，而外部效应则使经济增长速度提高了 0.38 个百分点。到 2024 年，这两个效应分别使经济增速提高了 0.12 和 0.24 个百分点。要素配置效应逐渐减小，这是随着国有企业改革持续进行，国有企业所占的比重在逐渐减小，因此资源配置所带来效应的相对重要性在降低。

表 4－9　方案 2 的国有企业改革情景对经济增速提振的效应分解　（单位：%）

时间	2015	2016	2017	2018	2019	2020	2021	2022	2023	2024
方案 2 参照情景的经济增速	7.25	6.81	6.69	6.60	6.27	6.30	5.96	5.75	5.54	5.31

① 经济发展到一定阶段，特别是进入工业化后期阶段后，随着发展水平的提高，经济增长速度有下降的趋势。例如，日本、韩国、中国台湾等追赶型经济体都经过追赶过程中的高速增长和后来的经济增长速度降低现象。

时间	2015	2016	2017	2018	2019	2020	2021	2022	2023	2024
方案 2——10%	8.36	8.09	7.77	7.53	7.06	6.98	6.54	6.24	5.96	5.66
方案 2 的总效应	1.11	1.28	1.08	0.92	0.79	0.68	0.58	0.49	0.42	0.35
其中：内部效应（要素配置）	1.11	0.88	0.72	0.59	0.48	0.38	0.30	0.23	0.17	0.12
外部效应（TFP 提高）	0.00	0.38	0.36	0.33	0.32	0.30	0.28	0.27	0.25	0.24

说明：本表的参照情景设计使用了比较静态分析的方法。因此，方案 2 的参照情景不同于表 4－7 中的基准情景，方案 2——参照情景与方案 2——10% 情景相比，在比较年之前两种情景的经济基础（包括各行业的资源配置和产出，以及 GDP 总量等所有经济指标）是完全相同的，仅在比较年份有是否有 10% 的国有企业继续改革这一差别。例如，表 4－8 中 2025 年参照情景的 GDP 增速为 5.07%，表示 2015～2024 年间完全等同于改革 2——10% 情景，仅在 2025 年不进行国有企业改革时的经济增长。通过这样的方法，可使两种情景下的增长速度保持可比性（期初状况相同）。

资料来源：模型计算结果。

五、简要结论

2003 年以来，在中国新一轮经济高速增长的时期，我国国有企业和非国有企业取得了突飞猛进的发展，国有企业的生产效率也有显著提高。但国有企业仍然存在资本产出率低、占有资金的比重大、对其他企业的溢出效应低等特征，迫切需要进一步深化改革，提高经济效率。

通过建立一个反映中国经济实际情况的可计算一般均衡模型（DRC－CGE），我们模拟了国有企业改革的情景下，即国有企业改革为非公有资本控股的混合所有制企业的情景下，对经济增长速度的提振效应。数值模拟结果发现，如果每年有代表国有经济产出 5% 的国有企业进行改革，并持续 10 年，则平均每年可提高经济增速 0.33 个百分点，到 2024 年可使人均 GDP 提高 3.12% 左右。如果改革力度更大一些，每年有代表国有经济产出 10% 的国有企业进行改革，则可使经济增速平均每年提高 0.47 个百分点，到 2024 年人均 GDP 水平提高 4.45% 左右。

如果每年有代表国有经济产出20%的国有企业进行改革，则可使经济增速平均每年提高0.50个百分点，到2025年人均GDP水平可提高4.83%左右。另外，在改革第一阶段对经济的促进作用最为显著，2015~2020年，三种改革路径下经济增长速度将分别提高0.45、0.73和0.93个百分点。

因此，在中国经济过去30多年高速增长阶段已经结束、目前面临寻找和发掘经济增长内生动力的时候，国家需要在未来10年以积极稳妥的步伐推进国有企业产权改革，以打造中国经济的“升级版”、跨越“中等收入陷阱”。

附表

附表4-1　　中国分部门增加值　　（现价，单位：亿元）

行业＼年份	2003	2004	2005	2006	2007	2008	2009	2010	2011	2012
农林牧渔业	17 382	21 413	22 420	24 040	28 627	33 702	35 226	40 534	47 486	52 374
采掘业	5 502	7 628	10 318	12 083	13 461	19 629	16 726	20 937	27 226	28 844
制造业	44 765	51 749	60 118	71 213	87 465	102 539	110 118	130 325	150 597	159 547
电力燃气水	4 678	5 833	6 795	8 015	9 609	8 091	8 395	9 461	10 647	11 280
建筑	7 491	8 694	10 367	12 409	15 296	18 743	22 399	26 661	31 943	35 491
交运仓储邮政	7 913	9 304	10 666	12 183	14 601	16 363	16 727	19 132	22 433	24 960
批发零售业	11 169	12 454	13 966	16 531	20 938	26 182	28 984	35 746	43 445	49 394
住宿餐饮业	3 126	3 665	4 196	4 793	5 548	6 616	7 118	8 068	9 173	10 464
金融业	4 989	5 393	6 087	8 099	12 338	14 863	17 768	20 981	24 958	28 723
房地产业	6 173	7 174	8 516	10 370	13 810	14 739	18 655	22 782	26 784	29 005
信息和软件业	3 609	4 236	4 952	5 764	6 706	7 860	8 164	8 882	9 780	11 083
租赁和商务服务	2 238	2 628	3 025	3 547	4 695	5 608	6 191	7 785	9 407	10 661

续表

行业 \ 年份	2003	2004	2005	2006	2007	2008	2009	2010	2011	2012
科研技术服务	1 499	1 760	2 130	2 606	3 441	3 993	4 722	5 637	6 966	7 894
水利等公共设施	655	769	883	1 021	1 111	1 266	1 480	1 752	2 040	2 311
居民及其他服务	2 114	2 482	3 250	3 830	3 996	4 628	5 271	6 102	7 281	8 251
教育	4 168	4 893	5 875	6 683	7 693	8 887	10 482	12 042	14 429	16 352
卫生社会保障福利	2 232	2 621	3 048	3 471	4 014	4 629	5 083	5 981	7 496	8 495
文化体育和娱乐	889	1 043	1 234	1 433	1 631	1 922	2 231	2 496	3 007	3 408
公共管理	5 231	6 141	7 092	8 224	10 830	13 784	15 162	16 210	18 006	20 406
合计	135 823	159 878	184 937	216 314	265 810	314 045	340 903	401 513	473 104	518 942

附表 4－2　　中国国有企业分部门增加值　　（现价，单位：亿元）

行业 \ 年份	2003	2004	2005	2006	2007	2008	2009	2010	2011	2012
农林牧渔业	574	613	677	720	789	693	798	925	1 294	1 486
采掘业	3 353	4 914	6 682	8 881	9 996	12 295	9 870	11 591	14 718	17 259
制造业	12 175	13 622	15 239	17 325	21 738	23 861	22 258	25 717	30 263	33 014
电力燃气水	3 310	5 822	5 256	6 383	8 236	8 770	8 928	9 944	10 407	10 204
建筑	1 755	2 195	2 713	3 094	3 482	4 365	6 190	8 100	9 214	10 186
交运仓储邮政	3 531	4 346	4 774	5 502	6 765	7 483	7 141	8 356	9 172	10 701
批发零售业	4 183	4 569	4 777	5 117	5 838	6 544	6 659	7 608	8 589	9 174
住宿餐饮业	30	27	29	27	29	34	38	46	53	69
金融业	4 490	4 854	5 478	7 289	11 104	13 377	15 991	18 883	22 462	25 850
房地产业	1 402	1 782	1 827	2 268	2 907	2 764	3 748	4 689	4 970	6 977
信息和软件业	263	234	107	361	602	607	726	652	411	452
租赁和商务服务	0	0	0	0	0	0	0	0	0	0
科研技术服务	274	360	313	593	738	950	1 165	1 359	1 767	1 956
水利等公共设施	0	0	0	0	0	0	0	0	0	0

续表

行业＼年份	2003	2004	2005	2006	2007	2008	2009	2010	2011	2012
居民及其他服务	211	250	328	380	406	469	566	718	1 036	1 418
教育	463	531	581	583	514	622	781	988	1 097	1 284
卫生社会保障福利	9	12	7	7	15	18	40	46	258	279
文化体育和娱乐	0	0	0	0	0	0	0	0	0	0
公共管理	115	111	-166	-107	-267	206	-261	-32	37	493
合计	36 139	44 241	48 623	58 422	72 895	83 060	84 640	99 588	115 751	130 801

资料来源：根据《中国财政年鉴（2012）》提供的分行业主营业务收入，乘以按照投入产出表计算的各行业增加值率估计，其中2003、2005～2007年间采掘、制造和电力燃气水三个行业的增加值来源于相应年份《中国统计年鉴》，其中，金融业假设按照所有金融业增加值的90%计算，批发零售业和居民服务业的增加值按照两个行业的总增加值乘以各行业国有企业的固定资产原值占行业比重估计。

附表4-3　各行业中国有控股单位固定资产投资占全社会投资的比重（单位：%）

行业＼年份	2003	2004	2005	2006	2007	2008	2009	2010	2011	2012
农林牧渔业	25.6	23.2	23.6	25.1	24.3	21.9	24.6	22.9	25.2	23.1
采掘业	79.9	74.3	67.2	62.5	58.8	56.1	51.7	48.3	48.5	45.8
制造业	34.5	30.0	21.8	16.8	16.3	16.6	14.7	13.7	13.0	10.6
电力燃气水	84.8	77.3	74.9	74.8	74.9	74.2	74.4	71.0	71.7	70.1
建筑	43.7	38.0	34.1	32.2	38.1	42.7	43.7	46.4	54.5	57.4
交运仓储邮政	38.8	28.9	19.2	14.3	13.5	12.5	11.8	11.0	10.7	12.2
批发零售业	84.9	86.7	84.1	83.6	81.5	81.0	82.5	80.8	81.5	78.6
住宿餐饮业	27.9	22.1	15.5	15.0	16.1	14.2	13.3	12.4	13.2	13.5
金融业	79.2	58.5	67.5	66.3	64.7	69.7	69.0	69.7	62.8	60.4
房地产业	24.4	19.6	16.0	16.6	15.4	15.5	17.7	18.0	18.9	21.7
信息和软件业	82.5	78.3	75.4	62.9	64.3	61.3	71.2	67.7	63.1	59.6
租赁和商务服务	59.0	45.9	39.5	42.2	46.5	42.9	47.4	45.7	38.9	34.5

续表

行业 \ 年份	2003	2004	2005	2006	2007	2008	2009	2010	2011	2012
科研技术服务	91.9	80.6	82.0	72.8	68.1	60.2	60.1	58.1	52.4	49.0
水利等公共设施	91.8	89.6	88.6	82.8	80.3	79.1	77.8	77.1	79.7	78.6
居民及其他服务	15.9	15.6	16.6	12.0	15.5	12.4	17.7	23.3	26.8	31.3
教育	80.0	80.0	76.9	80.1	78.5	76.6	77.1	77.4	79.9	75.8
卫生社会保障福利	82.0	77.4	75.9	77.2	75.1	73.4	74.3	76.0	77.6	73.9
文化体育和娱乐	76.0	53.0	57.8	62.3	64.1	59.3	52.2	49.8	48.5	47.4
公共管理	78.4	78.2	70.6	75.2	71.2	65.4	66.2	65.4	72.9	73.0
合计	53.0	48.4	43.6	40.7	38.0	37.0	38.6	36.7	34.6	33.2

第五章

国有企业改革与产业结构演变和产业升级

一个国家的经济实现持续增长的过程，实质上就是产业结构符合规律地成功演变和产业成功升级的过程。如果这个过程不能成功地开展，经济增长的进程就会放缓甚至中断。毫无疑问，产生结构的演化与变迁，以及产业的升级，都需要企业来完成。我们已经分析了我国国有企业在建国之后大力发展重工业的作用，但这只是国有企业与产业结构演变和产业升级这一历史的开始，而不是结束。至今为止，我国还存在不少国有企业，多数比较重要的产业中都有国有龙头企业。国有企业是在促进着还是妨碍着产业结构演化和产业升级呢？这是本章将要回答的问题。如果答案是后者，那么就需要我们通过深化国有企业改革来消除这一障碍，以促进国民经济的进一步持续增长。

一、经济增长与产业结构调整和产业升级

（一）产业结构调整与经济增长关系的理论研究

产业结构调整，是指依据一定时期内的具体情况，通过对经济资源的合理再配置，促进产业结构优化，进而推动该国经济增长。产业结构演变与经济增长具有内在的联系。一方面，随着经济社会的发展、社会需求的变化，经济均衡发展要求供给满足实际需求，会引起生产部门的调整；另一方面，产业结构的调整促使资源重新配置，有效的资源配置可以提高资源使用效率，且随着科技的发展，会加速提高劳动生产率，从而促进经济的增长。理解和衡量产业结构的演变对研究经济增长的影响是非常必要的。

关于产业结构变化与经济增长的关系研究，一直以来就是国内外经济学者研究的热点问题。1940 年，著名经济学家克拉克在其名著《经济进步的条件》中指出：随着经济增长和人均国民收入水平的提高，劳动力首先由第一产业向第二产业转移；当人均国民收入水平进一步提高时，劳动力便向第三产业转移。威廉·配第于 1691 年也提出过类似的理论，人们把两者的理论相统一，称为“配第—克拉克定理”。此后，美国经济学家库兹涅茨通过对 59 个国家的经济结构数据进行分析（库兹涅茨，1991），印证了克拉克的结论，并进一步提出了一个产业结构模型，分析了随着人均 GDP 的增长，产业增加值结构与就业结构的具体参考数据。库兹涅茨模型也证明了随着经济发展劳动力向第二、第三产业转移的趋势。上述观点认为，经济增长是产业结构变动的原因。

另一种观点认为，经济结构或产业结构的变动是经济增长的动力源泉，一国的经济发展是伴随产业结构的优化升级实现的。发展经济学先驱罗斯托（1988）就指出，如果不从各个产业增长的角度分析，难以解释经济增长的整体情况。现代技术之所以发生作用，是因为通过某些产业的引入和发展，提升了这些产业的生产效率，还由此产生了对其他产业的扩散效应，进而才能导致整体经济增长率的提升。这种分析是基于经济的不平衡发展角度，考虑到资源要素总量的稀缺，并不能满足经济整体效率同时提升的要求，从而对部分产业的优先发展是促进经济增长的主要推动力。钱纳里（1995）运用结构分析法进行了分析，他将经济增长视为国民经济结构的一种变化，提出经济增长的实质是一种非均衡增长，而在这种非均衡增长中，会使得资本和劳动等经济要素从边际收益低的产业部门向边际收益高的产业部门流动，而这种生产要素的流动必然会产生结构效应。

我国学者对产业结构调整与经济增长的关系也进行了大量研究。郭克莎（1996）等学者研究发现，影响中国经济增长及其波动的主要因素是结构性因素，而不是总量因素，指出产业结构的调整，促进了资源再配置，不断提高“综合要素生产率”来促进经济发展方式从粗放型经济发展方式向集约型经济发展方式转变，即更多地依靠生产效率的提高来推动经济增长。吕铁、周叔莲（1999）认为，中国的经济发展不仅是一个技术革新过程，更是包括产业结构升级、多元化在内的动态结构转型过程，产业结构优化升级是经济持续增长的推动力，但中国产业结构中仍存在自主创新能力不足、服务业发展明显滞后、结构升级与就业压力的矛盾加大等问题，我国产业结构状况还难以适应经济增长方式转变的要求，产业结构的问题不仅存在于第一、第二和第三次产业的关系之间，更重要的是还存在于各次产业内部，尤其是在工业内部的结构水平较低的情况下。

综合国内外研究，产业结构调整是经济增长的动力主要基于如下三方面原因。

首先，随着社会生产力的发展，社会分工日趋专业化，产业部门日益增多，部门间商品交易更加频繁，交易的内容和规模日趋扩展。在整个社会的中间产品需求日益增多，产业部门之间彼此依赖度日益加强的情况下，结构效益的权重亦在日益上升，以至于成为经济增长的一个基本支撑点。在现代经济增长过程中，这种来自结构调整的经济效益，其意义已超过单一劳动生产率提高对效益增长所带来的影响。

其次，经济增长不仅取决于资本、劳动力等资源的投入，而且取决于资源的合理配置。而结构状态则在很大程度上决定了资源配置的效果。如果产业结构合理，能充分利用资源供给不断满足消费者需求结构的变化，则资源配置就是有效的，它会带来经济的持续稳定增长；如果产业结构扭曲，无效投入就会增加，资源配置的效果就会降低。此时由于结构性障碍的存在，经济的持续、稳定、协调增长将不可能实现。

最后，技术进步的连续性也会导致产业结构的变化与调整，但是技术创新不可能在所有部门、所有环节之间同时平行展开，科学技术要转化为现实生产力，它必定首先被某个特定生产部门所吸收，然后向别的部门扩展。因此，技术进步对经济增长的作用是通过结构关联效应实现的。如果产业结构不合理，结构关联将发生扭曲，从而技术创新扩散受阻，不能充分发挥其应有的作用。

（二）中国经济增长的历史就是一部产业结构演变和产业升级的历史

1. 中国三次产业结构演变过程

总体看，中国产业结构的演变遵循了发达国家产业结构演变的一般规律，但由于经济发展基础、经济体制与产业政策等方面的一些特性，中国产业结构的发展有着自身的独特历程。根据不同时期我国经济体制和产业政策的变化特点，以及产业结构变迁的主要特征，可以将中国产业结构发展历程划分为两大阶段：第一阶段，即改革开放前的产业结构演变，重工业主导的初步工业化时期（1949～1978 年）；第二阶段，即改革开放后的产业结构高级化、合理化，市场引导的加快工业化时期。

重工业主导的初步工业化时期（1949～1978 年），由于我国的经济发展水平比较落后，在新中国成立初期开始实施重化工业优先发展的赶超战略。这种计划指令安排下的大规模工业建设，虽然在短短的 20 多年时间内，将中国从一个落后的农业大国改变成一个初步工业化的国家。然而，这种计划指令性的产业政策也存在明显缺陷，突出表现为国民经济中重工业过度发展，大量的人财物投入重工业，不仅原材料工业发展迅速，而且也建立了一批重要的制造业部门，农业、轻工业以及其他产业的发展则停滞了，造成到 1957 年，三次产业的结构比例关系严重失衡。

1978 年我国实施改革开放政策以来，注重处理经济发展与产业结构调整的关系，在发展中调整产业结构，通过结构调整推动经济发展，实现产业结构调整与经济运行之间的良性循环。三次产业结构发生了显著变化，实现了工业和服务业稳步升级，产业结构严重失衡的情况有了显著改善。中国第一产业占比整体呈现逐步下降的趋势，从 1979 年的 31.27% 降低为 2013 年的 10.01%。其中，1979～1984 年，第一产业占比保持平稳，达 30% 以上；从 1985 年开始出现不断下降的趋势，而这一趋势在 1990～1993 年之间变得更加显著，4 年间第一产业占比降低了 7.41 个百分点；从 1993 年开始，第一产业占比开始低于 20%；而 2007 年之后，第一产业占比稳定在 10% 左右。

第二产业发展相对稳定，略有波动，整体而言，第二产业占比保持在40% ~50%的水平上，从1979年的47.10%变化为2013年的43.89%。其中，1979~1991年，第二产业占比呈现下降趋势，从47.10%降至41.79%；1991~1997年，又出现明显的上升趋势，从41.79%上升为47.54%；1997~2008年，该占比则一直比较平稳；2008年之后，第二产业占比又开始下降，从2008年的47.45%逐步下降为2013年的43.89%。

第三产业占比呈现突飞猛进的增长趋势，从国民经济的弱势产业逐步变为国民经济的支柱产业，在国民经济中的占比从1979年的21.63%增长到2013年的46.09%，年均增长0.72个百分点。其中，1979~1983年，第三产业占比相对稳定，保持在22%左右；1984~1992年，该占比出现明显的上升，同时在1985年时，第三产业占比超越第一产业占比；1992~1996年，该占比略有回落；1997年，该占比又出现迅猛上升趋势；到2013年，第三产业占比首次超越第二产业占比，成为国民经济的第一支柱产业。

特别是进入21世纪以来，产业结构持续优化。从2001~2013年三次产业增加值来看，第一产业增加56 957亿元，是2001年增加值的360.92%；第二产业增加249 684亿元，是2001年增加值的504.29%；第三产业增加262 203亿元，是2001年增加值的591.07%，第二、第三产业的增长速度显著快于第一产业，同时均高于国民生产总值年平均增长率。2013年中国三次产业产值比重由2001年的14：45：41变为10：44：46，其中，第一产业比重下降幅度相对较大，而第二、第三产业比重保持了稳定的上升，与1991年三次产业的比重24：42：34相比，可以看出第三产业比重有所上升，而第二产业比重基本保持在一个固定的水平。

改革开放以来，中国三次产业产值结构变动与经济增长的关系见图5-1。

2. 改革开放以来我国工业内部结构变化情况

改革开放初期，我国处于由计划体制向市场体制过渡过程中的工业

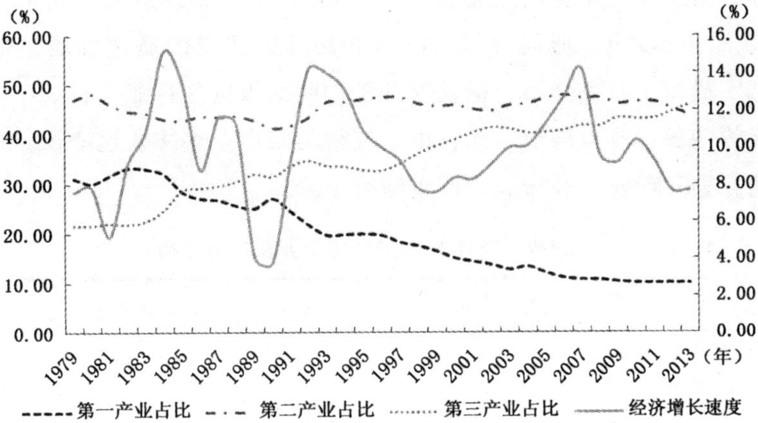

图 5-1 三次产业结构与 GDP 增长速度的关系

资料来源：《中国统计年鉴》。

化阶段，在从优先发展重工业转变为重视发展轻工业的战略指导下，出现了产业结构的轻型化的趋势。一方面是对“文化大革命”期间经济建设破坏的恢复；另一方面也是对新中国成立以后长期的片面发展重工业策略的修正。农业、轻工业和服务业得到了快速的发展，中国轻、重工业比重相对变动不大，中国的产业结构处于调整时期。随着中国由重工业优先发展向轻工业领先发展战略的改变，产业结构开始由重型结构向轻型结构倾斜，轻工业内部以农产品为原料的轻工业仍占优势，但以工业品为原料的轻工业生产所占比重不断提高，如手表、缝纫机、收音机、自行车、纺织等轻工消费品产业有了很大发展。从表 5-1 可以看出，20 世纪 90 年代中期以前，我国轻工业在工业中的比重一直维持在接近 50% 的水平上。到 20 世纪 90 年代，家电行业发展迅猛，成为经济发展的重要推动器。90 年代中后期，工业比重保持平稳，轻工业在工业中的比例有所下降，与重工业形成较稳定的比例关系。在重工业方面，能源工业成为投资流向的重点产业，加工工业产值仍然保持较高的增长速度，但工业领域内低水平的制造业发展过快，规模过大，产业整体质量仍然偏低。

2000 年之后，我国工业结构出现重工业比重快速上升的趋势，并逐渐呈现显著的重工业化趋势。在总资产中，轻工业所占份额明显下降，重工业的比重则迅速上升。特别是2002年开始的一轮重化工业阶段，基础设施、通信设施、汽车和房地产建设的迅速发展，带动了化工、机械、有色金属、钢铁等处于中间的投资品行业，石油、电力、煤炭等能源行业也增幅巨大，由此使得第二产业整体快速增长。在这一时期，第三产业发展滞后，比重略有下降。

表5－1　1979～2011年中国轻重工业总产值结构　（单位：%）

年份	轻工业	重工业	年份	轻工业	重工业
1980	47.2	52.8	**1996**	48.1	51.9
1981	51.5	48.5	**1997**	49.0	51.0
1982	50.2	49.8	**1998**	49.3	50.7
1983	48.5	51.5	**1999**	49.2	50.8
1984	47.4	52.6	**2000**	39.8	60.2
1985	47.4	52.6	**2001**	39.4	60.6
1986	47.6	52.4	**2002**	39.1	60.9
1987	48.2	51.8	**2003**	35.5	64.5
1988	49.3	50.7	**2004**	31.6	68.4
1989	48.9	51.1	**2005**	31.1	68.9
1990	49.4	50.6	**2006**	30.0	70.0
1991	48.4	51.6	**2007**	29.5	70.5
1992	46.6	53.4	**2008**	28.7	71.3
1993	46.5	53.5	**2009**	29.5	70.5
1994	46.3	53.7	**2010**	28.6	71.4
1995	47.3	52.7	**2011**	28.2	71.8

资料来源：《中国工业经济统计年鉴》。

从表5－2可以发现，从2004年开始，化工、冶炼、电力、交通运输等主要重工业的工业产值占比已超过50%，成为工业发展的主要支柱。

表 5-2　主要重工业行业的产值及占比

年份	工业总产值（亿元）	化工、冶炼、电力、交通运输等主要重工业产值（亿元）	占比（%）
2004	197 805.2	103 148.4	52.15
2005	246 946.4	129 904.3	52.60
2006	310 828.6	164 989.3	53.08
2007	397 626.7	212 724.2	53.50
2008	494 733.7	266 878.4	53.94
2009	536 134.1	284 258.3	53.02
2010	684 735.2	368 570.9	53.83
2011	827 797	452 249.4	54.63

资料来源：根据历年《中国统计年鉴》整理而得。

3. 我国三次产业就业结构变化历程

劳动力作为主要生产要素，其变化规律从一定程度反映了不同产业的发展状况。随着我国产业结构高级化的推进，劳动力就业在结构和数量方面也出现了重要转变。

三次产业就业结构比例是反映产业结构合理化的最基本指标，同时三次产业比例大小也反映了产业结构高度化水平。我国劳动力三次产业中的配置情况如表 5-3 所示。

表 5-3　中国三次产业就业人数和比重

年份	就业总人数（万人）	第一产业		第二产业		第三产业	
		人数（万人）	比重（%）	人数（万人）	比重（%）	人数（万人）	比重（%）
1978～1980	123 537	86 074	69.7	21 866	17.7	15 599	12.6
1981～1985	233 526	153 785	65.9	45 002	19.3	34 739	14.9
1986～1990	278 477	167 305	60.1	60 926	21.9	50 247	18.0
1991～1995	333 971	187 635	56.2	74 302	22.2	72 034	21.6

续表

年份	就业总人数（万人）	第一产业		第二产业		第三产业	
		人数（万人）	比重（%）	人数（万人）	比重（%）	人数（万人）	比重（%）
1996～2000	352 886	176 648	50.1	81 990	23.2	94 248	26.7
2001～2005	368 724	177 515	48.1	82 318	22.3	108 891	29.5
2006～2011	454 216	176 010	38.8	125 100	27.5	153 106	33.7

资料来源：根据历年《中国统计年鉴》整理而得，在计算过程中进行了四舍五入。

从就业的三次产业分布来看，1978～2011年中国第一产业就业比重呈现不断下降趋势，从1978年的69.7%下降至2011年的38.8%，所占比重下降30.9个百分点。与此同时，第二产业和第三产业就业比重不断上升，所占比重分别由1978年的17.7%和12.6%上升至2011年的27.5%和33.7%，所占比重分别上升9.8和21.1个百分点。从第二、第三产业就业比重的增长率来看，第二产业就业比重在1989～1990年和1998～2002年两个时间段上出现负增长，2002年以后保持了就业比重的上升趋势，表明总体上第二产业就业比重上升呈现不断增长趋势，增长速度在近年来（除2008年金融危机影响以外）不断上升；第三产业就业比重始终呈现上升趋势，增长速度在1998年以后始终保持2%上下。

按照库兹涅茨法则，三次产业就业人数存在一定的变化规律，第一产业就业比例下降，第二、第三产业就业比例逐步上升。中国三次产业就业结构基本遵循这一规律，说明中国产业结构变化基本按照一般规律演进。

（三）日本产业结构调整对经济增长的影响分析

第二次世界大战后日本经济增长与产业结构调整的关系非常典型，对其进行分析有较强的借鉴意义。

第二次世界大战后，根据国际和国内经济环境的变化，日本先后进行了四次大的产业结构调整。第一次是第二次世界大战后经济恢复时期的产业结构调整，日本政府致力于产业重建，以奠定经济自立发展的基础。采取“不平衡经济”增长方式和施行产业合理化的政策，将有限的资金和原材料投入到钢铁、煤炭、电力、造船这“四大产业”，再以重点投入部门为杠杆推动整个工业的恢复，到20世纪50年代末，日本经济全面恢复到第二次世界大战前的最高水平。第二次产业结构调整发生在60年代，是经济高速增长时期。这一时期日本以重化工业为主导产业，大量地引进重化工业技术并进行全面吸收和消化，以提供其产业发展的技术支撑，并且通过制定法律，保证了政策的实施。该时期日本国民生产总值实现平均9.7%的年均增长率，最终构筑了以重化工业为核心的现代工业结构。第三次产业结构调整是70年代石油危机后的产业结构调整。70年代的两次石油危机，给以重化工业为主导而实现高速增长的日本经济的发展画上了句号，并由此引发了日本第三次大规模的产业结构调整。这次调整的方向是发展“知识密集型”产业，实施节约能源的政策，形成了以汽车、家电、机械、半导体等组装加工业为主导产业的产业结构，成功地带动了日本经济的继续发展。第四次大的结构调整可以追溯到20世纪80年代。当时，日本对外贸易摩擦加大，美欧国家对日本的出口加强限制，特别是1985年广场协议后，日元急剧升值，制造业出口价格比较优势大大降低。在这种情况下，日本再次调整其产业结构，提出了“创造性知识密集型”的产业政策，制定“科技领先、技术救国”的产业调整方针，调整的经济重点由制造业向非制造业转移，促进以服务业为重点的第三产业的发展。根据新的调整政策，日本政府在《实现经济结构变革及创造的行动计划》中确立了包括医疗福利、文化生活、信息通信、新制造技术、流通领域、环境、新能源及节约能源、人才、住宅等15个新兴成长性产业。这次调整促进了日本第三产业的发展，但是对于泡沫破裂后疲软的日本经济却收效甚微。

不难看出，日本前三次产业结构调整的成功，是经济腾飞的关键所在，而第四次产业结构调整的不力与滞后，给日本经济疲软造成了深远的不利影响。日本第四次产业结构调整遇到的问题，既有深刻的国际背景，又有日本产业结构自身的诸多因素。从日本自身角度看，进入90

年代，日本由原先“追赶型经济”转变为“被追赶者”，两者的区别在于前者是以产业的吸纳和扩充为基本特征，而后者以产业淘汰为主要特征。也就是说，日本产业结构调整中不可避免地会出现失去比较优势的制造业退出，在这一过程中企业倒闭不可避免。这种调整势必不断受到既得利益集团的阻挠等。这是90年代后，日本经济持续衰退的根源所在。日本在实施“追赶战略”过程中，频繁使用产业政策对经济进行干预，并在此基础上形成了较为成型的政府规制体系。虽然在经济恢复和发展时期，政府规制发挥作用的空间大，促进了经济的起飞，但也积累了诸多的矛盾，主要表现在严重的国内外价格差，规制产业价格由于缺少竞争，往往不受市场机制的影响，行业进入管制抑制了企业家精神，不利于新兴产业和经营活动的产生。但在完成“追赶战略”后，过多政府规制则影响市场作用的发挥，企业不能自由进出，资源难以得到合理配置，难以形成持续创新机制，市场竞争也不充分，新的有竞争力的主导产业无法形成。可以说，过多政府规制、市场机制未充分发挥作用是日本第四次产业结构调整目标未能实现经济持续增长的主要因素之一。

二、我国国有企业改革滞后阻碍产业结构演变和产业升级

（一）我国产业结构演变和产业升级面临的问题

产业结构演变，除了指工业在经济中的比重不断上升，直到一定阶段服务业的比重上升之外，也指工业内部不同行业此起彼伏的变化，一个时期有特定的支柱产业和新兴产业，也可能会有衰退产业。产业升级，是指高附加值行业的兴起、新技术行业的兴起，以及在行业内部向附加值更高、技术含量更高的环节移动这样的改善价值链的行为。此过程中，生产要素向效率更高的领域自由流动，以及高级生产要素的培育

和升级是重要因素。

经过改革开放35年的发展，我国产业结构不断优化，制造业的竞争力不断增强。但仍然存在第一产业发展水平和层次低，产业增加值不足，劳动力比重过大；第二产业大而不强，产业集中度和关联度都较低，效率低下，资源能源消耗过大，对环境污染严重，自主创新能力弱，处于全球产业分工低端，可持续主导产业缺乏；第三产业总体比重偏低，一般生活性服务业比重过大，生产性服务业和高端服务业发展不足，服务业对经济的拉动作用远未得到发挥。

在我国经济增长处于换档期的新阶段，经济发展的着力点由速度转向结构，经济长期增长的引擎由外转内，产业结构更加关系到中国经济发展的内在质量及可持续发展的能力。总体来看，多种因素影响产业结构升级，包括产业结构水平、供给和需求关系、比较优势、技术水平、体制障碍、对外开放、国际产业分工状况等。伴随劳动力、土地等要素成本的持续上升，长期以来依靠投资和出口拉动，大量消耗能源资源和污染环境的快速增长模式难以为继，扩大需求、优化需求将是促进产业结构优化的主导力量；由于低要素成本的逐步丧失，各种生产要素向效率高的领域自由流动、高级要素培育和升级、形成新竞争优势以及创新驱动将是产业升级的重要推动力。随着对外开放的不断深入，进一步融入国际产业分工，参与全球产业价值链的构建，提升产业价值链升级和产业分工地位，全球产业结构调整和产业链重构将是我国产业结构升级的倒逼因素。然而，国有企业改革滞后，已经成为产业结构调整和产业升级的一个较大阻碍。

（二）国有部门改革滞后对产业结构调整和产业升级的负面影响

长期以来，我国国有资本广泛分布在各行各业。由于国有部门仍然比较庞大，产业结构调整和产业升级与国有经济之间的关系，绝对不容忽视。

国有经济在我国历次产业结构调整中都起着举足轻重的作用。改革开放初期，国有企业是经济发展的中坚力量。为推动各项改革的顺利进行，国有企业承担了巨大成本，做出了巨大的贡献。

但是由于国有企业改革滞后，国有资本对产业结构升级的负面作用日益显现。负面作用主要表现在：重要的经济领域为国有资本控制，生产要素自由流动和升级严重受阻，产业升级难以推进；国有资本大量分布于一般竞争性领域，但又享有获取资源的得天独厚的优势，妨碍公平竞争，使竞争机制不能在产业结构调整和产业升级中有效地发挥作用；因创新动力缺乏，制约技术创新；僵化的体制、机制制约了产业退出，更高效率的非国有资本难以进入，阻碍产业结构调整和产业升级。

市场经济体制下，产业结构变动的机制表现为拥有独立产权和经济行为的经济主体，按照市场供求信息和价格信号，以契约的方式追求自身利益的最大化，产生竞争，使资源向生产效率高的部门流动，从而达到产业结构不断优化和变动的效果。市场经济体制下的产业结构的自发调整还需要一些条件才能实现：产权关系明确，经济主体行为独立，产业进入和退出自由。

但是，我国国有企业的行为掺杂了各级政府的意志，进入各经济领域非常便利，在一定程度上导致了产业同构和低水平重复建设严重，产业结构水平低下，不能发挥各自比较优势，缺乏自主创新，同时不能形成规模经济，造成资源的巨大浪费。另一方面，非国有资本却受到各种“钢铁门”、“玻璃门”、“弹簧门”的阻碍，难以自由进入一些由国有企业主导的行业和领域。综合来看，国有企业在一些行业中的主导地位及对非国有资本的进入限制过多，是导致我国产业结构升级缓慢的重要原因。

我国国有企业的市场退出同样存在较大障碍。在一般市场经济条件下，企业产权是明晰的，出资者作为决策主体，以利润最大化为目标，退出的标准基于经营业绩与产业选择。当企业经营业绩不佳或企业所在的产业处于衰退的状态，出资者预期的退出机会成本小于进入收益时，就会诱导企业退出。这时，企业退出的壁垒主要是经济性的，包括偿付贷款、沉淀成本等。而我国国有企业大多缺乏这种退出的动力与能力，退出渠道不畅。不但政府对国有经济主导作用认识有偏差，担心国有资本退出会削弱国有经济在国民经济中的主导作用，而且在所有者缺位的情况下，内部人控制也构成了国有经济退出难的障碍。

由于国有资本不能顺利按照市场规则从本应撤出的产业退出，不仅造成资源浪费严重，国有资本分散、集中度低、效益低下，还阻碍非国有资本进入，延迟传统产业改造和新兴产业创新发展，严重影响产业结构调整和产业升级。因此，顺应市场竞争规律，建立企业优胜劣汰、能进能退的机制，消除非国有经济在产业准入、资源获取方面的“钢铁门”“玻璃门”“弹簧门”，对加快产业结构调整和产业升级至关重要。

市场本身具有提高资源配置效率与优化产业结构的内在功能，产业结构调整应立足通过市场机制起作用，但前提是市场体系完善、市场竞争公平。目前，我国市场规则不健全，尤其是国有经济垄断和不公平竞争严重扰乱了市场秩序，破坏了公平竞争的市场环境。市场经济条件下产业结构调整和产业升级所必需的基础是企业真正成为能对市场信号做出灵敏反应的自主经营、自负盈亏的市场主体，如果国有企业极力打压和排挤竞争对手，破坏市场公平竞争，阻碍生产要素的自由流动和资源的合理配置，那么产业结构调整和产业升级就难以有效推进。

三、外延追赶工业化收尾期：企业创新逐渐成为经济增长的主要驱动因素

后发国家要实现经济起飞和之后一段时期的高速发展，外延追赶工业化是一个必不可少的阶段。所谓外延追赶工业化，是指依靠大量要素投入、铺摊子的方式来建立各个工业行业，从而较快地形成一个比较齐全的工业体系，且这个工业体系能够纳入国际分工和加入国际竞争。持续不断地进行外延追赶，实际上表现为产业结构的不断变迁，以及适时的产业升级。在追赶阶段，经济增长的主要推动力是资本投资。在这个

阶段，政府有强烈的投资愿望和较强的投资能力，企业也有极高的产能扩张的冲动。大规模投资使基础设施改善、产业规模扩大、企业实力增强、产业配套能力上升，与先进国家差距缩小。但是，追赶到一定阶段会遇到瓶颈，如资源环境压力加大、生产要素成本上升、引进关键技术变得困难等，这就要求国家和企业都要进行发展模式的转型，国家要切实推动产业向更高形态进行升级，借此实现高质量的经济增长。而实现这一变革的核心要素是企业的创新能力，关键是突破核心技术，掌握知识产权。但是，这个阶段还没有完全到来，倒逼企业创新的外部压力还没有充分释放，通过要素投入来实现追赶、通过引进模仿就可获取技术能力的惯性还比较强的情况下，创新很难成为经济增长和提升企业竞争力的主要驱动力量。

当然，要成功实现外延追赶工业化，也需要创新，但此时创新的角色并不是那么重要，因为各个工业行业的技术都是已知和比较成熟的，可以通过引进的方式来获得，所需的创新大多是改进型、模仿型的创新。在追赶阶段，政府也会实施创新战略，但这种战略多带有追赶色彩，战略目标较明确，就是赶超先进国家，战略路径就是沿着先进国家的技术产业发展路线，通过一定的战略举措，并配以相应的政策。创新重点是技术引进和消化吸收再创新，很少有原始性、前沿性创新。与这种追赶战略相适应，国家会逐步建立起一整套与其相适应的制度和政策体系。

从各种迹象来判断，现在我国经济发展已经进入外延追赶工业化的收尾期，传统发展模式的空间越来越小，驱动创新的力量在日益增强，这意味着中国经济发展将转入一个新阶段。过去两三年，中国经济增长明显偏离过去30多年约达10%的平均速度，在较大程度上印证了这个判断。无论是政府提出的“新常态”“中高速增长”，还是学界关于经济增长阶段变化的各种研究成果和各种关于发展阶段的划分方法，都与本章提出的“外延追赶工业化收尾期”相契合。国务院发展研究中心（刘世锦等，2013）的一项研究显示，一些重要的工业行业的产量将在未来几年达到峰值。我们认为，达到峰值其实就意味着外延式发展的结束。例如，纺织缝纫皮革工业、造纸及文教用品工业、食品工业、森林工业等劳动密集型产业在我国工业化早期就已经达到了行业比重的峰值，工业增加值在逐年回落；冶金工业、电力工业、煤炭工业、建材及其他非金属矿制制造业、石油工业、化学工业等重化工业所占比重将在2015年前后出现峰值，之后逐步回落；金属制造品工业、机械制造业、交通运输设备制造业、电气机制及器材制造业、电子及通信设备制造业等资本和技术密集型行业所占比重会继续上升，大约在2020年前后趋于稳定（见表5－4）。

未来几年各主要行业占GDP比重预测见表5－4。

表5－4　　未来几年各主要行业占GDP比重预测　　（单位：%）

年份 行业	2012	2013	2015	2020	2022	2012～2022
冶金工业	5.6	5.8	5.8	3.8	3.0	－2.7
电力工业	2.3	2.3	2.3	1.5	1.2	－1.1
煤炭工业	2.0	2.2	2.1	1.4	1.1	－1.0
石油工业	2.9	2.9	2.8	2.8	2.8	－0.1
化学工业	4.1	4.1	4.0	3.9	3.9	－0.1
金属制品业	1.1	1.2	1.3	1.6	1.6	0.5
机械制造业	3.1	3.3	3.6	4.4	4.5	1.4
交通运输设备制造业	2.0	2.1	2.2	2.7	2.8	0.8
电气机械及器材制造业	1.4	1.5	1.6	1.9	2.0	0.6
电子及通信设备制造业	1.9	2.0	2.1	2.6	2.7	0.8
建材及非金属制造业	3.2	3.3	3.3	2.2	1.7	－1.5
森林工业	1.0	1.0	0.9	0.9	1.0	0.0
食品工业	3.7	3.7	3.4	3.6	3.7	0.0
纺织缝纫皮革工业	2.7	2.7	2.4	1.9	1.7	－1.0
造纸及文教用品工业	1.5	1.5	1.3	1.0	0.9	－0.6
工业合计	38.5	39.3	39.2	36.2	34.4	－4.1

资料来源：《中国经济增长十年展望》，中信出版社2013年版。

在进入原有发展阶段的收尾期和向新发展阶段的转换期后，下一步的经济增长要更多地依赖企业创新，同时在开放条件下的自主创新和前沿创新会逐渐成为新阶段企业创新的主要路径。随着要素成本上升、重要产品历史需求峰值出现和资源环境约束加强，我国延续30多年的低成本要素组合优势正在减弱，国际竞争力也受到发达国家和其他新兴经济体的两头挤压。国际经济正在经历重大结构调整，新技术、新产业革命初现端倪。在这种情况下，我们要顺利实现经济增长动力和发展方式的实质性转变，要构建新的国家竞争优势，实现更高质量的经济增长，必须更多地依赖企业创新，全面实施创新驱动发展战略。创新不仅是技术创新，还包括商业模式创新、管理创新、品牌创新、制度创新等。实现经济增长由要素投入驱动转向创新驱动，就要强化创新在经济增长中的统领性作用，塑造一个支持创新创业、鼓励科学探索、允许试错、宽容失败的创新生态系统，推动企业由热衷于投资转向关注创新能力建设，由热衷于规模扩张转向关注产业竞争力的提高，由热衷于低端制造转向关注设计、研发、品牌、营销、产业链管理等高附加值、高生产率环节。

发展阶段的变化也会对企业的创新路径产生重要影响。一个重要的判断是，我们在有些领域已进入世界前沿，并且在很多领域打破了过去“国外提供技术、中国进行制造”的全球分工体系，已经开始向产业链高端爬坡。过去在我们技术不是很强的情况下，利用全球化和开放的机遇，我们可以通过引进等方式获得国外技术。但是，进入新阶段后，中国的产业竞争力得到提升，在很多领域已经对国外构成了直接威胁，这个时候很多核心技术是买不来的，只能更多地依靠自主创新。当然，自主创新不是封闭创新，我们应尽可能地利用开放带来的机遇为创新所用。同时，当我们在一些领域，如高速铁路、基因工程、核电、通信技术等进入产业前沿后，就没有现成的国外技术、标准、商业模式再为我们引路，过去靠模仿、跟踪为主的战略不灵了，这些进入前沿领域的国内企业，就需要由跟踪者向技术自立和领跑者的角色转变。

四、国有企业的创新表现

(一) 国有企业创新呈现出明显的“高研发密度、低研发效率”特征

1. 评估国有企业创新的指标与数据来源

创新是一个非常复杂的过程，对企业创新进行评价仍存在诸多争议，如果依据传统评价方法，国有企业创新表现总体欠佳，研发密度大，研发效率低。由于国有企业分布仍较广，我们在每个行业都可以找出创新较好的国有企业案例来。总体看，在一般竞争性和技术变革快的领域，包括很多新兴领域，国有企业创新不如非国有企业。但一些体制和机制改革较到位的国有企业，其创新表现往往较好。同时，在一些特殊领域，国有企业创新有较好表现，但也有很大局限性。

在过去的50年里，国际上评价企业创新的指标体系几经演变。最早被广泛使用的创新投入指标包括研发费用与投资，研发项目以及人力资源等，创新产出指标包括专利数目、发表数目及新产品数目。依据投入和产出指标，可以得出不同的“研发密度指标”（如研发支出占销售额或收益的百分比，投入资源占新产品研发的百分比等）及“研发效率指标”（如一定数量的研发费用所能产出的专利数目，新产品数目与研发人员数目比例等）。研发密度和研发效率指标在较长时间内成为全球较通用的评价企业创新表现的重要指标体系。但由于创新是一个复杂、动态的过程，创新也并不仅仅包括技术创新，还包括商业模式、组织创新等，传统的研发密度和研发效率这两项指标并不能全面反映一个或一类企业的创新表现，而且专利产出更适合评价科学活动，并不一定是企业创新的必然结果，毕竟很多专利并没有转化为经济利益或应用于企业的竞争中，有专利也并不必然意味着有竞争力，在很多行业，领先的企业为了技术保密并不申请专利，但这些企业确实是技术领先者。因此，评价企业创新变得更加困难。最近十几年人们开始关注用知识产

出、实现的无形资产价值、学习吸收能力、技术转移获利等指标来评价创新，但更多还处于探索阶段。总之，尽管有诸多缺陷，在新的评价体系没有成形之前，人们仍更多倾向于用传统两类指标（研发密度、研发效率）来评价企业的创新表现。

在本研究中我们仍将使用研发密度及效率指标，利用已有数据，来评估国有企业的创新表现。我们选取的数据主要来自于 1999 ~ 2012 年的《中国科技统计年鉴》，书中提供了不同所有制企业的创新活动的相关数据，据此可以分析比较国有企业和其他所有制企业的（包括民营企业，港澳台投资企业和外商投资企业）创新表现。

2. 数据分析结果

我们的分析表明，国有企业有相对较高的研发密度，但非国有企业与国有企业在这方面的差距在迅速缩小。国有企业的研发和科研人员投入已不再占据全部企业研发费用支出和科研人员总量的最大份额。

（1）数据构成

如图 5 - 2 所示，数据构成发生了很大的变化。比如，私营企业所占比例越来越大，而集体企业在逐步减少。因此，如果某评估指标是以“比例”来计算的话，该指标则会在很大程度上受到数据构成变化的影响。

（2）研发费用和整体占比

一直以来，研发费用是创新投入的重要指标。图 5 - 3 反映了所有类型企业的研发费用总量的波动；图 5 - 4 反映了不同所有制企业的研发费用占总量比例的年度变化。我们可以看到，在 2009 年经济危机之时，研发费用总量出现了大幅下降，但在其后的经济复苏中，研发费用总量出现了稳步回升。相关数据显示，在较早时期，国有企业在研发领域的投入最大，在总量中占据了最大的份额。但在经济危机之后，随着私营及外资企业变得越来越重要，国有企业的统治地位逐步发生了变化，国有企业不再占据研发费用支出总量的最大份额。

（3）研发人力投入和整体占比

研发人力投入同样是创新投入的重要指标。图 5 - 5 反映了所有类

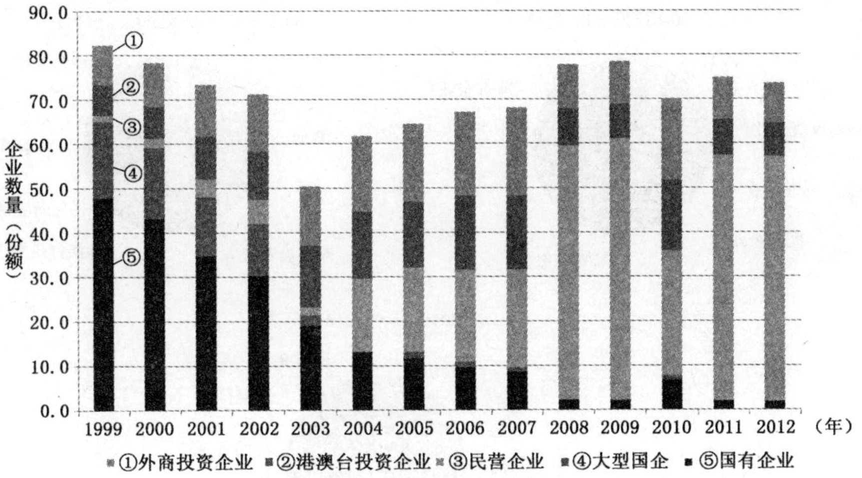

图 5－2　数据构成的逐年变化

资料来源：根据历年《中国科技统计年鉴》测算。

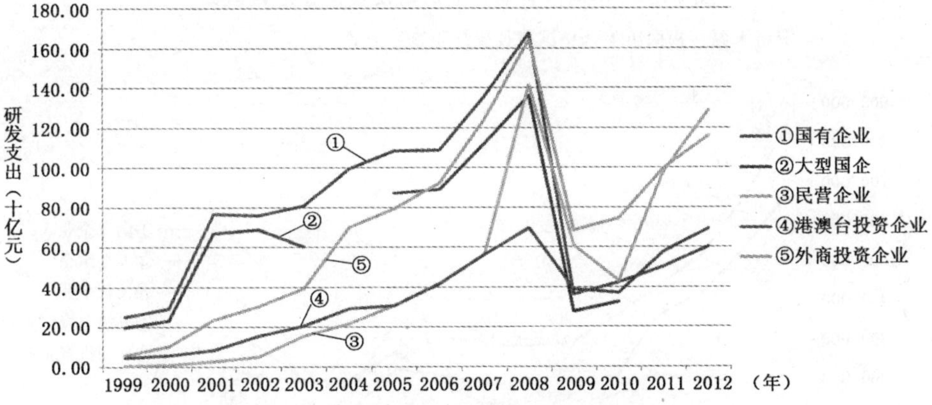

图 5－3　不同所有制企业的研发费用波动

资料来源：根据历年《中国科技统计年鉴》测算。

型企业的研发人力投入总量的波动；图 5－6 反映了不同所有制企业的研发人力投入占总量比例的年度变化。在较早时期，国有企业拥有最多的科研人员，在总量中占据了最大的份额，但在 2008 年左右这种统治地位就发生了彻底的变化，目前，民营企业的科研人员数量远远超过了国有企业的科研人员数量。

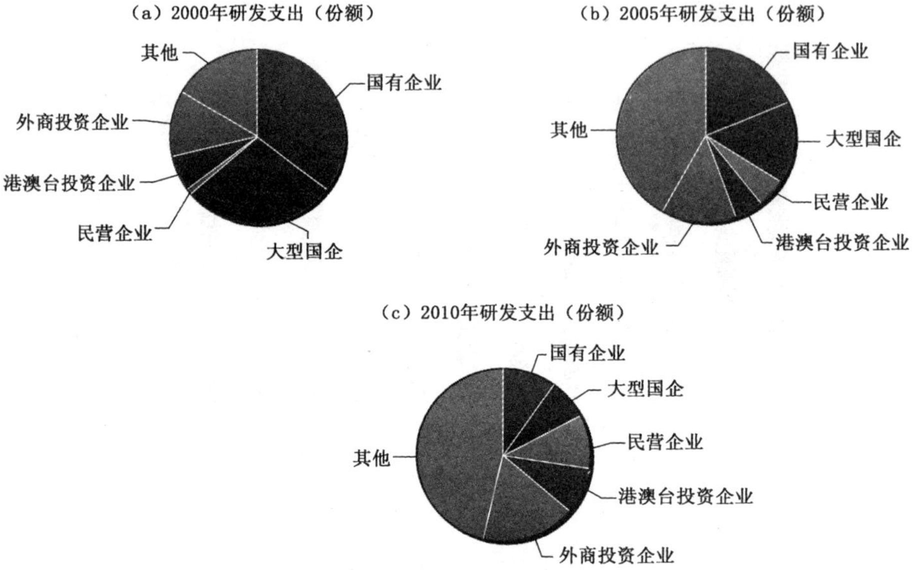

图 5－4　不同所有制企业的研发费用占总量比例

资料来源：根据历年《中国科技统计年鉴》测算。

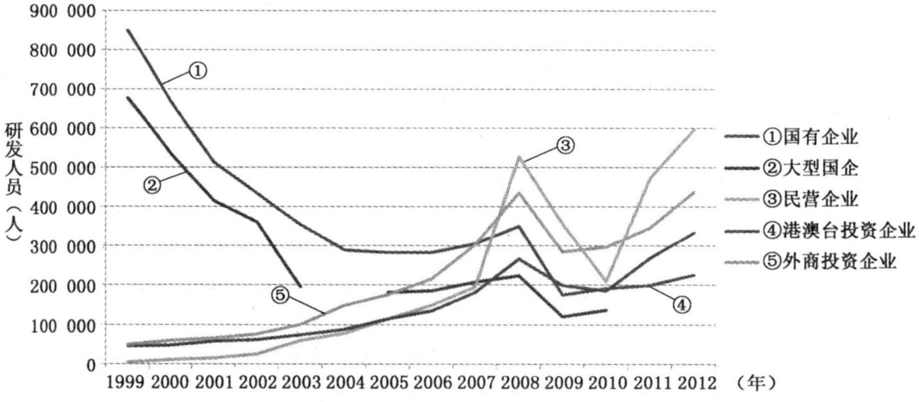

图 5－5　不同所有制企业研发人力资源的投入

资料来源：根据历年《中国科技统计年鉴》测算。

（4）公司的研发费用和研发人员密度

数据构成的变化可能会影响之前的结果，因此有必要在公司层面上，考察研发费用与人力投入所占的比例，从而得出关于研发密度的正

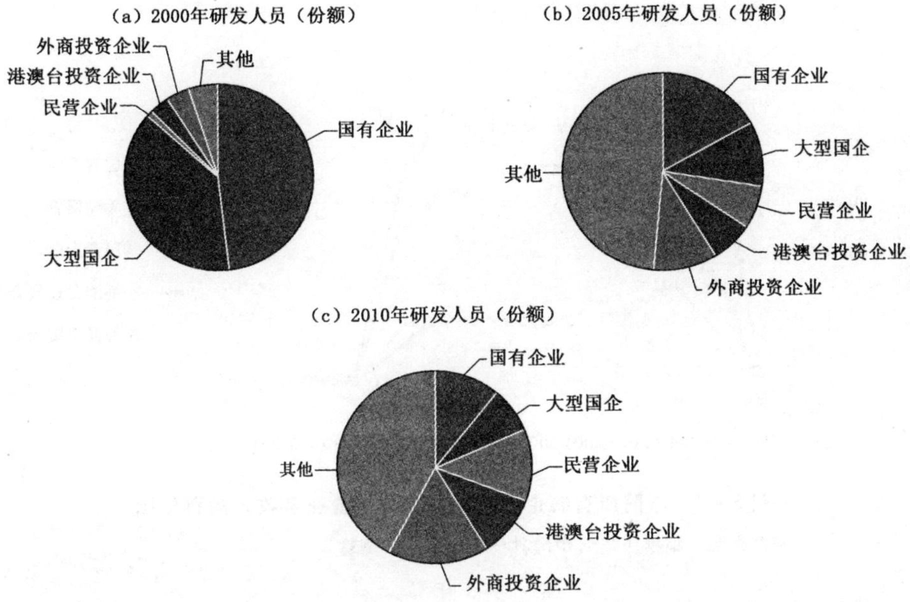

图 5－6　不同所有制企业研发人力投入占总量比例

资料来源：根据历年《中国科技统计年鉴》测算。

确推论。图 5－7 反映了在不同所有制的企业中，研发费用占公司总支出的比例，图 5－8 则反映了研发人员占公司总雇员的比例。数据表明，无论是在研发费用上还是人力投入上，国有企业都具有较高的投资密度。很明显，与其他所有制的企业相比较，国有企业的研发费用占其总支出较大的比例（尽管图 5－7 中的钟状曲线难以解释）。类似的，在国有企业中，研发人员占总人数的比例同样最高。这种反差在大型国有企业中尤为明显（尽管有关大型国有企业的数据并不完善）。但近年来，不同所有制企业的研发密度之间的差距在逐渐减少。

3. 国有企业的研发效率相对较低，研发潜力远没有发挥出来

（1）专利数目和整体占比

专利数目是创新产出的基本指标。图 5－9 反映了不同所有制的企业的专利总数量的增长，图 5－10 则反映了不同所有制企业的专利数目占总量比例的逐年变化。数据表明，国有企业所注册的专利数目要小于

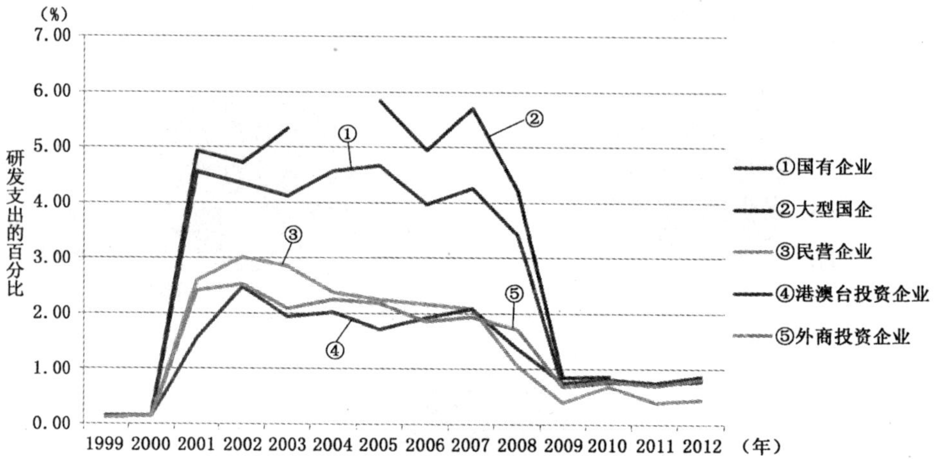

图 5-7 不同所有制企业研发费用占主营业务收入的百分比

资料来源：根据历年《中国科技统计年鉴》测算。

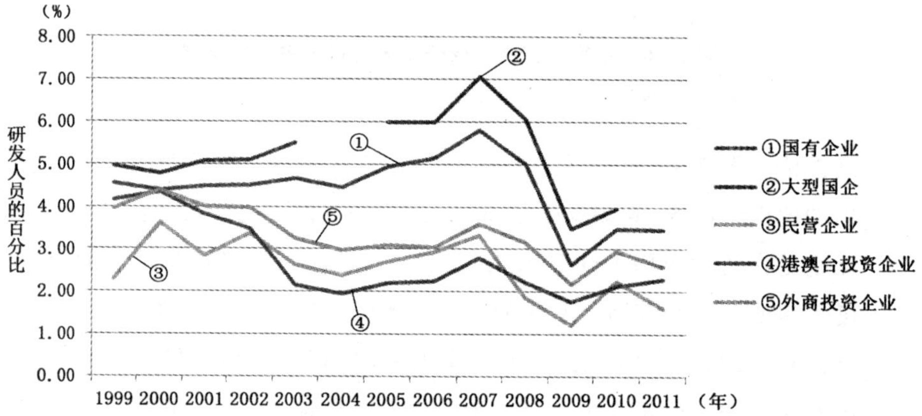

图 5-8 不同所有制企业研发人员占总雇员人数的百分比

资料来源：根据历年《中国科技统计年鉴》测算。

其他类型的企业。这种劣势在大型国有企业中尤为明显。虽然一些国有企业可能持有大量的之前所注册的专利，但是他们的专利数目增长仍然很缓慢。从专利数目总体占比来说，与其他类型的企业相比，国有企业同样逐渐失去了之前的优势地位。这种现象也可能是由数据构成变化所引起的。

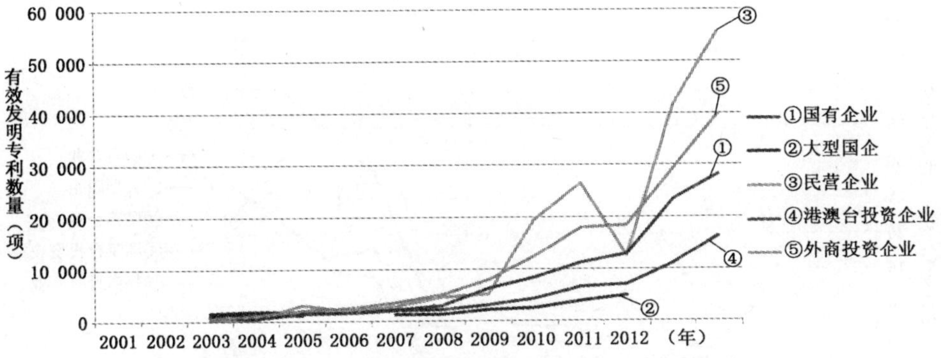

图 5-9　不同所有制企业有效发明专利数量

资料来源：根据历年《中国科技统计年鉴》测算。

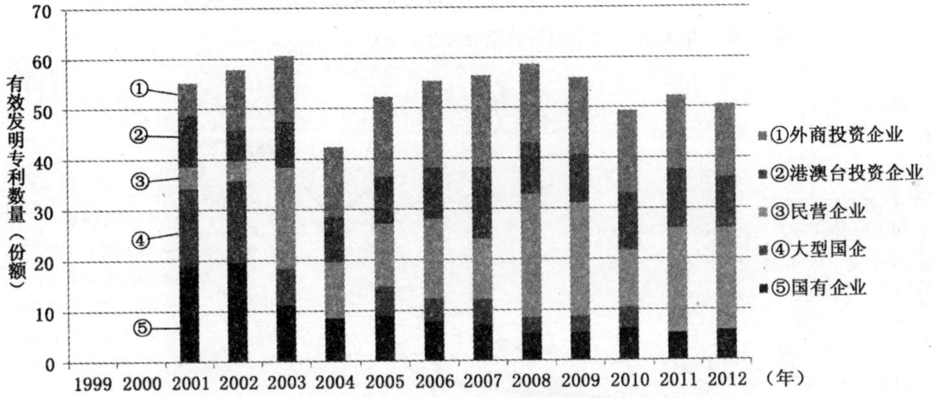

图 5-10　不同所有制企业的有效发明专利的总体占比

资料来源：根据历年《中国科技统计年鉴》测算。

（2）公司的研发投入与专利产出效率

数据构成的变化可能会影响到专利的数据，因此，有必要在公司层面上来考察专利产出，同时必须结合不同类型企业的研发投入所获得的专利产出，以评估其相对研发效率。图 5-11 表明了不同类型企业的研发费用与专利产出的对比，图 5-12 表明了不同类型企业的研发人员与专利产出的对比。这些数据有力地表明，同等的研发费用和人员的条件下，与其他类型的企业相比，国有企业所注册的专利要少。同等的投入，国有企业的产出往往更少，这点对大型国有企业尤为明显。

数据表明，国有企业在创新领域的投入并没有取得其全部潜力。有关国有企业的高研发密度和低研发效率的证据可以证明这一点。通过对

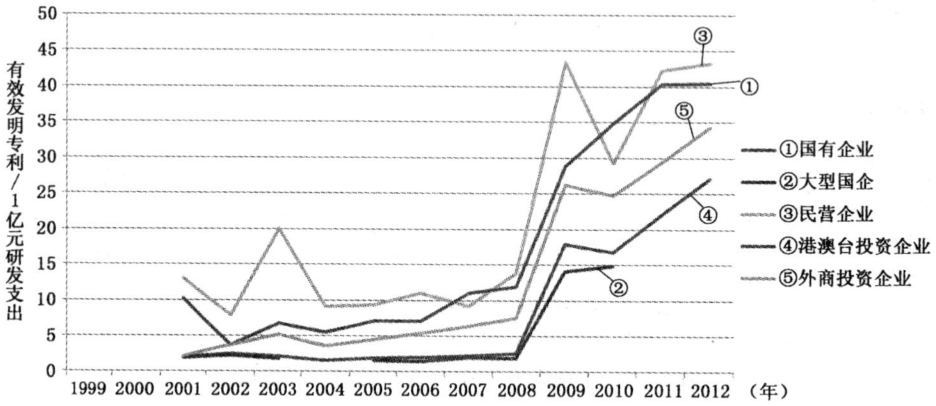

图 5－11　每亿元研发投入所获得的有效发明专利数量

资料来源：根据历年《中国科技统计年鉴》测算。

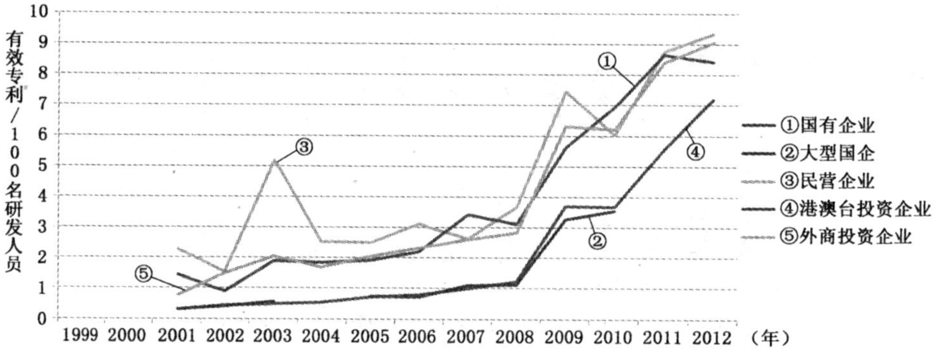

图 5－12　每百名研发人员获得的有效发明专利数量

资料来源：根据历年《中国科技统计年鉴》测算。

比可以看到，在所有类型的企业中，国有企业的研发密度最高，而研发效率最低。虽然近年来国有企业的研发密度呈下降趋势，但是它们的研发效率增长缓慢，未能追上其他类型的公司。

4. 如何解释国有企业的创新表现

通过上述数据分析，可以得出一些重要结论。如中国国有企业虽然拥有大量包括物质和人才在内的创新资源，但其在创新方面的巨大潜力远未得到充分发挥。由于缺乏竞争或者公司治理机制不完善，一些国有企业管理松懈（Bloon et al, 2010），没有动力实施创新驱动增长的经营战略（Brandt and Zhu, 2010）。一些企业即使迫于国家压力而投资于研发，研发效率也比较低，且与企业其他业务脱节。与小企业和民营企业相比，国有企业在将资源转化为专利和创新成果方面的效率相对较低。相比非国有部门全要素生产率 4.56% 的年增速，国有部门只有 1.52%（OECD, 2010）。

（二）国有企业在一般竞争性行业或技术变化快的新兴行业的创新表现欠佳

1. 一般竞争性行业

从基础数据分析，大多数竞争性领域的国有企业创新效率并不高，当然，在这些领域并不排除有少数创新效率较高、有竞争优势的国有企业，但毕竟是数量不多。一些国有企业虽然有较高的研发密度，但相比较低的研发效率，其创新的投入产出并不经济，当然这也不排除一些国有企业为获得长期竞争优势而不惜保持较高的研发密度，如在大型装备制造领域，确实需要长期稳定的高强度研发投入。

我们选择的行业包括运输设备制造业、药物制造业、计算机制造业、木材加工及相关制品业、纺织品制造业、通用设备制造业、化学原料和化学产品制造业、电力和热能的生产和供应业、农产品食品加工业等。其中，国有企业研发绩效最差的两个行业为运输设备制造业和通用设备制造业。国有企业研发绩效最好的两个行业是电力和热能的生产和供应业及农产品食品加工业。在计算机通讯和电力等一些为政府所扶持的产业中，国有企业的研发绩效在快速地提升。

对这些行业进行分析的数据主要来源于《工业企业科技活动统计资料》，目前可以获取 2005～2012 年的资料，从中获取有关多数企业创新活动的数据，这些企业可以被分解到特定的行业当中。这使得我们可以大略分离出国有及国有控股企业，并将这类企业与其他投资主体的企业（港澳台企业和外资企业）做一个比较。然而，仅依据这些数据，我们无法将民营企业分离并与国有企业做比较。

在大多数行业中，我们可以观察到一种普遍趋势，即国有及国有控股企业通常比其他类型的企业研发密度要高。在人力资源数据中更容易观测到这种反差。同时，国有及国有控股企业并没有比其他类型的企业更有效率。不管是在研发费用效率还是在研发人员效率上，国有及国有控股企业往往位于曲线的中部或底部。

我们可以通过图表（见表5－5、图5－13、图5－14、图5－15、图5－16）比较分行业的研发强度和研发效率。通过这些比较，可以对国有企业在不同行业的表现做一个大致的评估。如果一个行业所投入的资源越多，而产出越少，则这个行业的表现最差。表5－5列出了不同行业的大致排名。

表5－5　不同行业的国有企业研发绩效的大致排名

行业	国有企业表现	该行业的科技水平或含量	研发密度
铁路、运输、航空和运输设备制造业	高密度，低效率 · 明显研发密度最大 · 是研发效率最低的行业之一 近年来，尽管效率在提高，但差距仍在扩大	中等偏高	高
通用设备制造业	高密度，低效率 · 明显研发密度最大 · 明显研发效率最低 差距在逐年扩大	低	中等
纺织品制造业	高密度，中等效率 · 明显比其他行业的研发密度大 · 比起其他行业研发效率相对较高 该趋势一直保持稳定	低	中等
化学原料和化学产品制造业	高密度，中等效率 · 明显研发密度大于其他行业 · 比起其他行业相对研发效率相对较高 该趋势一直保持稳定	中等偏高	中等

续表

行业	国有企业表现	该行业的科技水平或含量	研发密度
药物制造业	中等偏高密度，中等偏低效率 · 明显研发密度最高 · 是研发效率最低的行业之一 该趋势一直保持稳定	高	高
木材加工、竹业制造及藤、棕、草制品业	中等偏高密度，中等偏低效率 · 研发密度最高 · 是研发效率最低的行业之一 该趋势逐年有所改善，效益逐渐接近于其他行业	低	低
农产品食品加工业	中等偏低密度，中等效率 · 是研发密度最低的行业之一 · 与其他行业相比，研发效率相对较高 该趋势一直保持稳定	低	低
计算机、通信及电子设备制造业	高密度，中等偏高效率 · 研发密度远大于其他行业 · 是研发效率最高的行业之一 近年来，研发效率在逐年提高，但是在高投入下，应该能够取得更好的成果	高	高
电力和热能的生产和供应业	中等密度，高效率 · 研发密度一般 · 研发效率略高 近年来效率增长迅速	高	低

资料来源：作者根据科技统计年鉴统计、有关行业报告整理。

2. 新兴行业

在电子信息、生物产业、互联网应用、关键材料等新兴的、技术密集、技术更新快的领域，国有企业很少有基于原创新性技术突破而建立竞争优势的。

由于我国的新兴产业发展时间并不长，这方面还没有权威的统计数

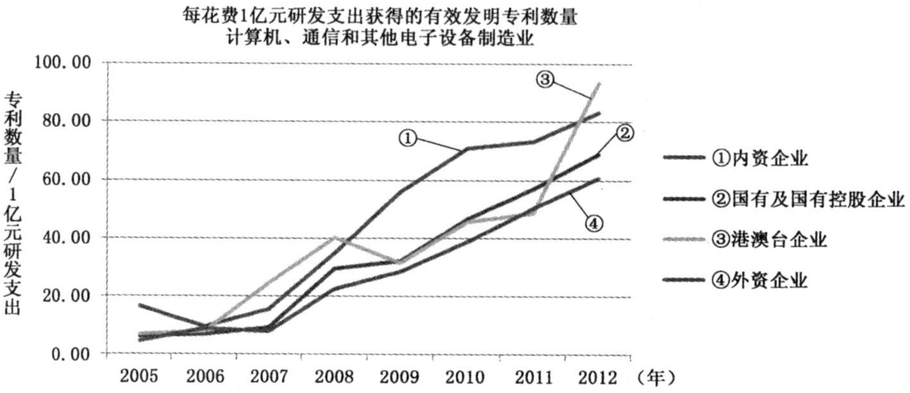

图 5-13 计算机及电子设备制造业的不同所有制企业创新比较

资料来源：根据历年《工业企业科技活动统计资料》整理。

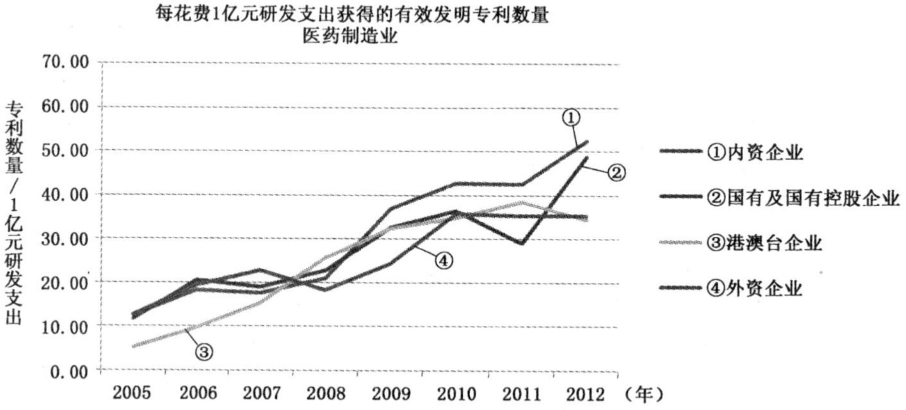

图 5-14 医药制造业的不同所有制企业创新比较

资料来源：根据历年《工业企业科技活动统计资料》整理。

据，还不能从面上进行全面分析，只能更多地依靠案例来“证明”。在这些行业中，领先的企业多不是国有企业，虽然一些国有企业在这些领域比较有“名气”，但多是规模大、处于产业链的中下端、缺乏核心技术的企业。

例如，在通信和计算机芯片领域，这方面的技术不仅关系国计民生，在互联网时代更关系国家安全，如果没有国产芯片，谈信息安全就是空话。由于芯片设计是技术变化极为迅速、对投资和人才要求都非常

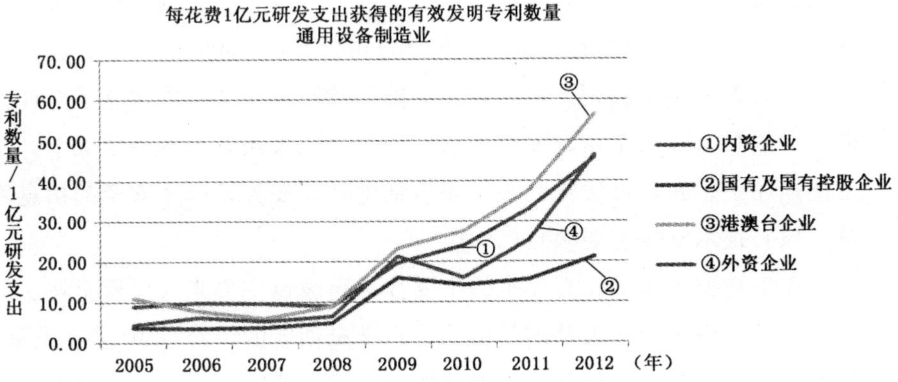

图 5－15 通用设备制造业的不同所有制企业创新比较

资料来源：根据历年《工业企业科技活动统计资料》整理。

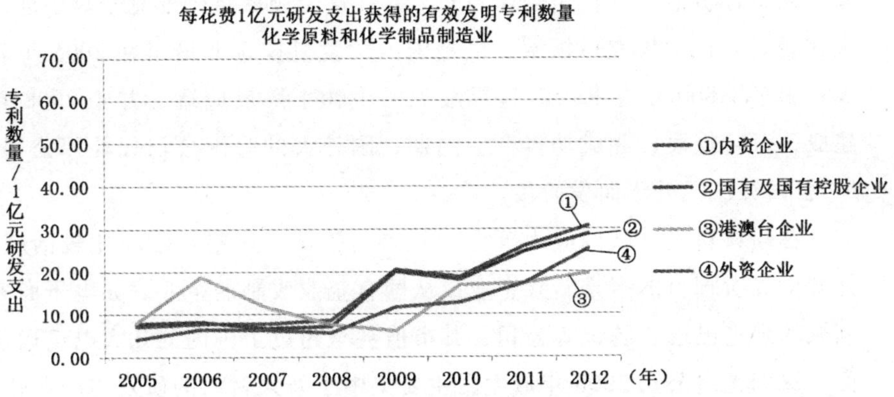

图 5－16 化学品制造业的不同所有制企业创新比较

资料来源：根据历年《工业企业科技活动统计资料》整理。

高的领域，国有企业、国有资本、政府资金在这个领域有多年投入，但并没有取得多少重大突破。在这个领域迅速形成竞争力、甚至有可能追赶跨国芯片公司的反而多是民营企业。又如，3G、4G 通信芯片的研发和产业化上领先的多是民营企业，在这个领域中的诸多国有企业，虽屡经投入，但多数效果不佳，很多已经放弃了对 4G、5G 等前沿技术的追赶。在无线技术领域，大吞吐无线局域网技术不仅是物联网、云计算时代的基础技术，而且是 3G、4G 的重要关联技术，目前全球居于垄断地位、广泛使用的是由英特尔等美国公司主导的 WiFi 技术，国内率先对此发起挑战，并最终被确定为国家标准的技术也来自国内民营企业。在通信设备领域，我们所熟知的是华为公司，其在2008年就已经成为全球第一大专利申请公司，该公司在美国、欧洲等多个国家建立了全球性的研发体系。在关系信息安全的软件领域，也是民营资本一统天下。从上述描述中，我们可以得到一个基本结论是，在关系国家安全的信息领域，核心技术支撑主要来自民营企业。

在生物技术领域，近年来的主要技术突破也主要来自民营企业。如基因技术，中国的华大基因是由几位科学家创立的，经过10多年发展，迅速实现了由参与科研到与世界接轨，由与全球同步到引领全球的历史性提升，一个时间不长的公司目前已经建立了大规模测序、生物信息、克隆、健康、农业基因组、蛋白等多个世界级的技术平台，其测序能力和基因组分析能力现在是全球领先，并在这个领域将国外竞争对手远远甩在后面。在生物燃料领域，也是国内民营科技企业最早在2006年就设计出了1 800立方米当时世界最大的生物丁醇反应罐，并于2008年建成3万吨规模，并成功投产。同期，国外大的跨国公司如杜邦公司、BP公司等还只处于研发阶段。

在新材料、互联网应用等更为新兴的领域，这些年创新比较活跃，并被世界所瞩目的多是新兴企业或从国有企业改制的企业。如电子商务领域的阿里巴巴、腾讯等公司，其市值甚至超过了国内的几大电信运营商。深圳光启公司2008年成立，主要集中于新兴材料的研发与产业化，其做法与传统企业的创新路线有很大区别，不是从研发具体产品或从外面买进技术来吸收转化起步，而是依靠自己的力量从基础性、源头性研发开始，先在技术底层建立专利优势，再向具体的产品转化。这种新的技术与产业发展模式一开始就得到了社会资本的认同和支持，外部资本在更早期的介入反过来更进一步支撑了这种模式能顺畅走通。光启的技术路线从一开始就摆脱了技术依赖，一旦有了突破，新的源头性技术就会生成一个大的产业。

反观国有企业为什么在这些领域没有优势呢。一方面这与行业特性有关，这些行业技术换代非常快，从研发到产业化的每个环节都充满了不确定性，往往是一次跟不上，就很难再跟上。同时，这些领域的技术突破多发生在技术变轨时，旧的技术要被新的技术替代。在很多时候，技术变轨的发动者多是中小科技企业，他们天生具有创新与颠覆特性，大的企业往往在技术变轨时扮演被替代者的角色。另一方面，这也与传统国有企业自身的体制有关。国有企业领导受任命制导向，多有保稳倾向，对不确定性较大、风险较大的创新决策缺乏动力。国有企业领导的任期制也与创新规律相悖，创新可能是一个长期的过程，一次不成功可以再试，但国有企业领导任期一般是三年或五年，企业领导任期到了或年龄到了，就要离开这个企业，因此很少有人愿意做创新这种“前人栽树后人乘凉”、又有风险的事，除非该企业领导对自己能连任有把握或上级组织对其连任有承诺，但这种情况毕竟是少数。

3. 少数表现优异的国有企业

有些国有企业之所以有创新动力，从内部来看与其更市场化的治理机制有关。从公司可持续发展的角度来看，公司治理与创新有内在的关联性，一个有效的公司治理如果能驱动公司更加注重“再投资”，能将外部竞争的压力向管理层顺畅传递，公司就会生成创新动力。这样的公司治理需要对管理层有长期激励并能保持团队的相对稳定性。以中集集团为例，该公司在集装箱业务上已是全球第一，为保持可持续的竞争优势，公司必须在新业务上提前布局，其中海洋工程业务是拓展的重要方向。但海洋工程业务的特点是周期长，竞争者都是大的跨国公司，要挤进来必须有创新耐力，甚至要承担较长时期的亏损。前五年，中集集团在这个领域只有不断地投资，短期内没有回报。然而，坚持到最后，在连续投资和亏损后，中集集团的海洋工程业务开始有盈利，现已成为该公司新的核心业务。能坚持五六年亏损，并能保证在亏损时也追加投资，如果是传统国有企业，恐怕过不了国有企业业绩考核这一关。中集集团能做到，是因为其董事会更加市场化，管理团队长期服务于这家公司，有长期激励，他们的利益与公司的利益绑在一起。在这种情况下，公司内生了“再投资”和“创新”的动力。从这个意义上讲，如果体制创新和治理改革到位，国有企业在创新上完全能做到更好些。

（三）国有企业在一些特殊和关键性领域有较好的创新表现

创新复杂性程度高，创新链条长，协同性强，国家有需求且比较倚重国有企业来实现国家目标，国家意志与企业战略可以较好地结合，因此，这些领域的国有企业往往会有较多、较好的创新产出。由于国家需求与企业发展紧密结合，国家会对这类创新提供较多的资源支持，同时在国家追求“结果导向”的情况下，国有企业的创新更多体现为“政治责任或创造政绩”驱动，即使投入产出严重不经济，或创新风险巨大，企业也会义无反顾地进行创新，直到实现或超出政府希望的目标。

下面我们以电网、核电、高铁为例进行叙述。我国的国家电网在特高压输电领域的创新走在全球前列，其核心技术主要集中在大电压控制、外绝缘配置、电磁环境控制、成套设备研制、系统集成、试验能力六个方面。特高压工程是一个庞大的科技创新系统，参与这些创新活动的机构超过了100多家，汇聚了国内科研、设计、制造、高校等方面约5万人参与。这些组织基本都是由国家电网公司来实现的。2014年“特高压交流输电关键技术、成套设备及工程应用”获得国家科学技术进步奖特等奖，这是我国电工领域在国家科技奖上获得的最高荣誉，在世界大电网传输领域实现了中国创造和中国引领（中国企业联合会，2014）。

中广核是我国核电创新的代表，该公司在引进国外先进技术建成大亚湾核电站后，从1994年开始，每年投入约1 500万美元对大亚湾核电站进行技术改进和创新。2010年建设的广西防城港核电站工期的国产化率已经提高到了85%，实现了百万千瓦级核电技术“自主设计、自主制造、自主建设、自主运营”，全面实现了工程设计、制造、建设、运营自主化，形成了我国百万千瓦级压水堆核电技术品牌——中国改进型压水堆（CRP1000）核电技术。核电技术创新也是一个系统工程，以CRP1000双机组核电项目为例，每台机组的工程造价约250亿元，项目建设周期约64个月，共涉及380个系统、500家设备供应商、3万多条二级进度、土建安装人员合计约2万人。这种高复杂性、安高全性、高关联性、高投入、周期长的产业创新，必须集国家、主导企业、众多参与单位一起才有可能取得突破（中国企业联合会，2014）。

我国高速铁路的发展也非常迅速，技术能力已为世界瞩目。2004 年 8 月，铁道部决定引进国外先进技术，实行铁路“第六次大提速”工程，把时速 140 公里提高到 250 公里。为此，铁道部计划以国际招标的方式，从国外引进 160 列时速为 200 公里的列车及其全部技术。投资预算金额高达 120 亿美元。南车集团是中国高铁战略的重要实现载体之一，其在引进的基础上，迅速培育自主创新能力，自主研发了时速300～350 公里动车组、CRH380A 新一代高速动车组、更高速度高速列车，迅速掌握了高速动车组的核心技术。从引进国外先进技术到自主研制具有国际先进水平的产品，南车集团只用了不足 4 年的时间。2013 年南车集团共申请专利 2 603 件，其中发明专利 1 065 件，获得授权专利 1 806 件，其中发明专利 235 件，公司的工程技术人员总数达到 17 868 名，每年的研发投入占营业收入的比例已超过 5%（路风，2013）。

上述案例表明，国有企业体制在特殊领域还是有创新优势的，或者说一些特殊领域比较适合国有企业创新。这些特殊领域的特点：一是基础产业的复杂产品创新，如电网、核电、高铁等；二是往往体现国家战略和国家意志的行业，国家有需要，也会提供支持，要实现创新就需要把国家战略、社会需求、企业发展三者有机地结合起来，不只算经济账、企业账，这种情况比较适合国有企业体制，当然，“聪明”的政府也不会只让企业“吃亏”；三是这些领域的市场需求巨大，且市场多是掌握在政府手中或是受政府政策影响较大，如通信、电网、高铁，其用户要么是政府，要是单一的国有企业，形成了一定程度的买方垄断、政府垄断；四是产业链条长、协同任务重的领域，如大飞机、大电网等国家工程，过去协同主要靠政府，现在民营企业还没有发展到足够强的水平，市场又不完善，只能更多地依靠国有企业来组织实施这些项目，这比过去靠政府的协同和组织已经有所进步。

当然，这种由国有企业实施的、在特殊领域的重大创新也存在自身的局限性，其效果和应用范围不能泛化。问题之一是财务软约束，由于国家投资与企业投资边界相对模糊，很多时候是不惜成本搞创新，这种预算软约束的结果就容易产生成本造价过高，技术产出和后续运行成本过高，同时更会产生腐败以及学术研究上的弄虚作假。问题之二是这种多数由国家战略驱动和国家需求拉动、由国有企业组织实施的重大创新，很难摆脱政府干预，很难避免违背市场规律的不当决策、错误决策。同时，由于这些决策的责任不明确，加上缺乏外部的纠错纠偏机制，错误决策的风险往往在项目实施过程中会被进一步放大。从这个意义上讲，这种特殊领域的创新，其失败的风险可能会更大。一些在一定阶段看似所谓的成功案例，其背后的风险可能远没有消除。问题之三是不利于培育真正意义上的有国际竞争力的大企业和有创新精神的企业家。特殊领域创新的成功离不开一批真想干事的企业家，但受体制影响，这些企业家的创新精神一般不是市场和竞争驱动，很多时候是政治责任、事业担当的信念驱动，创新的成功会带给这些企业家较高的荣誉和政治待遇，但是他们不能从创新中分享经济利益，没有市场化的长期激励。这种类型的企业家可以简单地概括为“政治型企业家”。这种类型的企业本质上也是“政企不分的企业”，在政治担当为先、政企不分的情况下，企业可以取得顶天立地的创新突破，但从经济规律、创新规律、公司治理的角度看，这类企业家由于缺乏有效的利益激励，企业发展也缺乏真正的市场驱动，这就很难保证一个企业能实现可持续成长。

五、简要结论

一个国家的经济要实现持续增长，取决于这个国家的产业结构能否成功实现符合规律的演变和能否实现产业升级。我国庞大的国有部门，在一定程度上阻碍了产业结构演变和产业升级。产业结构演变和产业升级与创新密切相关，特别是当我国经济发展的外延追赶工业化进入收尾期的时候，创新的重要性日益凸显。我们的分析表明，尽管在一些重要领域，有一些国有企业有着较好的创新表现，但总体而言，非国有企业的创新动力更强，创新效率更高。个中意味非常清楚，对国有企业进行深入改革，将有益于中国产业结构演变和产业升级，将有益于中国经济增长转向创新驱动。

第六章

全球化进程中企业核心竞争力的重建与国有企业重组

在全球化进程中，一个后发国家能否在较长时期里保持经济较快增长，从而完成工业化，跨越所谓的“中等收入陷阱”并进入富裕国家行列，在很大程度上取决于该国能否有一批企业在较长时期里保持和提升全球竞争力。对于后发国家而言，在加入全球体系和实现经济起飞的初始阶段，其企业的全球竞争力往往建立在规模迅速扩张、生产成本较低和技术快速模仿之上，但随着时间推移，这种初始的全球竞争力将逐渐消失，最终会面临着全球化进程中企业核心竞争力的重建问题。如果这个问题不能得到认真对待并及时克服，经济增长就可能逐渐失速。我国当然与其他后发国家一样面临同样的普遍性问题，更进一步，因为我国参与国际竞争的许多龙头企业都是国有企业，所以如何通过国有企业的重组来促进国有企业的全球核心竞争力的重建，是一个中国独有的特殊性问题。

一、中国的全球竞争力和中国产业的全球竞争力概貌

（一）中国的全球竞争力

国外有一些机构长期开展各国在全球范围内的竞争力的比较研究。瑞士洛桑国际管理发展学院（IMD）开发了一套国家竞争力的理论，并编写世界竞争力年鉴（World Competitiveness Yearbook），发布世界竞争力排名。总部设在瑞士日内瓦的世界经济论坛（WEF，the World Economy Forum）每年度发布全球竞争力报告（Global Competitiveness

Report)，特别是全球竞争力指数（GCI，Global Competitiveness Index）很有影响。这个指数将制度、基础设施、宏观经济环境、健康与基础教育、高等教育与培训、商品市场效率、劳动力市场效率、金融市场成熟度、技术准备状况、市场规模、企业成熟度和创新称为“竞争力的十二大支柱”，其中制度、基础设施、宏观经济环境、健康与基础教育划归为“要素驱动型经济”因子，高等教育与培训、商品市场效率、劳动力市场效率、金融市场成熟度、技术准备状况、市场规模划归为“效率驱动型经济”因子，企业成熟度和创新划归为“创新驱动型经济”因子。目前，WEF将中国列入第二发展阶段的国家名单中，即效率驱动型经济体。根据WEF的历年报告，尽管中国的全球竞争力现在仍然明显落后于瑞士、新加坡、美国等国家，但是中国的全球竞争力呈现着不断提高的趋势（见表6－1）。

表6－1　　　中国的历年全球竞争力指数及其全球排名

排名	分值	WEF的竞争力报告	时间区间
34	4.55	2006～2007年全球竞争力报告	2005～2006年
34	4.57	2007～2008年全球竞争力报告	2006～2007年
30	4.70	2008～2009年全球竞争力报告	2007～2008年
29	4.74	2009～2010年全球竞争力报告	2008～2009年
27	4.84	2010～2011年全球竞争力报告	2009～2010年
26	4.90	2011～2012年全球竞争力报告	2010～2011年
29	4.83	2012～2013年全球竞争力报告	2011～2012年
29	4.84	2013～2014年全球竞争力报告	2012～2013年
28	4.89	2014～2015年全球竞争力报告	2013～2014年

资料来源：《The Global Competitiveness Report》（历年），the World Economy Forum。

（二）中国产业的全球竞争力

产业的国际竞争力能够更加直接地显示一个国家的产业体系在全球产业体系中的竞争地位。目前，国内外定量说明产业的国际竞争力和所处国际地位的指标主要有：国际市场份额（MS，Market Share）、显性比较优势指数（RCA，Revealed Comparative Advantage）、贸易特化指数（TSC，Trade Specialization Coefficient）、产业内贸易指数（IIT，Intra Industry Trade）等。

国际市场份额（MS，Market Share）计算公式是 $MS = E_i / W_i$，式中 E_i、W_i 分别表示一国 i 商品的出口额、全世界 i 商品的出口额。MS 值越高，说明该国此种商品的国际竞争力越强。显性比较优势指数（RCA，Revealed Comparative Advantage）计算公式是：$RCA = (E_{i,j}/E_{t,j})/(E_{i,w}/E_{t,w})$，式中 $E_{i,j}$、$E_{t,j}$、$E_{i,w}$、$E_{t,w}$ 分别表示 j 国 i 商品的出口额、j 国所有商品的出口额、全世界 i 商品的出口额、全世界所有商品的出口额。$RCA > 1$，说明 j 国 i 商品具有优势；$RCA < 1$，说明 j 国 i 商品没有优势。产业内贸易指数（IIT，Intra Industry Trade）计算公式是 $IIT = 1 - |E_i - X_i| / (E_i + X_i)$，式中 i 表示产业，E、X 分别表示出口额和进口额。IIT 值越接近于 1，说明国与国之间该产业的水平分工程度较高，属产业内贸易形态，两国贸易产品呈现同构型；IIT 越接近于 0，说明国与国之间该产业的垂直分工程度较高，属单边贸易形态，呈现上下游之间的关系。

1. 中国出口产品的国际市场份额（MS）

根据联合国贸易发展会议（UNCTAD）的统计数据，中国出口产品占国际市场的份额明显增加。表 6－2 显示，1995～2013 年期间，中国出口产品占国际市场的份额从 2.91% 增加到 11.75%，增加 8.84 个百分点。其中，劳动密集型和资源密集型产品的出口占国际市场的份额增加最为明显，从 8.44% 增加到 30.28%，增加 21.84 个百分点；高技术产品出口占国际市场的份额从 2.14% 增加到 16.87%，增加了 14.73 个百分点；低技术产品出口占国际市场的份额从 4.47% 增加到 18.32%，增加 13.85 个百分点；中等技术产品出口占国际市场的份额从 1.80% 增加到 12.14%，增加 10.34 个百分点；初级产品出口占世界的比重基本稳定，处在 1.9%～2.5% 之间。

表 6-2　　中国出口产品占国际市场的份额　　（单位：%）

年份	所有产品	初级产品	不同加工程度的产品	劳动密集型和资源密集型产品	技术密集型制成品	低技术	中等技术	高技术	其他
1995	2.91	2.05	3.34	8.44	2.27	4.47	1.80	2.14	0.39
1996	2.82	1.91	3.26	8.10	2.26	4.11	1.84	2.20	0.19
1997	3.28	2.14	3.80	9.57	2.62	4.87	2.18	2.50	0.30
1998	3.36	2.16	3.85	9.28	2.79	4.88	2.29	2.76	0.16
1999	3.45	2.00	4.00	9.46	2.96	5.02	2.54	2.89	0.27
2000	3.90	2.07	4.69	10.88	3.56	6.30	3.11	3.40	0.36
2001	4.33	2.23	5.20	11.48	4.03	6.39	3.42	4.08	0.43
2002	5.06	2.36	6.11	12.82	4.88	6.79	4.00	5.24	0.50
2003	5.84	2.45	7.20	14.28	5.93	7.64	4.43	6.84	0.56
2004	6.46	2.37	8.14	15.46	6.91	8.77	4.97	8.12	0.59
2005	7.29	2.26	9.49	17.86	8.15	9.97	5.88	9.60	0.74
2006	8.00	2.20	10.68	20.20	9.20	11.77	6.77	10.59	0.84
2007	8.71	2.16	11.87	21.54	10.40	13.42	7.64	12.01	0.65
2008	8.87	2.01	12.68	22.56	11.25	14.42	8.68	12.56	0.52
2009	9.60	2.19	13.49	24.24	11.81	13.67	9.60	13.08	0.45
2010	10.35	2.26	14.78	26.75	13.00	15.97	10.25	14.44	0.44
2011	10.37	2.15	15.38	27.82	13.52	16.87	10.72	14.96	0.57
2012	11.15	2.09	16.69	30.11	14.69	17.81	11.72	16.37	0.49
2013	11.75	2.42	17.20	30.28	15.15	18.32	12.14	16.87	0.43

资料来源：联合国贸易发展组织（UNCTAD）。

另一方面，中国对外贸易结构发生了巨大的变化，这也说明中国的国际竞争力明显提高。图 6-1 显示，中国初级产品出口占全部出口的比重逐步下降，劳动密集型和资源密集型产品出口占全部出口的比重明显下降，从 36.66% 下降到 22.2%；高技术产品出口占全部出口的比重明显上升，从 20.13% 增加到 38.14%；中等技术产品出口也是增加态势，从 15.91% 增加到 22.75%。

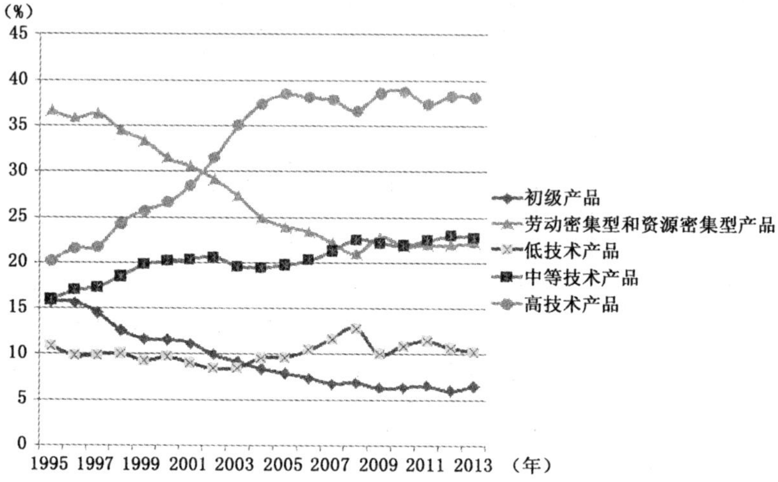

图 6－1 中国出口产品结构（1995～2013 年）

资料来源：联合国贸易发展组织（UNCTAD）。

2. 中国出口产品的显性比较优势指数（RCA）

根据贸易产品的 RCA，可以评估中国出口产品的竞争力。图 6－2 显示，中国出口产品的 RCA 较高的是劳动密集型和资源密集型产品，持续保持在 2 以上，竞争力较强；低技术产品和不同加工程度的产品的 RCA 都超过 1，有一定的竞争力；中国加入世界贸易组织（WTO）后，高技术产品的 RCA 明显上升，近几年接近 1.5，其国际竞争力大幅提高；中等技术产品和初级产品的 RCA 偏低，前者徘徊在 1 左右，后者持续下降甚至低于 0.5，竞争力明显较弱。

3. 中国出口产品的产业内贸易指数（IIT）

根据 UNCTAD 的数据，计算出中国出口产品的 IIT，分析中国的国际分工地位。1995～2013 年期间，中国初级产品的 IIT 从 0.927 下降到 0.298，国际分工从水平分工转向垂直分工，产业上下游关系明确；不同加工程度的产品的 IIT 处在 0.35～0.47 之间，呈现水平分工与垂直分工交织偏向于垂直分工的状态；劳动和资源密集型产品的 IIT 较低，从 0.252 下降到 0.095，基本是垂直分工状态，产业链的上下游关系明

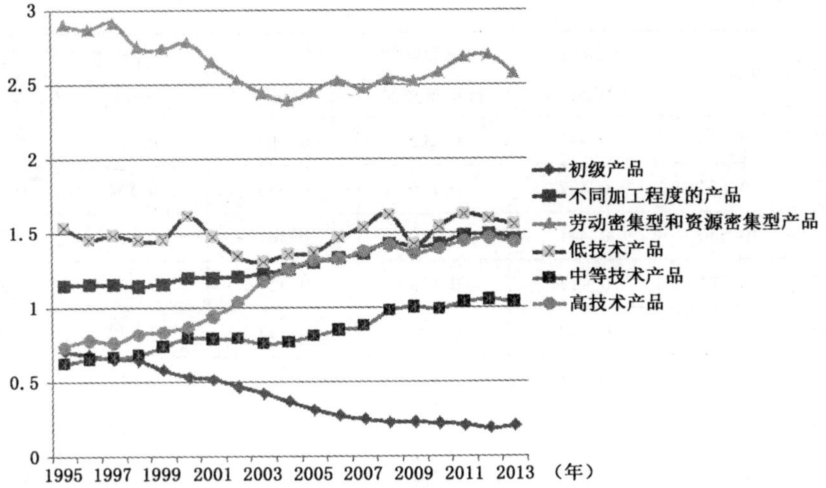

图 6－2 中国出口产品的 RCA（1995～2013 年）

资料来源：联合国贸易发展组织（UNCTAD）。

显；低技术产品、中等技术产品和高技术产品的 IIT 都是呈现下降态势，即进一步转向水平分工与垂直分工交织状态，而低技术产品更加偏向于垂直分工（见表 6－3）。具体到钢铁产品，其 IIT 处在 0.67～0.89 之间，说明国际分工处在水平分工与垂直分工交织偏向于水平分工的状态，竞争关系强烈，中国没有掌握产业分工中的主导权。

表 6－3 中国出口产品的 IIT

年份	初级产品	不同加工程度的产品	劳动和资源密集型产品	低技术产品	中等技术产品	高技术产品
1995	0.927	0.453	0.252	0.389	0.609	0.556
1996	0.907	0.463	0.272	0.409	0.605	0.549
1997	0.909	0.413	0.243	0.350	0.517	0.529
1998	0.935	0.413	0.240	0.338	0.489	0.533
1999	0.836	0.435	0.241	0.369	0.489	0.562
2000	0.700	0.435	0.230	0.357	0.481	0.563
2001	0.727	0.446	0.220	0.385	0.499	0.562

续表

年份	初级产品	不同加工程度的产品	劳动和资源密集型产品	低技术产品	中等技术产品	高技术产品
2002	0.726	0.447	0.205	0.404	0.503	0.549
2003	0.654	0.452	0.185	0.436	0.524	0.535
2004	0.550	0.441	0.169	0.361	0.515	0.522
2005	0.534	0.413	0.142	0.327	0.459	0.504
2006	0.506	0.392	0.125	0.247	0.438	0.493
2007	0.457	0.373	0.112	0.212	0.411	0.477
2008	0.396	0.355	0.103	0.191	0.390	0.460
2009	0.374	0.374	0.101	0.262	0.415	0.469
2010	0.342	0.376	0.102	0.205	0.437	0.468
2011	0.316	0.367	0.099	0.185	0.431	0.461
2012	0.301	0.354	0.097	0.169	0.390	0.457
2013	0.298	0.353	0.095	0.194	0.405	0.445

资料来源：联合国贸易发展组织（UNCTAD）。

二、中国企业的全球竞争力概貌

（一）总体情况

对一个企业的全球竞争力的衡量有很多角度和很多方法。可以从福布斯（Forbes）企业榜单来概要地了解一下中国企业的全球地位。美国的福布斯杂志综合考虑企业的销售收入、利润、资产和市场价值，对全球上市企业进行2 000强排名。2006～2013年，中国大陆上榜企业数量不断增加，从28家增加到149家，占比从1.4%增加到7.5%。表6－4显示，2006～2012年，中国企业销售收入、资产占世界前2 000强的比例呈现逐年增加态势；中国企业利润占世界前2 000强的比重基本呈现增加态势，但是市场价值出现震荡态势。

表 6-4　世界 2 000 强中的中国企业占世界比例　（单位：%）

年份	企业数量	销售收入	利润	资产	市场价值
2006	1.4	1.0	2.1	1.3	1.8
2007	2.2	1.7	2.5	2.9	3.8
2008	3.5	2.1	3.1	3.2	7.6
2009	4.6	2.9	7.1	4.2	8.2
2010	5.7	4.4	7.7	5.3	8.3
2011	6.1	5.1	7.1	7.2	7.9
2012	6.8	7.9	11.3	10.8	7.0
2013	7.5	8.7	11.1	12.5	5.9

资料来源：Forbes。

2006～2013 年，世界前 2 000 强企业中，中国企业的平均销售收入从 89.7 亿美元增加到 223.7 亿美元。2012 年以前，中国企业的平均销售收入不仅低于世界平均水平，而且远低于美国、德国、法国、英国、日本企业的平均销售收入水平。2012 年以后，中国企业平均销售收入水平高于世界平均水平，并且超过美国、日本的平均水平（见表 6-5）。

表 6-5　中国与英、法、德、美、日企业的平均销售收入（单位：十亿美元）

年份	世界平均	中国企业	美国企业	德国企业	法国企业	英国企业	日本企业
2006	11.98	8.97	13.12	27.11	23.80	14.45	10.45
2007	13.25	9.96	14.91	29.81	25.67	16.24	11.45
2008	14.85	8.99	17.10	32.20	30.34	18.43	13.68
2009	15.96	10.28	18.25	35.39	31.11	18.46	15.92
2010	14.98	11.58	16.71	31.08	31.37	21.60	15.70
2011	16.17	13.73	18.76	34.87	31.37	22.60	15.52
2012	19.21	22.19	20.70	41.70	31.59	22.84	18.83
2013	19.18	22.37	20.46	40.08	32.77	22.82	19.53

资料来源：Forbes。

从企业销售利润率来看，中国企业的平均销售利润率居于较高地位。2006～2013年，世界前2 000强企业中，中国企业的平均销售利润率从14.5%调整到9.8%，但是都超过8%，高于德国、法国、英国、日本企业的平均销售利润率，也高于世界前2 000强企业的平均水平（见表6－6）。

表6－6 中国与英国、法国、德国、美国、日本企业的平均销售利润率

（单位：%）

年份	世界平均	中国企业	美国企业	德国企业	法国企业	英国企业	日本企业
2006	7.1	14.5	7.5	4.0	5.5	7.1	3.6
2007	8.2	12.5	8.2	4.7	6.7	8.1	4.9
2008	7.9	11.6	6.7	6.1	6.3	9.2	4.5
2009	5.1	12.3	1.6	3.4	4.4	5.5	4.3
2010	4.7	8.3	5.0	2.2	3.4	5.1	-0.4
2011	7.3	10.1	7.5	4.6	4.9	6.8	2.2
2012	6.3	9.1	7.8	4.6	3.3	5.3	2.3
2013	7.6	9.8	9.9	4.1	3.1	7.0	4.6

资料来源：Forbes。

（二）一些重要行业的情况

我们选取福布斯2013年世界2 000强的数据，分析中国的汽车产业、钢铁产业、重型设备、建筑服务等行业中我国企业的国际竞争力。我们采用PERCENTRANK函数，计算特定数值在一个数据集中的百分比排位。由于进入福布斯榜单的中国大陆企业绝大部分是国有企业，我们只针对国有企业进行百分比排位，这大体上反映这些行业中，中国企业的全球地位。

1. 汽车产业

中国有6家汽车企业进入世界前2 000强，全球有26家汽车企业进入世界前2 000强。中国的6家汽车企业分别是中国上汽集团、东风汽车集团、中国长城汽车、比亚迪、重庆长安汽车、广州汽车集团，分别排在175名、739名、839名、1 133名、1 469名、1 763名。其中，中国长城汽车、比亚迪两家企业为非国有企业，其他4家企业为国有企业。

采用PERCENTRANK函数计算特定数值在一个数据集中的百分比排位时可以看出，在销售、利润、资产、市值排名上，中国国有汽车企业的竞争力均处于第三档次，低于第一档的德国和第二档的美国与日本。但是，中国4家国有汽车企业的销售利润率和资产利润率处于较高水平（见表6－7）。

表6－7 世界2 000强中我国汽车产业的企业竞争力排名情况

	销售	利润	资产	市值	销售利润率	资产利润率
上汽集团	0.680	0.680	0.560	0.560	0.333	0.720
东风汽车	0.120	0.440	0.320	0.240	1.000	0.840
长安汽车	0.080	0.120	0.000	0.080	0.791	0.640
广州汽车	0.040	0.080	0.080	0.040	0.916	0.400
中国	0.166	0.333	0.166	0.333	0.833	0.833
美国	0.666	0.666	0.666	0.666	0.166	0.166
德国	1.000	1.000	1.000	1.000	0.666	0.500
日本	0.666	0.666	0.666	0.666	0.166	0.166
韩国	0.333	0.500	0.333	0.500	1.000	1.000
法国	0.500	0.000	0.500	0.166	0.000	0.000
印度	0.000	0.166	0.000	0.000	0.500	0.666

说明：中国仅分析国有企业。

资料来源：Forbes。

2. 钢铁产业

中国有11家钢铁企业进入世界前2 000强，全球有41家汽车企业进入前2 000强，其中，美国、俄罗斯、印度各4家，日本、韩国、巴西各3家。中国11家汽车企业分别是中国宝钢、复星国际、河北钢铁、武钢股份、鞍钢股份、太钢不锈钢、马鞍山钢铁、甘肃酒钢宏兴、湖南华菱、内蒙古包钢股份、山东钢铁，分别排在 512 名、751 名、1 187 名、1 402 名、1 492 名、1 497 名、1 642 名、1 715 名、1 786 名、1 838 名、1 968 名。其中，只有复星国际是非国有企业，因而 10 家国有钢铁企业进入世界前 2 000 强。10 家国有钢铁企业的销售总额、利润总额、资产总值、市值总额分别为 1 446 亿美元、3 亿美元、1 638 亿美元、349 亿美元。

经过百分比排名处理可以看出，在销售、利润、资产、市值排名上，中国国有汽车企业的竞争力均处于第一档次。但是，中国 10 家国有钢铁企业的销售利润率和资产利润率处于第三档次水平，落后于芬兰、卢森堡、印度、中国台湾、韩国等（见表 6－8）。

表 6－8　　世界 2 000 强中我国钢铁产业的企业竞争力排名情况

	销售	利润	资产	市值	销售利润率	资产利润率
宝钢	0.875	0.825	0.875	0.800	0.550	0.600
河北钢铁	0.700	0.250	0.750	0.325	0.250	0.250
武钢股份	0.650	0.350	0.500	0.350	0.400	0.375
鞍钢股份	0.500	0.350	0.475	0.375	0.450	0.400
太钢不锈钢	0.750	0.350	0.225	0.175	0.375	0.475
马鞍山钢铁	0.475	0.250	0.200	0.125	0.250	0.250
甘肃酒钢宏兴	0.575	0.150	0.075	0.175	0.175	0.125
湖南华菱	0.300	0.250	0.175	0.025	0.250	0.250
内蒙古包钢股份	0.075	0.250	0.425	0.525	0.250	0.250
山东钢铁	0.375	0.225	0.050	0.075	0.225	0.150
中国	1.000	1.000	1.000	1.000	0.562	0.500
美国	0.937	0.437	0.875	0.812	0.375	0.375
德国	0.625	0.250	0.500	0.625	0.312	0.312
日本	0.250	0.187	0.000	0.062	0.062	0.062
韩国	0.875	0.937	0.812	0.875	0.687	0.875
印度	0.687	0.875	0.687	0.750	0.812	0.812

续表

	销售	利润	资产	市值	销售利润率	资产利润率
巴西	0.500	0.500	0.562	0.562	0.500	0.625
英国	0.750	0.562	0.937	0.937	0.437	0.437
俄罗斯	0.312	0.312	0.187	0.000	0.187	0.187
奥地利	0.562	0.062	0.625	0.500	0.125	0.125
卢森堡	0.375	0.625	0.125	0.250	0.750	0.937
澳大利亚	0.812	0.000	0.750	0.687	0.250	0.250
芬兰	0.062	0.812	0.250	0.437	1.000	1.000
中国香港	0.000	0.125	0.062	0.125	0.000	0.000
中国台湾	0.125	0.750	0.437	0.187	0.937	0.687

说明：中国仅分析国有企业。

资料来源：Forbes。

3. 重型设备产业

中国有 8 家重型设备企业进入世界前 2 000 强，全球有 26 家重型设备企业进入前 2 000 强，其中美国、日本、韩国分别有 7 家、5 家、4 家，瑞典和荷兰各 1 家。中国 8 家重型设备企业分别是中国南车、中国北车、中国船舶重工、上海电气集团、潍柴动力、中联重科、中集集团、三一重工，分别排在 693 名、796 名、822 名、938 名、1 003 名、1 176 名、1 349 名、1 396 名。其中，只有三一重工是非国有企业，因而 7 家国有重型设备企业进入世界前 2 000 强。7 家国有重型设备企业的销售总额、利润总额、资产总值、市值总额分别为 743 亿美元、36 亿美元、1 286 亿美元、600 亿美元。

经过百分比排名处理可以看出，在销售、利润、资产、市值排名上，中国国有重型设备企业的竞争力均处于第一档次。但是，中国 7 家国有钢铁企业的销售利润率和资产利润率处于第二档次水平，落后于瑞典、韩国（见表 6－9）。

表 6-9 世界 2 000 强中我国重型设备产业的企业竞争力排名情况

	销售	利润	资产	市值	销售利润率	资产利润率
中国南车	0.560	0.480	0.520	0.600	0.400	0.360
中国北车	0.600	0.480	0.560	0.520	0.360	0.280
中国船舶重工	0.200	0.160	0.800	0.640	0.520	0.160
上海电气集团	0.360	0.160	0.680	0.440	0.200	0.200
潍柴动力	0.280	0.480	0.240	0.480	0.600	0.640
中联重科	0.080	0.480	0.360	0.200	1.000	0.520
中集集团	0.240	0.160	0.200	0.240	0.440	0.400
中国	1.000	1.000	1.000	1.000	0.500	0.500
美国	0.333	0.500	0.666	0.500	0.333	0.333
瑞典	0.833	0.833	0.833	0.833	0.833	0.833
日本	0.166	0.166	0.166	0.333	0.166	0.166
韩国	0.500	0.666	0.500	0.666	0.666	0.666
芬兰	0.666	0.333	0.333	0.166	0.000	0.000

说明：中国仅分析国有企业。

资料来源：Forbes。

4. 建筑服务

中国有 8 家建筑服务企业进入世界前 2 000 强，全球有 49 家建筑服务企业进入前 2 000 强，其中，日本、美国、西班牙、韩国、法国分别有 9 家、7 家、5 家、4 家、3 家。中国 8 家建筑服务企业分别是中国建筑股份、中国交通建设、中国铁建、中国中冶、中国电建、中国化学、上海建工、葛洲坝集团，分别排在 223 名、306 名、311 名、759 名、802 名、1 313 名、1 360 名、1 655 名，8 家企业全部是国有企业。8 家国有建筑服务企业的销售总额、利润总额、资产总值、市值总额分别为 3 176 亿美元、85 亿美元、4 260 亿美元、556 亿美元。

经过百分比排名处理可以看出，在销售、利润、资产、市值排名上，中国国有建筑服务企业的竞争力均处于第一档次。但是，中国 8 家国有建筑企业的销售利润率和资产利润率处于第三档次水平，低于第一档次的中国香港、英国和第二档次的德国、新加坡、芬兰，也低于韩国（见表6－10）。

表6－10　世界2 000强中我国建筑服务领域的企业竞争力排名情况

	销售	利润	资产	市值	销售利润率	资产利润率
中国建筑股份	0.979	0.958	1.000	0.937	0.479	0.416
中国交通建设	0.916	0.937	0.916	0.854	0.625	0.541
中国铁建	1.000	0.916	0.958	0.812	0.416	0.395
中国中冶	0.854	0.479	0.875	0.375	0.270	0.250
中国电建	0.750	0.645	0.812	0.291	0.520	0.354
中国化学	0.354	0.645	0.375	0.333	0.791	0.791
上海建工	0.666	0.312	0.583	0.062	0.395	0.375
葛洲坝集团	0.312	0.312	0.500	0.104	0.562	0.479
中国	1.000	1.000	1.000	1.000	0.470	0.411
美国	0.941	0.941	0.941	0.823	0.529	0.470
德国	0.647	0.882	0.588	0.764	0.764	0.941
日本	0.235	0.235	0.117	0.117	0.411	0.529
韩国	0.882	0.823	0.764	0.882	0.588	0.588
印度	0.588	0.058	0.647	0.411	0.058	0.058
新加坡	0.294	0.588	0.529	0.588	0.823	0.647
英国	0.117	0.352	0.235	0.235	0.882	0.823
法国	0.352	0.117	0.176	0.058	0.117	0.117
奥地利	0.823	0.764	0.882	0.941	0.294	0.235
加拿大	0.470	0.235	0.352	0.000	0.235	0.294
荷兰	0.058	0.117	0.294	0.176	0.117	0.117
芬兰	0.411	0.588	0.411	0.529	0.705	0.764
中国香港	0.176	0.529	0.000	0.647	0.941	1.000
瑞典	0.764	0.705	0.705	0.352	0.352	0.352
西班牙	0.529	0.470	0.470	0.470	0.647	0.705
土耳其	0.705	0.000	0.823	0.705	0.000	0.000

资料来源：Forbes。

总体来看，中国企业以及国有企业的国际竞争力都在提高，但是，我们也要看到中国企业以及国有企业的国际化程度低，国际竞争力需要巩固，其基础不牢。例如，中国上汽集团的国际化指数仅为0.87%，其中，海外收入比重、海外资产比重、海外员工比重分别为0.18%、2.16%、0.28%；相比较而言，大众汽车的国际化指数达到61.49%，其中，海外收入比重、海外资产比重、海外员工比重分别为78.28%、51.96%、54.23%。中国国有企业几乎没有拥有国际知名品牌，掌握的核心专利等知识产权不足。根据美国《商业周刊》杂志与国际品牌集团（Interbrand）共同发布的“全球最佳品牌排行榜”（Best Global Brands），在2000～2013年期间，每年100个品牌上榜名单中，中国国有企业的品牌价值并未得到调研机构的认可，无一上榜。因此，提升中国企业和国有企业的国际竞争力任重而道远，企业在遵守国际规则的同时还要承担相应的社会责任（CSR），以便成长为具有国际地位的跨国公司或全球性公司。

三、中国企业全球竞争力的深度分析

我们将构建一个比较独特的企业全球竞争力的分析评价体系，然后在此基础上对中国企业的全球竞争力进行深度分析。

（一）分析评价体系的构建

根据企业全球竞争力的含义、国内外关于企业竞争力的理论研究与评价分析，我们认为决定企业全球竞争力的因素主要包括四个方面：规模因素、效率因素、成长因素和国际化因素。为客观、科学地评价中国制造业领先企业的全球竞争力，实现引导和培育具有全球竞争力的大企业目的，评价指标体系选择应遵循以下几项原则：第一，指标相关性原则。指标应与企业全球竞争力高度相关，能从多个侧面反映企业的全球竞争能力和核心竞争力。第二，数据统一性原则。指标体系的设计，与现行的国际会计统计制度相衔接，要考虑数据的可获得性。第三，指标代表性原则。指标的含义要准确、简单、综合性强，且具有代表性。第四，各类指标所反映的能力之间具有制约性和互补性特征。据此，我们对这四个指标要进行进一步分解。

1. 规模因素

企业具备全球竞争力的一个主要因素是规模，反映一个企业规模大小的指标主要是销售收入和净利润。

2. 效率因素

效率是反映企业竞争力的重要因素。反映企业效率因素的指标设定为总资产收益率、销售利润率和人均销售收入。

3. 成长因素

企业持续发展的能力，包含了企业近 3 年销售收入平均年增长率、近 3 年净利润平均年增长率和研发投入比例等 3 个指标。

4. 国际化因素

企业参与全球竞争，融入世界生产价值链，是体现企业全球竞争力的主要因素。体现企业国际化因素的指标主要有 3 个：海外资产占总资产比例、海外收入占总销售收入比例、海外员工占总员工比例。

按照特尔菲咨询法，我们对各指标权重进行了赋值，规模因素占 30%，销售收入和净利润各占 15%；效率因素占 30%，总资产收益率、销售利润率和人均销售收入各占 10%；成长因素占 25%，其中近 3 年销售收入和净利润平均年增长率各占 10%，研发投入比例占 5%；国际化因素占 15%，其中海外资产占总资产比例、海外收入占总销售收入比例和海外员工占总员工比例各占 5%。企业全球竞争力指标体系及权重见表 6－11。

表 6－11 企业全球竞争力指标体系及权重

一级指标	二级指标	三级指标	权重（%）
企业全球竞争力指数	规模因素（30%）	销售收入	15
		净利润	15
	效率因素（30%）	总资产收益率	10
		销售利润率（利润/收入）	10
		人均销售收入	10
	成长因素（25%）	近 3 年销售收入平均年增长率	10
		近 3 年净利润平均年增长率	10
		研发投入比例	5
	国际化因素（15%）	海外资产占总资产比例	5
		海外收入占总销售收入比例	5
		海外员工占总员工比例	5

（二）六大制造行业国内领先企业的全球竞争力测算

中国目前处于工业化的关键时期，而且中国目前业已成为世界上最大的制造业国家。无论是在当前还是在未来的全球竞争中，制造业企业的全球竞争将是最典型的。因此，我们重点关注中国制造业企业的全球竞争力。我们选择了石油化工、汽车制造、钢铁、电解铝、通信设备制造和家电六个制造业行业，每个行业选取 1～2 家国际标杆企业（共 12 家）和 3～5 家国内领先企业（共 25 家），共计 37 家企业。国内的行业领先企业既有国有企业，也有非国有企业，但国有企业占绝对多数。我们采用数据"归一化"的办法，对每个企业的三级指标数据进行标准化处理，得出每项指标数值，然后以线性加权法计算各个专项指数和综合指数。最终测算结果如表 6－12 所示。

表 6－12 我国 25 家和国外 12 家各行业领先企业全球竞争力指数排名

排名	公司	规模指数	效率指数	成长指数	国际化指数	综合指数
1	埃克森美孚	0.2899	0.2730	0.0887	0.1055	0.7569

续表

排名	公　　司	规模指数	效率指数	成长指数	国际化指数	综合指数
2	荷兰皇家壳牌公司	0.2461	0.2332	0.0889	0.1235	0.6917
3	大众汽车公司	0.1754	0.1906	0.1357	0.0980	0.5997
4	三星电子	0.1318	0.2530	0.0974	0.0877	0.5699
5	丰田汽车公司	0.1331	0.1995	0.0883	0.0822	0.5031
6	中国石油天然气集团公司	0.2156	0.1322	0.1037	0.0409	0.4924
7	中国海洋石油总公司	0.0760	0.2589	0.1148	0.0393	0.4891
8	思科系统公司	0.0527	0.2525	0.1008	0.0650	0.4709
9	中国石油化工集团公司	0.1905	0.1451	0.0938	0.0372	0.4667
10	上海汽车工业（集团）总公司	0.0544	0.2257	0.1091	0.0013	0.3905
11	联想控股有限公司	0.0276	0.1985	0.1014	0.0598	0.3872
12	中国第一汽车集团公司	0.0496	0.2416	0.0949	0.0007	0.3868
13	爱立信	0.0275	0.1207	0.1250	0.1097	0.3830
14	华为技术有限公司	0.0327	0.1481	0.1146	0.0647	0.3600
15	飞利浦公司	0.0255	0.1061	0.0819	0.1394	0.3529
16	索尼公司	0.0419	0.1414	0.0677	0.0959	0.3469
17	安赛乐米塔尔	0.0302	0.0804	0.0767	0.1454	0.3326
18	中国有色矿业集团有限公司	0.0227	0.1320	0.1463	0.0303	0.3312
19	美铝	0.0224	0.1197	0.0754	0.0984	0.3160
20	北京汽车工业控股公司	0.0311	0.1703	0.0947	0.0048	0.3010
21	东风汽车公司	0.0447	0.1698	0.0756	0.0008	0.2909
22	海尔集团公司	0.0261	0.1456	0.0825	0.0353	0.2895
23	珠海格力电器股份有限公司	0.0229	0.1429	0.1146	0.0085	0.2889
24	江苏沙钢集团有限公司	0.0260	0.1808	0.0711	0.0086	0.2865
25	南山集团有限公司	0.0213	0.1670	0.0948	0.0015	0.2845
26	山东魏桥创业集团有限公司	0.0274	0.1379	0.1139	0.0012	0.2804
27	美的集团有限公司	0.0224	0.1339	0.0905	0.0275	0.2743
28	中国电子信息产业集团公司	0.0249	0.1056	0.0904	0.0411	0.2620

续表

排名	公　　司	规模指数	效率指数	成长指数	国际化指数	综合指数
29	海信集团有限公司	0.0205	0.1428	0.0807	0.0155	0.2595
30	TCL 集团股份有限公司	0.0184	0.0974	0.0951	0.0420	0.2530
31	宝钢集团有限公司	0.0325	0.1219	0.0790	0.0168	0.2503
32	中兴通讯股份有限公司	0.0174	0.0654	0.0907	0.0556	0.2290
33	武汉钢铁（集团）公司	0.0253	0.1046	0.0852	0.0079	0.2230
34	首钢总公司	0.0246	0.0984	0.0654	0.0110	0.1994
35	河北钢铁集团有限公司	0.0266	0.1016	0.0622	0.0062	0.1966
36	中国铝业公司	0.0220	0.0691	0.0868	0.0182	0.1962
37	蒂森克虏伯	0.0154	0.0258	0.0319	0.1042	0.1773

资料来源：作者测算。

由表 6－12 可知，与国际标杆企业的全球竞争力相比，除电解铝之外，我国其他五个行业的领先企业普遍存在一定差距，其中石油化工、汽车和通信设备制造的差距较大，钢铁和家电制造较为接近。在石油化工领域，国内企业的中国石油化工集团公司的综合指数最高，为 0.4924，但远低于埃克森美孚的 0.7569；在汽车制造领域，上海汽车工业（集团）总公司的综合指数最高，为 0.3905，也远低于大众汽车公司的 0.5997；在通信设备制造领域，联想控股股份有限公司和华为技术有限公司的综合指数较高，分别为 0.3872 和 0.3600，也显著低于三星电子的 0.5699 和思科系统公司的 0.4709；在钢铁领域，江苏沙钢集团有限公司最具竞争力，综合指数为 0.2865，略低于安赛乐米塔尔的 0.3326，但远高于蒂森克虏伯的 0.1773；在家电制造领域，海尔集团公司的综合指数最高，为 0.2895，略低于飞利浦公司的 0.3529；电解铝行业，中国有色矿业集团的综合指数最高，为 0.3312，也略高于美铝的 0.3160。

我们需要考虑以下专项指标。

1. 规模因素

电解铝和家电企业的规模因素已经高于同类国际标杆企业；石油化工和钢铁制造企业接近于同类国际标杆企业；汽车制造和通信设备企业的规模因素与同类国际标杆企业有较大差距。

2. 效率因素

效率指数有的行业高，有的行业低，行业间差异大，如石油化工和通信设备制造显著低于国际标杆企业，汽车制造、钢铁、电解铝和家电企业已接近和超过国际标杆企业。

3. 成长因素

除汽车制造外，各行业领先企业的成长因素普遍高于国际标杆企业，上海汽车工业（集团）总公司的成长指数为0.1091，低于大众汽车的0.1357。

4. 国际化因素

除通信设备制造业外，其余五个行业领先企业的国际化程度都比较低，远远低于同类国际标杆企业。

（三）分行业国际对标评价

1. 石油化工行业

通过石油化工企业的国际对标分析可以发现，与国际标杆企业相比，中国石油石化领先企业依托国内市场规模的快速扩大与大力拓展海外资源，全球竞争力得到了大幅提升，但中国石化企业在企业效率、成长后劲及综合国际化水平等方面与标杆企业还有很大差距（见表6-13）。

表 6－13　　石油石化领先企业全球竞争力国际对标

指数＼最佳企业对标	埃克森美孚	荷兰皇家壳牌集团	中国石油天然气集团	中国海洋石油总公司	中国石油化工集团
规模指数	**0.2899**	**0.2461**	**0.2156**	**0.0760**	**0.1905**
销售收入（亿元）	28 278	30 278	26 835	5 266	28 306
净利润（亿元）	2 821	1 671	1 392	748	698
效率指数	**0.2730**	**0.2332**	**0.1322**	**0.2589**	**0.1451**
总资产收益率（%）	13.45	7.38	4.08	9.14	3.57
销售利润率（%）	9.98	5.52	5.19	14.20	2.47
人均销售收入（万元）	3 213	3 480	162	514	279
成长指数	**0.0887**	**0.0889**	**0.1037**	**0.1148**	**0.0938**
平均销售收入增长率（%）	19.35	19.10	30.11	35.95	26.69
平均净利润增长率（%）	32.53	28.55	25.64	24.61	21.08
研发投入比例（%）	0.60	0.80	1.02	0.48	0.29
国际化指数	**0.1055**	**0.1235**	**0.0409**	**0.0393**	**0.0372**
海外收入比例（%）	73.05	60.12	49.88	42.94	31.43
海外资产比例（%）	64.71	85.86	24.60	29.79	36.54
海外员工比例（%）	60.29	83.33	6.30	4.66	5.14
综合指数	**0.7569**	**0.6917**	**0.4924**	**0.4891**	**0.4667**

资料来源：作者测算。

第一，国内领先石油石化大企业的全球竞争力提升主要来自企业规模的扩大和国际化水平的提高。首先，受国内市场规模快速扩大的影响，中石油和中石化的规模已基本与国际知名石油石化企业相当，但这种增速效应近年来正在大幅减缓，中石化、中石油、中海油 2012 年的收入增速已下降到个位数。其次，三大石油石化公司近几年快速拓展海外业务，海外收入和资产占比大幅提升，成为全球竞争力提升的一个重要因素。

第二，国内领先石油石化企业利润普遍低于标杆企业，且增长后劲乏力。中石化与埃克森美孚收入规模相当，但利润仅为埃克森美孚的1/4，而且中国三大石油石化企业近几年收入的快速增长并没有带来相应的利润的大幅增长，2009～2012年间，中石化、中石油和中海油的利润平均年增长率还略低于埃克森美孚和壳牌。

第三，国内领先石油石化企业效率普遍较低，劳动生产率和总资产报酬率均远低于国际标杆企业。埃克森美孚、壳牌公司2012年的人均销售收入都在3 000万元以上，而中石化仅有279万元，中石油则更低，为162万元，中海油相对较高，但也不到埃克森美孚的1/6。总资产报酬率与销售利润率方面，除中海油与国际石油石化公司相当外，中石油和中石化都要低得多，如中石油和中石化的总资产报酬率2012年均在4%左右，远低于埃克森美孚13%的总资产报酬率，销售利润率中石化仅有2.5%，而埃克森美孚则高达10%。

第四，国内领先石油石化企业的国际化程度还远远落后于国际标杆企业。埃克森美孚和壳牌按海外收入、海外资产、海外员工等因素计算的综合国际化水平均在70%左右，而中石油、中石化和中海油近几年尽管有较大提升，但相比之下仍然非常低，其中，中石油最高，海外收入已占近50%，而包含海外资产和海外员工比重的综合国际化水平仅有26.8%。

2. 汽车制造行业

通过汽车企业的国际对标分析可以发现，中国领先汽车企业的发展速度非常快，正在利用国内市场的规模扩张快速迎头赶上，效率和成长方面的竞争力大幅提升，但由于缺乏自主技术和品牌，“走出去”困难，国际化程度非常低，也更加难以形成世界级规模的汽车企业，严重制约了中国汽车企业全球竞争力的提升（见表6－14）。

表 6－14　　汽车制造领先企业全球竞争力国际对标

指数 \ 最佳企业对标	大众汽车	丰田汽车	上海汽车	一汽集团	北京汽车	东风汽车
规模指数	**0.1754**	**0.1331**	**0.0544**	**0.0496**	**0.0311**	**0.0447**
销售收入（亿元）	15 564	16 701	4 810	4 094	2 106	3 894
净利润（亿元）	1 754	728	335	311	131	227
效率指数	**0.1906**	**0.1995**	**0.2257**	**0.2416**	**0.1703**	**0.1698**
总资产收益率（%）	6.84	3.07	10.57	12.75	7.68	9.96
销售利润率（%）	11.27	4.36	6.97	7.59	6.21	5.84
人均销售收入（万元）	283	512	454	479	259	221
成长指数	**0.1357**	**0.0883**	**0.1091**	**0.0949**	**0.0947**	**0.0756**
平均销售收入增长率（%）	19.20	9.19	27.93	25.61	21.83	13.10
平均净利润增长率（%）	175.55	72.54	66.15	24.93	38.93	15.14
研发投入比例（%）	4.50	4.20	1.29	1.39	1.47	1.40
国际化指数	**0.0980**	**0.0822**	**0.0013**	**0.0007**	**0.0048**	**0.0008**
海外收入比例（%）	78.28	60.75	0.18	0.87	3.11	1.78
海外资产比例（%）	51.96	57.47	2.16	0.39	3.50	0
海外员工比例（%）	54.23	37.94	0.28	0.24	2.62	0
综合指数	**0.5997**	**0.5031**	**0.3905**	**0.3868**	**0.3010**	**0.2909**

资料来源：作者测算。

第一，中国领先汽车企业在企业效率和成长两个方面已与国际标杆企业相当，部分指标甚至高于标杆企业。在效率方面，上海汽车和一汽集团的效率指数都已高出大众汽车和丰田汽车，其中总资产收益率普遍较好，上海汽车和一汽集团都在10%以上，而丰田汽车仅有3.1%；人均销售收入的差距在缩小，上海汽车、一汽集团已接近于丰田汽车。在成长方面，国内四大领先汽车企业的成长指数已高于或接近丰田汽车，略低于大众汽车，其中近3年的平均销售收入增长率普遍在20%上下，是丰田汽车的2倍，与大众汽车相当；利润增长率普遍低于大众汽车和丰田汽车。这说明，中国汽车企业在提升全员劳动生产率、利用先进生产技术和设备等方面已在快速赶上。

第二，中国领先汽车企业在销售收入和利润方面与国际标杆企业相比还不在一个档次，差距非常大。上海汽车的销售收入不到丰田汽车的1/3，利润不到大众汽车的1/5。这一方面说明中国汽车制造行业规模化发展的大企业还比较少，还没形成世界级的汽车制造商；另一方面可能也说明中国汽车产品还处于中低档次，并高度依赖于国际大企业，这一点从研发投入指标上也可以看出。2012年中国四大领先汽车企业的研发投入占收入的比重均低于1.5%，而大众汽车与丰田汽车都高于4%。

第三，国际化程度低是国内领先汽车企业与国际标杆企业全球竞争力差距大的另一个重要因素。国际标杆汽车企业的国际化程度都非常高，大众汽车的综合国际化水平为61.49%，丰田汽车为52.05%，而中国四大领先汽车企业均只有个位数，最高仅有3%多。这说明，一方面，国际标杆汽车企业在中国快速发展的汽车市场上占据了较大份额，进一步提高了其国际化程度；另一方面，中国汽车企业在“走出去”方面除民营企业有较多出口及吉利并购沃尔沃等个别突破外，主要领先企业“走出去”还是困难重重。

3. 钢铁制造行业

在全球钢铁行业正处于下行的大背景下，中国钢铁企业依托国内相对较好的钢铁行业发展环境，与国际标杆企业的差距正在缩小，全球综合竞争力已基本处于同一层级，但在国际化方面还存在非常大的差距（见表6-15）。

表6-15　钢铁制造领先企业全球竞争力国际对标

指数 \ 最佳企业对标	安赛乐米塔尔	蒂森克虏伯	江苏沙钢	上海宝钢	武汉钢铁	首钢	河北钢铁
规模指数	**0.0302**	**0.0154**	**0.0260**	**0.0325**	**0.0253**	**0.0246**	**0.0266**
销售收入（亿元）	5 293	3 739	2 180	2 882	2 138	2 166	2 478
净利润（亿元）	-234	-381	13	77	30	-14	-5
效率指数	**0.0804**	**0.0258**	**0.1808**	**0.1219**	**0.1046**	**0.0984**	**0.1016**

续表

指数 \ 最佳企业对标	安赛乐米塔尔	蒂森克虏伯	江苏沙钢	上海宝钢	武汉钢铁	首钢	河北钢铁
总资产收益率（%）	-3.25	-12.29	0.80	1.55	0.13	-0.37	-0.16
销售利润率（%）	-4.42	-10.2	0.61	2.68	0.14	-0.66	-0.21
人均销售收入（万元）	216	227	530	203	190	184	187
成长指数	**0.0767**	**0.0319**	**0.0711**	**0.0790**	**0.0852**	**0.0654**	**0.0622**
平均销售收入增长率（%）	8.95	2.76	14.22	13.85	15.06	18.43	11.85
平均净利润增长率（%）	—	—	-29.01	-14.10	-47.42	—	—
研发投入比例（%）	0.33	0.57	1.76	2.24	3.30	1.85	1.17
国际化指数	**0.1454**	**0.1042**	**0.0086**	**0.0168**	**0.0079**	**0.0110**	**0.0062**
海外收入比例（%）	99.69	67.10	7.62	24.20	8.99	13.87	9.55
海外资产比例（%）	99.01	66.58	7.77	8.37	6.69	6.11	2.99
海外员工比例（%）	75.67	61.61	1.50	0.82	0.23	1.73	0
综合指数	**0.3326**	**0.1773**	**0.2865**	**0.2503**	**0.2230**	**0.1994**	**0.1966**

资料来源：作者测算。

第一，企业规模和成长的提升是中国领先钢铁企业全球竞争力提升的重要源泉。国内钢铁行业的快速增长及国家鼓励提高行业集中度的产业政策支持下，中国钢铁领先企业规模不断扩大，销售收入已提升到了世界级钢铁企业的水平。企业利润及增长情况也普遍好于安赛乐米塔尔和蒂森克虏伯等标杆企业。

第二，企业效率提升是中国钢铁领先企业全球竞争力提升的另外一个重要因素。中国钢铁领先企业的效率指数均已超过安赛乐米塔尔和蒂森克虏伯，这一方面是因为全球钢铁行业处于下行周期，国际钢铁企业普遍亏损，所以总资产收益率、销售利润率均远远落后于国内领先钢铁企业；另一方面也是中国钢铁企业本身的效率提升所决定的，如中国钢铁企业的人均销售收入已超过或接近标杆企业，2012年江苏沙钢人均销售收入为530万元，是安赛乐米塔尔和蒂森克虏伯的两倍多，其他国有钢铁企业则普遍接近于安赛乐米塔尔和蒂森克虏伯。

第三，国际化水平低是制约中国钢铁领先企业全球竞争力提升的主要制约。中国钢铁企业普遍以国内市场为目标，无论是资源地还是销售地都集中在国内，仅有少量出口，国际化综合水平普遍远低于国际标杆企业。2012 年，安赛乐米塔尔和蒂森克虏伯的国际综合水平分别为 91.46%、65.10%，而国内领先钢铁企业中，上海宝钢的国际化综合水平最高，但也仅有 11.13%。

4. 电解铝行业

比较国内外电解铝企业的全球竞争力指数及分指标情况可以发现，在近几年国际铝市场不景气的大背景下，国际知名铝公司经营状况同样不佳，很多企业出现巨额亏损，如挪威海德鲁和美铝在 2009 年均出现了 14 亿多美元的亏损，其综合竞争力大受影响。相比之下，国内领先电解铝企业依托国内相对较好的市场行情，效率和成长指标均已超越国际标杆企业，中国有色、南山集团和山东魏桥等企业的全球综合竞争力已处于国际领先水平（见表 6-16）。

表 6-16　　电解铝制造领先企业全球竞争力国际对标

指数 \ 最佳企业对标	美铝	中国有色	南山集团	山东魏桥	中国铝业
规模指数	**0.0224**	**0.0227**	**0.0213**	**0.0274**	**0.0220**
销售收入（亿元）	1 490	1 523	708	1 865	2 449
净利润（亿元）	12	14	72	78	-100
效率指数	**0.1197**	**0.1320**	**0.1670**	**0.1379**	**0.0691**
总资产收益率（%）	0.48	1.38	8.91	7.85	-2.33
销售利润率（%）	0.81	0.95	10.12	4.16	-4.08
人均销售收入（万元）	244	283	153	137	140
成长指数	**0.0754**	**0.1463**	**0.0948**	**0.1139**	**0.0868**
平均销售收入增长率（%）	8.13	76.96	22.80	32.26	21.78

续表

指数 \ 最佳企业对标	美铝	中国有色	南山集团	山东魏桥	中国铝业
平均净利润增长率（%）	—	25.59	23.23	16.70	—
研发投入比例（%）	0.70	1.63	2.80	3.70	1.29
国际化指数	**0.0984**	**0.0303**	**0.0015**	**0.0012**	**0.0182**
海外收入比例（%）	50.72	16.06	0.70	2.51	2.80
海外资产比例（%）	76.45	24.62	2.05	0	33.23
海外员工比例（%）	57.38	16.43	0.33	0	0.26
综合指数	**0.3160**	**0.3312**	**0.2845**	**0.2804**	**0.1962**

资料来源：作者测算。

第一，国内领先电解铝企业在收入规模上已经与美铝处于同一量级，2009年以来的收入增长率也要优于美铝，一些企业的效率指数和成长指数均已超过美铝，尤其是成长指数全面超越，全球竞争力居世界前列，如中国有色的综合全球竞争力指数已超过美铝，南山集团和山东魏桥也已接近美铝。

第二，2008年国际金融危机发生后，各企业从2009年开始呈现恢复性增长，美铝尽管收入增长不如中国铝业等企业，但其利润增长情况在各企业中较好。2012年在中国铝业出现巨额亏损的情况下，美铝仍保持了较大的盈利额度。这说明美铝的企业效率较高，风险抵御能力较强。

第三，国内专业电解铝公司的劳动生产率与美铝还有较大差距。美铝2012年的人均销售收入为244万元，仅中国有色超过了美铝，其他几家企业均远低于美铝，如中国铝业仅为美铝的一半。对于总资产收益率和销售利润率，除中国铝业外，国内其他几家电解铝企业均要高于美铝，尤其是南山集团和山东魏桥。

第四，国内领先电解铝企业的国际化水平远不如美铝。美铝的国际化综合水平高达61.5%，国内电解铝企业中，中国有色和中国铝业稍高，国际化综合水平分别为19.0%和12.8%，其中海外资产占比相对较高，海外收入和海外人员比例则远远低于美铝，而其他国内电解铝公司的国际化水平近乎为0。

5. 通信设备制造业

对比国内外通信设备制造领先企业可以发现，三星电子和思科系统的全球竞争力处于第一集团，联想控股、华为技术和爱立信处于第二集团，中兴通讯和中国电子则处于第三集团。国内通信设备领先企业在成长和国际化两个方面已基本追上甚至超越国际标杆企业，但在规模和效率方面还存在较大差距（见表6-17）。

表6-17 通信设备制造领先企业全球竞争力国际对标

指数 \ 最佳企业对标	三星电子	思科系统	爱立信	联想控股	华为技术	中国电子	中兴通讯
规模指数	**0.1318**	**0.0527**	**0.0275**	**0.0276**	**0.0327**	**0.0249**	**0.0174**
销售收入（亿元）	11 223	2 895	2 115	2 266	2 202	1 830	842
净利润（亿元）	1 294	505	54	38	154	28	-26
效率指数	**0.2530**	**0.2525**	**0.1207**	**0.1985**	**0.1481**	**0.1056**	**0.0654**
总资产收益率（%）	12.17	8.76	2.02	2.02	7.32	1.77	-2.42
销售利润率（%）	11.53	17.46	2.54	1.67	6.98	1.55	-3.09
人均销售收入（万元）	476	434	191	573	147	141	107
成长指数	**0.0974**	**0.1008**	**0.1250**	**0.1014**	**0.1146**	**0.0904**	**0.0907**
平均销售收入增长率(%)	17.90	8.44	7.61	28.68	13.88	6.68	11.80
平均净利润增长率（%）	39.63	9.44	21.13	46.00	-0.56	77.19	—
研发投入比例（%）	6.19	11.90	14.40	1.64	13.66	2.45	10.48
国际化指数	**0.0877**	**0.0650**	**0.1097**	**0.0598**	**0.0647**	**0.0411**	**0.0556**
海外收入比例（%）	83.28	42.50	51.30	53.69	74.67	54.21	52.96

续表

指数 \ 最佳企业对标	三星电子	思科系统	爱立信	联想控股	华为技术	中国电子	中兴通讯
海外资产比例（%）	36.22	32.00	67.30	40.21	34.49	17.84	44.24
海外员工比例（%）	46.04	45.90	83.30	20.98	16.43	8.28	11.26
综合指数	**0.5699**	**0.4709**	**0.3830**	**0.3872**	**0.3600**	**0.2620**	**0.2290**

资料来源：作者测算。

第一，国内领先通信设备企业的成长指数和国际化指数已普遍与国际标杆企业相当。企业成长方面，联想控股的收入与利润增长在各个企业中均列第一，华为技术和中兴通讯的收入增长也要高于思科系统和爱立信；国际化方面，联想控股、华为技术和中兴通讯的海外收入与海外资产占比都已超过国际标杆企业，仅有海外员工比例一项稍低。

第二，国内领先通信设备制造企业的规模指数与标杆企业相比有很大差距。三星电子作为一家综合性的电子制造企业，其销售收入遥遥领先，是联想控股的近5倍。在单一通信设备制造企业中，中国华为技术公司的销售收入已与思科系统和爱立信处于同一量级，中兴通讯仅有这些企业的一半。企业间利润差异是规模指数差距较大的重要原因，华为2012年盈利154亿元，不到思科系统的1/3，中兴通讯则亏损26亿元。

第三，国内领先通信设备制造企业的效率指数大大低于国际标杆企业。联想控股和华为技术的效率指数已超过爱立信，但与三星电子和思科系统相比，还有较大差距。在总资产收益率方面，仅有华为技术与思科系统相当，但大大低于三星电子，其他企业则普遍要远低于三星电子和思科系统；销售利润率则全部低于三星电子和思科系统，如思科系统的销售利润率高达17.45%，而国内企业中华为技术最高，也仅有不到7%；在人均销售收入方面，联想控股以573万元排第一，而华为技术、中国电子和中兴通讯则远低于三星电子和思科系统，甚至低于爱立信。

6. 家电制造业

对比国内外领先家电制造企业可以发现，中国家电业领先制造企业虽然在销售收入和国际化水平上还不如国外巨头，但从收益率、成长性等方面看已经具备全球竞争力，综合竞争力已接近国际标杆企业（见表6-18）。

表6-18 家电制造领先企业全球竞争力国际对标

指数＼最佳企业对标	飞利浦	索尼	海尔	格力	美的	海信	TCL
规模指数	**0.0255**	**0.0419**	**0.0261**	**0.0229**	**0.0224**	**0.0205**	**0.0184**
销售收入（亿元）	2 048	5 148	1 631	1 001	1 027	811	694
净利润（亿元）	18	33	75	74	61	45	13
效率指数	**0.1061**	**0.1414**	**0.1456**	**0.1429**	**0.1339**	**0.1428**	**0.0974**
总资产收益率（%）	0.76	0.34	5.02	6.92	7.00	6.07	1.60
销售利润率（%）	0.89	0.63	4.59	7.44	5.98	5.52	1.83
人均销售收入（万元）	173	352	218	122	103	170	101
成长指数	**0.0819**	**0.0677**	**0.0825**	**0.1146**	**0.0905**	**0.0807**	**0.0951**
平均销售收入增长率(%)	0.36	1.78	9.30	32.91	9.30	13.13	16.18
平均净利润增长率（%）	-20.17	—	36.69	36.44	10.18	26.03	21.84
研发投入比例（%）	7.83	6.68	5.46	3.04	6.03	4.01	3.85
国际化指数	**0.1394**	**0.0959**	**0.0353**	**0.0085**	**0.0275**	**0.0155**	**0.0420**
海外收入比例（%）	96.94	67.59	28.40	15.77	41.69	15.50	36.97
海外资产比例（%）	93.53	45.69	22.85	0.37	8.19	14.11	44.00
海外员工比例（%）	72.50	93.53	16.00	0.74	4.24	1.14	2.26
综合指数	**0.3529**	**0.3469**	**0.2895**	**0.2889**	**0.2743**	**0.2595**	**0.2530**

资料来源：作者测算。

第一，中国家电业领先企业在规模指数上已与国际标杆企业处于同一层级。尽管销售收入上还有很大差距，如索尼2012年销售收入达到5 148亿元，是中国最大家电企业海尔的3倍多，但由于中国家电企业利润普遍好于标杆企业，如海尔2012年净利润为75亿元，而索尼仅有33亿元，因而综合计算收入和利润的规模指数相对较为接近。

第二，中国家电领先企业在效率和成长方面已全面超越国际标杆企业。在效率指标方面，从总资产收益率和销售利润率来看，海尔、美的、格力、海信都排在前列，远高于飞利浦和索尼；人均销售收入则多数低于飞利浦和索尼，除海尔和海信稍高外，格力、美的和 TCL 与标杆企业的差距较大，索尼是 TCL 的 3.5 倍，飞利浦是 TCL 的 1.7 倍。在成长指标上，国内领先家电企业已完全超越国际标杆企业，收入和净利润增长率均远远高于飞利浦和索尼，仅有研发投入占比一项还有较大差距。

第三，在国际化程度方面，国内领先家电企业与国际标杆企业相比差距还很显著。飞利浦和索尼的国际化综合水平分别为 87.66%、68.94%，而国内领先家电企业中，TCL 的国际化程度最高，海外资产比例达到 44%，海外收入比例为 37%，而海外员工比例则不到 3%，综合国际化水平为 27.7%，与国际标杆企业还有很大差距。

四、中国企业核心竞争力的重建与国有企业的重组

总体来看，改革开放以来，我国经济逐步融入全球体系，我国企业包括国有企业和非国有企业在内，不但在全球体系中站稳了脚跟，而且在全球体系中较好地发挥了自己独特的竞争优势，且不断改善、提升了自己的全球竞争力。至今为止，中国经济、中国企业，都是全球化的受益者，也都是全球化的贡献者。但是我们必须看到，中国企业的全球竞争力，与发达国家的企业相比仍然有较大差距，特别是与那些源于发达国家的国际标杆企业和跨国公司相比，差距更加明显。

更须警觉的是，至今为止，中国企业在全球范围内的竞争优势，在较大程度上是基于规模迅速扩张、低成本的要素投入、快速的技术模仿和市场反应、适应性的创新等，但是当中国经济发展进入阶段性转折的时候，过去的竞争优势将会弱化甚至消失，在此情况下，如果要在全球范围内仍然使我国的企业具有竞争地位，我国企业就必须要进行核心竞

争力的重建。

根据 WEF 的研究报告，世界各国发展阶段主要有要素驱动型、效率驱动型和创新驱动型三种类型。判断国家处于发展阶段，主要考察人均 GDP，但并不是唯一标准。通常，如某国人均 GDP 小于 2 000 美元，则该国处于第一阶段，即要素驱动型的阶段；如人均 GDP 处于 3 000 ~ 8 999 美元之间，则该国处于第二阶段，即效率驱动型的阶段；如人均 GDP 超过 17 000 美元，则该国处于第三阶段，即创新驱动型的阶段；如人均 GDP 处于 2 000 ~ 2 999 美元之间，则该国处于第一阶段向第二阶段过渡的发展阶段；如人均 GDP 处于 9 000 ~ 17 000 美元之间，则该国处在第二阶段向第三阶段过渡的发展阶段。因此，中国处于发展的第二阶段，即效率驱动型的阶段。未来十几年，中国需要从效率驱动向创新驱动过渡。尽管要素驱动、效率驱动、创新驱动有时难以截然区分，特别是效率驱动和创新驱动有时相互交织，但是对于中国企业而言，发展阶段的转折所带来的重建核心竞争力的挑战是毋庸置疑、不可避免的。中国企业全球核心竞争力的重建，主要就是从过去那种过于依赖规模迅速扩张、低成本的要素投入、快速的技术模仿和市场反应、适应性的创新所建立的竞争优势，转向依靠集约经营、精益生产、效率提升、自主创新所建立的全球核心竞争力。

发展阶段转折所要求的企业核心竞争力重建，并不是中国企业才会遇到的独家挑战。事实上，那些后发的国家，都会遇到同样的问题。正因为能够克服这个挑战、成功地实行企业全球核心竞争力的重建，才使得一些国家成功地完成了工业化，迈向了富裕国家的行列。从那些成功国家的经验来看，一国要实现企业全球核心竞争力的适时重建，需要在如下方面进行努力。

一是政府创造良好的、可持续发展的市场环境，鼓励企业公平竞争，迫使企业不断创新和提升国际竞争力。许多国家的实践都已经证明，在经济起飞的初始阶段，政府实行倾斜性的产业政策可能具有正面效果，但初始阶段过后，政府创造良好的、可持续发展的市场环境，鼓励企业进行公平竞争，比制定各种倾斜性的优惠政策的效果要好得多。坚持市场公平竞争，市场主体的各种性质企业就不再寻求优惠政策，即使对于国有企业、大中型企业来说，它们面临的不仅仅是国内企业间竞争，而是国内外企业之间的竞争。只有公平竞争，才能促使企业提高效率，迫使企业进行创新和提升国际竞争力。

二是鼓励和促进企业加大科技投入力度，有效配置各种资源，参与全球竞争，提升国际分工地位。政府促进企业创新的重要路径有两个：一是在税收上，允许企业研发投入来抵扣税收；一是国家科研规划和科技攻关项目，鼓励和支持企业参与。韩国政府鼓励和支持其大企业创新，特别是研发投入和相关科研规划。例如，浦项钢铁公司从建厂之初就非常重视新技术、新产品和新工艺的开发，参与韩国科研规划，特别是开发 FINEX 等新技术，不仅降低了生产成本，还减少了二氧化碳排放量。中国政府应借鉴这种经验和做法，切实支持企业加大科技投入，符合国际惯例，也有利于企业配置资源，参与国际竞争和提升竞争力。

三是鼓励企业的并购重组，疏通失败企业的退出通道。市场竞争中，总是会有成功者和失败者，那些失败的企业需要被并购重组，甚至退出市场，这样才会使经济资源得到有效利用，才能使资源配置得到优化。政府不能保护失败企业，哪怕是大型国有企业，失败企业的退出通道必须疏通。要鼓励企业的并购重组活动，使得优胜劣汰的过程成为企业核心竞争力重建的过程和有全球竞争力大企业的崛起过程。

四是推进公司治理改革，提高公司的透明度和合规性，改善公司的激励机制和约束机制。在经济起飞的初始阶段，公司治理得不到应有重视，甚至公司治理被严重扭曲，政企关系不健康，公司产权和公司运营的透明度不高，股东财产和债权人权益得不到保护，同时，管理层、员工与所有者的关系也得不到正确处理。随着时间的推移，这些问题都必须要解决。如果企业想要在全球范围内获得信任、建立持久的竞争力，公司治理改革就是一道必须迈过的坎。

中国企业核心竞争力的重建，特别是面向全球竞争的核心竞争力的重建，与其他许多国家所不同的一个独特议程，就是要对国有企业进行有力重组。中国许多行业的大型企业都是国有企业，这些企业不但规模大，而且占有许多创新资源，有着巨大的提升效率、迈向创新驱动的空间。无论是登上福布斯榜单的中国企业，还是我们进行典型分析的六大制造业的国内领先企业，都以国有企业占绝对多数。许多国有企业在本行业中都居于龙头地位，而且直接面对国际竞争，其中的一些企业在过去参与全球竞争的进程中，已经初步构建了一定的全球竞争力，甚至形成了全球公司的雏形。显然，这些企业具有核心竞争力的重建的良好基础。如果这些企业能够成功地实现核心竞争力的重建，对于中国的产业体系在全球产业体系中位置的提升是一条最便捷的路径。当然，这对于中国经济继续保持较快增长也具有良好的助推作用；如果这些企业不能成功地实现核心竞争力的重建，要使中国产业体系在全球产业体系中位置得到提升，就要花更大的力气、付出更多的代价、走更加曲折的道路，而且也会拖累中国经济的进一步持续增长。

国有企业的现状并不令人乐观。从参与全球竞争的角度来看，我国国有企业的地位在下降，非国有企业的地位在上升。

首先是国有企业在我国对外贸易中的地位在下降。1995～2013年，中国国有企业进出口额占中国进出口额的比重从58.62%下降到17.98%；同一期间，中国国有企业占全国出口额比重和占全国进口额比重都在下降，而后者仍然高达25%以上（见表6－19）。

表6－19　　中国国有企业对外贸易情况

年份	国有企业贸易金额（亿美元）			国有企业占全国贸易比重（%）		
	进出口	出口	进口	进出口	出口	进口
1995	1 646.42	992.56	653.86	58.62	66.72	49.51
1996	1 452.21	860.58	591.64	50.09	56.97	42.61
1997	1 636.63	1 026.89	609.74	50.35	56.21	42.83
1998	1 567.15	967.85	599.30	48.38	52.67	42.76
1999	1 726.67	984.86	741.81	47.88	50.52	44.76
2000	2 153.67	1 164.49	989.17	45.41	46.73	43.94
2001	2 167.83	1 132.34	1 035.49	42.53	42.54	42.51
2002	2 373.46	1 228.58	1 144.88	38.23	37.74	38.78
2003	2 805.12	1 380.33	1 424.79	32.95	31.49	34.51

续表

年份	国有企业贸易金额（亿美元）			国有企业占全国贸易比重（%）		
	进出口	出口	进口	进出口	出口	进口
2004	3 300.47	1 535.94	1 764.53	28.58	25.89	31.43
2005	3 660.16	1 688.13	1 972.03	25.74	22.15	29.87
2006	4 165.85	1 913.45	2 252.40	23.66	19.75	28.45
2007	4 945.31	2 248.14	2 697.17	22.75	18.46	28.22
2008	6 110.38	2 572.28	3 538.10	23.85	18.01	31.23
2009	4 794.62	1 909.94	2 884.67	21.72	15.89	28.69
2010	6 219.13	2 343.60	3 875.53	20.92	14.85	27.79
2011	7 606.26	2 672.22	4 934.03	20.88	14.07	28.30
2012	7 517.07	2 562.83	4 954.23	19.44	12.51	27.25
2013	7 479.72	2 489.86	4 989.86	17.98	11.27	25.59

资料来源：历年《海关统计》，中国海关总署。

其次是国有企业在我国对外直接投资中的地位在下降。根据中国工商行政管理部门的登记注册数据，2008～2013年末，从事对外直接投资的中国境内国有企业占境内投资者数量的比重分别为16.1%、13.4%、10.2%、11.1%、9.1%、8%；中国非金融类对外直接投资存量中，国有企业占比分别为69.6%、69.2%、66.2%、62.7%、59.8%、55.2%，总体呈现下降趋势。其中，中央企业和中央部门的占比下滑速度更明显（见表6－20）。

表6－20　中央企业和中央部门的对外非金融类直接投资情况

年份	直接投资流量（亿美元）	占比（%）	直接投资存量（亿美元）	占比（%）
2004	45.3	82.31	382.9	85.51
2005	102.0	83.22	478.8	83.69
2006	152.4	86.41	616.3	82.14
2007	195.8	78.85	794.4	78.51
2008	359.8	85.96	1 197.4	81.30
2009	381.9	79.91	1 601.4	80.17
2010	424.4	70.51	2 017.9	77.03

续表

年份	直接投资流量（亿美元）	占比（%）	直接投资存量（亿美元）	占比（%）
2011	450.2	65.65	2 724.6	76.24
2012	435.3	56.00	3 114.2	71.51
2013	563.2	60.73	3 785.0	69.65

资料来源：《中国对外直接投资统计公报》（2004～2013 年各年度）。

国有企业在国内的市场表现也差强人意，近两年，越来越多的国有企业陷入了经营困境当中，其中包括一些重要行业居于龙头地位的国有企业。综合各方面的分析，我们认为，无论是在参与国际竞争的比赛中，还是在国内竞争的比赛中，国有企业逐渐输给非国有企业的情况将会继续下去，而且会越来越严重，除非政府展现改革决心，对国有企业进行有力的重组，特别是以产权改革为核心，实行涵盖公司治理、业务结构、资产负债、组织构架、管理流程、员工政策、薪酬福利等在内的一揽子重组，这样才能使国有企业获得新生，并重建核心竞争力。

五、简要结论

在过去 30 多年里，中国企业充分发挥了自己阶段性的独特竞争优势，充分享受了全球化带来的红利。但是，适时地更新自己的全球竞争优势，重建自己的核心竞争力，现在已到了一个关键时期。我国多数的大型企业以及许多重要行业的龙头企业，都是国有企业，国有企业也占有许多创新资源，有着绝大的提升效率的空间。通过对国有企业的有力地重组来实现这些企业核心竞争力的重建，应该摆在中国的改革议程上了。

第七章

总结：建立国企改革的新范式及政策挑战

关于国有企业研究的文献已经汗牛充栋，而我们这项研究是独特的。我们把国有企业放在中国经济增长的大视野下进行考察，尤其是从中国经济发展的不同阶段来看待国有企业的表现，非常有助于我们更加理性地认识国有企业。本章要对我们的研究进行一个总结，同时，在总结的基础上，探讨我们这项研究的政策意义，并展望中国下一步深化国有企业改革应该朝向什么方向走以及可能会遇到什么样的政策挑战。

一、研究总结和政策含义

把国有企业放在中国经济增长的进程中来审视，问题的脉络会更加清晰。在新中国成立后我国推进工业化的早期，由于苏联的巨大影响，加上国内市场化的资本积累机制发育迟缓及得不到认同，我国自然而然地选择设立大量国有企业来建立自己的工业体系。应该说，通过设立大量国有企业来快速推进工业化、快速促进经济增长，是符合当时历史背景和思想逻辑的一种选择，而且事实上也在一个时期里达到了这个目的，当然这里我们不讨论政治代价和社会代价。这种启动工业化和促发经济起飞的策略，与格申克龙的“后发”理论、罗森斯坦—罗丹的“大推进”理论及其他一些发展经济学家的理论，在一定程度上是吻合的。不过，当工业化发展到一定程度之后，随着效率因素重要性的提高和外部市场条件的逐步成熟，国有企业低效率所导致的负面影响就会越来越明显，依靠国有企业推动工业发展和经济增长的作用开始削弱并最终成为经济持续增长的障碍。Sachs（1996）、MasahikoAok（2011）、Aghion（2012）等国外经济学家关于经济增长不同阶段的分析，可以从理论上较好地解释这种障碍是如何形成的。

实际上，中国的国有企业早在20世纪六七十年代，也就是仅仅在国有企业被大规模设立的十几到二十年之后，就开始显露出种种弊端。特别是当中国决定实行改革开放，在市场化和全球化的新环境中，国有企业的不适应性就愈加凸显。因此，中国在1978年就启动了国有企业改革，改革的基本方向是实行国有企业的市场化。国有企业的改革方向与中国经济体制改革的方向也是一致的。

国有企业本身的弊端比较直观，不但学者进行了很多的分析研究，社会大众也有着深切的感受。但是，国有企业对宏观经济表现所造成的负面影响，却不易被直接观察到，也缺少系统性的研究。我们的研究主要就在这方面做出了努力。我们的研究显示，国有经济比重的高低，对于宏观经济运行质量有着明显影响。降低国有经济的比重并相应增加非国有经济的比重，可以使资本得到更加充分和有效的利用，从而可以更加有力地增加资本存量和促进经济增长；可以显著地促进出口和吸引外资，提高区域经济的外向度和经济全球化程度；可以增强对物价上涨的消化能力，有助于抑制通货膨胀，有利于宏观经济的平稳运行。我们的研究还发现，国有部门过于庞大，对于产业结构的市场化调整重组和优化升级有着一定的消极作用；经济持续增长的过程，实际上也就是产业结构不断演变和产业升级的过程，从这个角度看，国有企业对宏观经济的可持续增长起着一定程度的抑制作用。我们模拟了深化国有企业改革、降低国有经济比重的不同情景对于经济增速所产生的影响。分析结果表明，从2015年开始，如果每年有代表国有经济产出5%的国有企业进行非国有控股的混合所有制改革，并持续10年，则平均每年可提高经济增速约0.33个百分点，到2024年可使人均GDP提高3.12%左右；如果改革力度更大一些，每年有代表国有经济产出10%的国有企业进行这样的改革，则可使经济增速平均每年提高约0.47个百分点，到2024年可使人均GDP水平提高4.45%左右；如果每年有代表国有经济产出20%的国有企业进行这样的改革，则可使经济增速平均每年提高约0.50个百分点，到2025年人均GDP水平可提高约4.83%。特别是在最初几年里，对经济增长的促进作用最为显著。在2015～2020年间，三种改革情景下经济增速平均每年将分别提高 0.45、0.73 和 0.93 个百分点。

我们的研究结果所具有的政策含义是明显的。虽然自 1978 年以来，中国国有企业的市场化改革取得了很大成效，特别是在 20 世纪 90 年代末至 21 世纪初的那一轮改制重组，不但显著地削减了国有部门的规模，也通过卸包袱、输血液、活机制等措施在较大程度上恢复了国有部门的元气和竞争力。不过，至今为止，我国仍然保留了比较庞大的国有部门，国有资本几乎遍布于所有行业，而且国有企业的经营机制从本质上来说并没有实现根本转变，国有企业离真正的市场化还有相当的距离。随着时间推移，上一轮改革给国有企业增加的元气和竞争力正在逐渐消失。如果说 21 世纪头 10 年中国经济增长处于上升通道可以掩盖或者忽略国有企业仍然存在的种种问题和弊端的话，那么现在，情况正在发展转折性的变化。一些典型的研究显示，中国经济增长已经开始进入趋势性的下降通道，高速增长阶段已经开始向中高速增长阶段转折。这个转折，现在被归纳为迈向“新常态”。事实上，近一两年，增长阶段转折性变化，或者说“新常态”，对国有企业的压力正在逐渐显现之中，有越来越多的国有企业陷入经营困境之中，国有企业经营困境和宏观经济增速下滑的相互影响不容小看。

在中国经济过去 30 多年高速增长阶段走向完结，目前面临着寻找和发掘经济增长内生动力、努力提高经济增长的质量和效益的时候，国家若能以积极稳妥的步伐及时启动新一轮的国有企业的实质性改革，对于未来几年防止我国经济增速的过度下滑、保持我国宏观经济运行的总体平稳，无疑具有重要意义。

及时启动新一轮的国有企业实质性改革，特别是大力推动那些大型龙头国有企业的实质性改革，也有助于打造中国经济的“升级版”和成功跨越“中等收入陷阱”。在全球化背景下，一个后发国家能否在较长时期里保持经济较快增长，从而完成工业化，跨越所谓的“中等收入陷阱”，进入富裕国家行列，在很大程度上取决于该国能否有一批企业在较长时期里保持和提升全球竞争力。对于后发国家而言，在加入全球体系和实现经济起飞的初始阶段，其企业的全球竞争优势往往建立在规模迅速扩张、生产成本较低、技术模仿的快速有效等因素之上，但随着时间推移，这种初始的全球竞争优势将逐渐消失，所以会面临着企业全球竞争优势的及时更新和全球核心竞争力的重建问题。如果不能意识到企业全球核心竞争力适时重建的重要性，或者不能成功地实现企业全球核心竞争力的适时重建，在宏观上将表现为外向型经济的失败及经济增长的失速。我们的研究显示，中国也面临同样的问题，特别是当中国经济发展进入阶段性转折的时候，这个问题尤为突出。中国企业核心竞争力的重建，特别是面向全球竞争的核心竞争力的重建，与其他许多国家有所不同的一个独特议程，就是要对国有企业进行有力重组。中国许多行业的大型企业都是国有企业，这些企业不但规模大，而且占有许多创新资源，有着巨大的提升效率、迈向创新驱动的空间；许多国有企业在本行业中都居于龙头地位，而且直接面对国际竞争，其中的一些企业在过去参与全球竞争的进程中，已经初步构建了一定的全球竞争力，甚至形成了全球公司的雏形。显然，这些国有企业具有适时更新全球竞争优势、重建全球竞争力的良好基础。如果这些企业能够成功地实现竞争优势的更新、全球竞争力的重建，对于中国的产业体系在全球产业体系中位置的提升，无疑是一条最便捷的路径。当然，这对于中国经济继续保持较快增长也具有良好的助推作用。如果这些企业不能成功地实现全球竞争优势更新、全球竞争力的重建，要使中国产业体系在全球产业体系中的位置得到提升，就要花更大的力气，付出更多的代价，走更加曲折的道路，而且也会拖累中国经济的进一步持续增长。因此，政府应该展现改革决心，对国有企业进行新一轮实质性改革和有力重组，以使国有企业，特别是那些大型龙头国有企业，以焕然一新的面貌和机制，畅游于国内国际市场之中。

二、国有企业改革的新范式与政策挑战

国有企业改革，早已经不是一个新议题。中国的国有企业改革已经

进行了30多年，而我们建立一个庞大的国有企业体系也不过花了二十多年的时间。中国经济改革的目标是要建立一个完善的市场经济体制，中国要进入发达、富裕、现代国家的行列，也需要融入全球市场体系。因此，中国国有企业的改革方向也是要实行市场化，这是没有重大争议的。关键问题在于，离开实质性产权改革来寻求国有企业的市场化机制，是否行得通。

在过去30多年的国有企业改革实践中，国家在很长时间里是回避产权改革的。为了避免产权改革，我们往往以激进的控制权改革来进行补偿，从最开始的放权让利，到后来实行承包制、租赁制，推行《转换经营机制条例》、实行授权经营等，以及内部人主导的各项市场化改革，都在这条路径上推进。但是，实践证明，在回避所有权改革的情况下，控制权改革的边际效果递减，这又会使控制权改革越来越激进，最后导致控制权改革失控。而且，在激进的控制权改革情形下，所有权改革反而会自发地发生，只不过这种自发的所有权改革往往滑向内部人主导和内部人持股。在这样环境和局面中，中国国有企业改革有着非常独特的轨迹和非常独特的举措。实际上，在过去30年里，中国形成了一种国有企业改革的独特范式（张文魁，2008）。国有企业改革的中国范式，第一，就是长期遵循实用主义思维，在很长时间里刻意回避所有权改革和激进推行控制权改革；第二，长时间的激进控制权改革自发地走向长时间的渐进所有权改革，使所有权改革形成严重的路径依赖特性，导致国有企业改革较多地对内部人依赖和由内部人主导；第三，所有权改革渐进地和摇摆不定地推进，具有机会主义特征和不确定性，并且与企业的业务、资产、债务重组交互进行；第四，很多母子型结构和集团化的国有企业选择碎片化的、各自突围的产权改革方式，即保留母公司的国有制不受触碰，子孙公司等下级法人实行各式各样、五花八门的产权改革；第五，借助非国有企业崛起带来的竞争效应和示范效应促进国有企业改革，同时充分利用非国有企业崛起给国有企业所有权改革和重组提供的缓冲作用；第六，激进的控制权改革和渐进的所有权改革导致了巨大的企业改革成本，改革时间拖延之长又极大地增加了改革成本，使整个社会都要付出一种难以估量的代价，这种代价不仅体现在经济支付方面，也体现在公平正义方面。

过去30多年所形成的这种范式，并没有使国有企业真正实现市场化，反而使国有企业在市场化和政策化、独立化和附属化之间不断摇摆、来去徘徊。的确，大多数国有企业看起来都已经面向市场来开展经营，但这只是市场化的一部分，并不是市场化的全部。市场体制不但包括产品市场，也包括要素市场、劳动力市场、经理市场、资产市场、产权市场、控制权市场等；不但包括市场交易行为，更包括维护交易、维护契约、维护竞争、维护权利的制度基础设施等。我们推进国有企业改革的30多年里，大部分中小国有企业已经不存在了，被市场淘汰了，但这些企业并不是主动退出市场的，而是国家拿出财政资源和金融资源付出巨大代价之后，才勉强退出市场的；而现在剩下的十几万家国有企业，它们究竟在哪些范围、哪些层次实现了市场化呢？目前主要还局限在产品市场这个范围和市场交易这个层次，而在要素配置领域国有企业远远没有做到市场化。譬如说，国有企业的劳动力市场、经理市场、资产市场、产权市场和控制权市场目前基本上是自我闭锁的，离市场化还有相当的距离。即使许多国有企业已经实行了较深程度的产权改革，但是仔细地看一看，就可发现它们的最上层母公司还维持这国有全资性质并且受到政府的家长式“监管”，未实行产权改革的最上层母公司无疑就成了旧体制、旧机制的大本营，导致已实行产权改革的那些下层企业也无法义无反顾地走向市场化，而且整个集团反而因为碎片化的产权改革使整体协同效应遭到削弱。许多人都认为，把国有企业领导人的选聘和解聘真正实现市场化，就可以在很大程度上解决国有企业的问题了，但回顾一下国有企业改革的历史，这其实也是在20多年前就尝试过的事情。事实已经证明，这根本就走不通。尽管披着市场化经营的外衣，国有企业并不是与其他类型企业一样地平等进入市场，并不是与其他类型企业一样地平等地获取生产要素，并不是与其他类型企业一样地平等竞争并平等接受市场淘汰机制，并不是与其他类型企业一样地平等受到国家保护并在特定境况下平等地获得国家救助。许多国有企业经过一些市场化改造之后反而走向了反面，商业意识和自我膨胀的欲望大大增强，但软预算约束的问题又以新的面目出现，这不过是一种“伪市场化”，其实是一种对真正市场体制的破坏。在现实中我们不难发现，在遵循和维护市场的制度基础设施方面，国有企业的确享有不少“治外法权”。况且，从逻辑上来讲，如果国家预先设定某些企业的所有权必须由国家拥有，这些企业的所有权被国家事先锁定，永远不变，国家就会排斥产权市场和控制权市场，就会对这些企业不断注入国有资本以维持国家所有权，不断注入资源以维持其经营，那么，将不会有平等竞争和优胜劣汰，当然就不可能有真正市场化的企业，也不可能有真正的市场经济。

因此，在中国经济增长进入阶段性转折的时候，我们认为，新一轮国有企业改革需要突破旧范式，开创新范式，按照十八届三中全会设定的目标，使国有企业真正融入完善的市场经济体制当中。

新范式的核心内容，就是要推行主动性的、有时间表的总体性产权改革，以此为基础，推动公司治理转型和涵盖业务结构、资产负债、组织构架、管理流程、员工政策、薪酬福利等在内的一揽子重组，从而实现企业的实质性再造和全球竞争力的重建。旧范式也包含产权改革的内容，但那在较大程度上是一种反应型、被动式的产权改革，过程非常渐进，进度非常迟缓，且经常摇摆不定。新范式产权改革，不应该等到许多国有企业陷入经营困境才去大规模地实行，不应该采取苟且拖延的机会主义态度，而是要按照十八届三中全会规定的时间节点去设定一个具体的时间表，在2020年之前，使总体性的产权改革和一揽子重组得以基本完成。

总体性的产权改革，对于全国超过10万家的中小型国有企业而言，完全可以选择整体重组和整体出售；而那些大型和特大型国有企业，特别是集团性国有企业的最上层的母公司，包括中央企业的母公司，除了少数将改组为国有权持股平台之外，都可以通过混合所有制的方式实行走一步看一步的渐进式产权改造和公司治理改造；最上层母公司的产权改革，既可以彻底打破旧体制、旧机制得以龟缩的大本营，同时又可以与下层中小企业的整体出售或其他形式的清理、整顿、改造一并进行，使一揽子重组得以推进，企业的实质性再造和全球竞争力重建得以实现。在极少数特殊领域，譬如说提供重要公共产品和普遍性服务的领域，以及真正关系国家安全的领域，在目前阶段，继续将那些重要的国有企业保留为国有全资，是可以的，以后再根据情况来考虑后续的改革举措。那些大型和特大型国有企业实行产权改革，会在较长时期里保持一种混合所有制状态，尽管混合所有制可能是一种中间状态而非终极状态。

不过，开创新范式、推进总体性的产权改革，需要克服一些不容忽视的政策挑战。

第一项重要的政策挑战，就是如何界定和防止国有资产流失。国有企业改革，要防止少数人大肆瓜分和掠夺国有资产，要防止国有资产流失，这是毫无疑义的。但是，关于国有资产流失，仍然存在很多认知方面的分歧和法律方面的模糊地带（年志远，2012）。尽管在上一轮国有企业产权改革的时候，中央和地方都出台了一系列的法律法规和规章制度，以防止国有资产流失和腐败，防止各方合法权益受侵害，过去几年里还出台了更加细致的防止国有资产流失的各种技术性措施。不过，在实际当中，如何准确地界定国有资产流失，仍然缺乏足够的政策清晰度和法律清晰度。如果这个问题不解决，新一轮国有企业产权改革就难以稳健、持续、全面地推行下去。

我们认为，新一轮国有企业产权改革，首先应该严格保证公开性和竞争性的程序，应该精心选择改革方式和改革方案。这应该作为一条底线和红线。那些竞争性领域的中小国有企业，可以通过公开性竞争性的方式以公允价格出售转让给非国有投资者，大型特大型国有企业应该通过公开性竞争性的方式以公允价格出售部分国有产权或者在证券市场释放部分国有股份，所有的鼓励性优惠购买计划都要经过严格程序并公开透明；那些带有垄断租金和资源租金的大型国有企业，主要走上市道路和在证券市场向境内投资者释放国有股，并推进公司治理的商业化，同时通过开放准入以破除行政垄断，通过拆分和替代性竞争以弱化自然垄断，通过公开竞拍和增发牌照以回收资源租金；对于极少数特殊领域的重要国有企业，在目前没有把握的时候，可以选择保持国有全资，但要提高公司治理的透明度并强化政府监管。这样的做法，将有助于防止国有资产遭到蓄意和恶意侵占。当然，国家如果能出台更加详尽的判断国有资产流失的司法解释，将非常有助于新一轮国有企业改革的推进。

第二项重要的政策挑战，就是如何把握混合所有制的股权结构尺度。新范式下推进总体性的产权改革，需要对大部分规模较大的国有企业进行混合所有制改革，因此，混合所有制如何推进，将成为下一步国有企业改革的一个重要议题。2013 年秋天召开的十八届三中全会，再次倡导积极发展混合所有制经济，并且把混合所有制提到了基本经济制度的重要实现形式这样一个高度。混合所有制这样一个事物，基本上是中国经济转轨的独特产物，国际上缺乏现成的既有经验供我国模仿和参考。仔细考察一下中国混合所有制的发展历程，就可以发现，实际上早在 20 世纪 80 年代，混合所有制就开始发轫于横向经济联合之中，而 20 世纪 90 年代中期以后，当国有企业进入大规模的所有权改革阶段，许多国有企业选择了混合所有制方式的改革。实际上，混合所有制是国家所能接受的一种折中的国有企业产权改革方案，这是一条国有企业产权改革的中间道路，既能够通过改造原有的非改不可的国家所有权制度以激活国有企业，同时又可避免私有化。不过，混合所有制并不天然地更具有活力和竞争力，并不是天然地更具有发展前景和发展愿景。对国有企业进行混合所有制改革，需要良好的政策设计，最主要的就是关于股权结构方面的政策，以及与此有关的国有股权持有和股权行使政策。

混合所有制当然存在着一个股权结构和股份来源的选择问题。在国有企业的混合所有制改革中，让非国有股东持有较大比例的股份，从而导致企业控制权的改变，至少是导致制约权的形成，可能比简单地引入一些非国有资本更具意义。因此，混合所有制要发挥实质性的作用，需要引入非国有的大宗股份和非国有的积极股东。从这个角度来看，国有企业上市也被很多人当成混合所有制改革的一种典范形式，甚至是主要形式。这其实是混合所有制的一个误区，因为在国有资本仍然保持控股的情况下，重组上市所引入的流动性很强的众多小股东，并不能成为积极股东，这样的股权结构对于促进经营机制的根本性转换发挥不了太大的作用。更何况，如果国有股东的控股地位被锁定，就相当于国有资本被“劫持”，无论是企业管理层还是国有资本出资人机构的道德风险都会显著增加，这样的混合所有制并无多少实质意义。如果非国有股份主要是来自于国有企业的内部人——管理层或者全体职工，看起来似乎有利于调动管理层的积极性和减少代理成本，但很容易出现股份负盈不负亏、利益输送、短期行为和“掏空”行为等，而且会阻断更合适的外部投资者的进入，使内部人持股固化，并加重管理层盘踞，会使企业变得越来越封闭，而不是越来越开放，也不利于企业的市场化。更重要的是，混合所有制的目的和动机不能遭到扭曲。如果混合所有制被国有企业用来圈钱而不是被用来转变经营机制，那就会把混合所有制引向歪路。此外，如果民间资本、民营企业的财产权利得不到保护，如果非国有投资者的股东权利得不到落实，混合所有制也不会得到非国有资本的响应。因此，要推行新一轮产权改革，必须要有合适、清晰的股权结构和股份来源政策。但是，如果股权结构和股权来源政策过于清晰，有可能出现两种情况：保守的政策得不到欢迎，达不到效果，而开明的政策可能会受到意识形态的考验。因此，给出清晰的政策尺度并非易事。

我们推崇清晰而开明的政策。产权改革涉及几乎所有重要的国有企业，但是每个企业的情况又不一样，不但规模不一样，所处行业不一样，而且经营状况、历史包袱、班子强弱等都不一样，因此，占主导的思路是“一企一策”，不搞“一刀切”，以及“分类政策”，即将国有企业分门别类，对不同类型的国有企业实行不同的监管，进行不同的改革（黄淑和，2014）。无论是“一企一策”，还是“分类政策”，理论上都没有错，因为每个企业本身就不是一样的，也是可以分成不同类别的，但在实际操作当中，“一企一策”的随意性太大，可能成为逃避改革、拖延改革的借口；“分类政策”可能在漫长的分类谈判和类别选择中掉入“分类陷阱”当中，最后改革的时机就耗费掉了。为了避免这种情况的出现，可以考虑在新一轮国有企业改革中实行“名单政策”，而不是“分类政策”和“一企一策”。

政府的名单政策应该完全覆盖国资委直接管理的一级企业，即所有的一级企业都应该包括在这个名单中，任何一个二级企业或更下级的企业都不应该包括在这个名单中。譬如说，对于国务院国资委来说，这个名单就是113家企业。但是，一级企业可以制定自己的名单政策。

名单政策是确定国有企业是否进行混合所有制改革以及大致限定股

权结构的政策。在这个涵盖所有一级企业的名单中，每个一级企业都能找到自己的名字和是否要实行混合所有制、实行混合所有制第一步的股权结构有什么样的限定。当然，不实行混合所有制、继续保留国有独资的一级企业，只是少数，这少数企业保留国有独资，可能是因为其所处的行业或所承担的功能比较特殊，也可能是因为历史包袱太重而且目前没有化解的方法，或者是将要改组为国有股持有平台。不管是什么原因，这个名单都应该列明并且做出解释和说明。而其他企业，在2020年之前应该全部改造为混合所有制企业。

对于应该实行混合所有制改革的一级企业，每个企业都应该列明第一步的股权结构的限定。这个限定并不是把股权结构规定得一清二楚，实际上是要公布每一个一级企业大致的国有股比例限制。政府对每个一级企业规定了国有股的比例上限或者下限，就可以使国有企业自己，以及有意参与国有企业混合所有制改革的社会资本，有一个清晰的政策界限，这比一个一个地去试探、去谈判要好得多。同时，在整个名单政策中，政府应该就为什么对这个企业要设定这样的国有股比例限定做出解释和说明。名单政策可以效仿清单政策，根据情况的变化进行适时修订，修订的方向是不断降低国有股的比例限定，并在实际工作中引导国有股份不断地释放给社会上的投资者。

由于大部分一级企业都要实行股权多元化或混合所有制，这些企业中的国有股由哪个机构来持有和行使股东权利，就成了一个无法回避的问题。同时，不管国资委是否直接持有这些企业的国有股，国资委对这些企业以后如何管理，也必须纳入考虑范围。因此，制定对混合所有制企业的国有股持有与权利行使政策就十分重要。

国资委直接持有混合所有制企业的国有股，没有实质性的法律障碍，事实上国资委作为出资人机构，本身就包含了持有国有股份的含义。所以，国资委可以直接持有混合所有制一级企业的国有股份，当然，也不排斥以后由国有资本投资运营公司来持有其他一级企业的股份（那时，现有的一级企业实际上已经变为二级企业，称二级企业更妥当）。这涉及未来国资管理构架的调整问题。

无论未来国资管理构架做什么样的调整，都应该制定对混合所有制一级企业的国有股持有与权利行使政策。这个政策规定，一级企业实行混合所有制之后，国有股是由国资委还是其他哪个机构（包括公司）来持有，持有的方式也可以是分割持有，即将国有股分成两部分或更多部分，一部分由这个机构持有，另一部分由那个机构持有。考虑到现实当中许多国有股的持有和股权行使是分开的，即国有股持有机构只是名义持有，并不真正行使股权，股权行使是由另一个机构来行使，或者通过另外的方式或渠道来行使，所以应该制定清晰的国有股权行使政策，以告诉外界，未来一级企业实行混合所有制之后，持股机构能否完整地行使股权，如果不能完整行使股权，要告之各个机构行使的是什么权利，行使权利的渠道、方式、时间、触发机制是什么。

还应该制定国资委对混合所有制企业的管理政策（或者根据习惯称为监管政策）。为什么需要制定这个政策？这个政策与对混合所有制一级企业的股权持有和权利行使政策有何不同？照道理来说，哪一个机构持有国有股份，就由哪一个机构来行使国有股权，除此之外，无论国有控股还是国有参股企业，都不应该被其他任何别的机构进行股东权利之外的“国有企业管理”或“国有资产管理”。但现实当中，这样的管理仍然存在，而且被称为“监管”。另外，如果未来由国有资本投资运营公司来持有国有股份，到底是名义上的持有还是实质性持有，股东权利到底是由国有资本投资公司完整地行使，还是在国资委和国有资本投资运营公司之间分割行使，都需要做出明确规定。2014 年，一些省市自治区出台的国有企业改革指导意见当中，规定只要国有股份比例低于 50%，国资委将不再按国有企业进行监管，这就是一个进步。以后应该朝着这个方向继续走下去。

第三项重要的政策挑战，就是如何处理国有企业中残留的计划经济遗产。处理计划经济在国有企业中留下的遗产，就是要处理国有企业的历史遗留问题。国有企业的历史遗留问题大致可以分为三类：一是企业办社会，企业长期依赖为职工所提供的医疗、学校、后勤等服务；二是职工福利尚未或无法实行社会化，包括离退休职工的管理和统筹外费用、内退职工的各种费用、“三供一业”等；三是一些模糊地带，如国有企业职工身份的特殊性、国有企业的冗员较多又无法全部裁减等。国有企业的历史遗留问题非常棘手，但如果要实现市场化，这个棘手问题无法回避（邵宁，2014）。因此，要推行新一轮产权改革，还必须要有合适的、清晰的遗留问题处理政策。

这需要国家有关部门制定国有企业职工身份和相关权益、福利的解释政策。国有企业在职的正式职工大约有 4 000 万人，以及数千万的退休职工，另外还有一些非正式的职工。国有企业职工是一个比较特殊的群体。从道理上来讲，他们与其他所有制企业的职工一样，应该是一个市场化的身份，至少从 20 世纪 90 年代国家实行市场经济之后，就确定了市场化的身份。但现实当中不是这样的。许多企业，特别是那些历史较长的老国有企业，就不能按照市场规则来裁减职工。此外，国有企业职工的其他权益和福利，也非常复杂，不同的国有企业或者不同地区的国有企业，区别比较大。最大的问题在于，他们的身份、权益、福利到底是怎么样的，没有清晰、明确的解释，这不但给产权改革的推进带来麻烦，也给产权改革之后的企业经营和企业重组带来麻烦。所以，制定国有企业职工身份和相关权益、福利的解释政策十分必要，就像最高法院就一些重大而敏感的问题做出解释是一样的道理。

这个政策至少应该包括如下几个方面的内容：国有企业职工的就业身份与其他企业到底有何不同？国有企业职工的不同人员的就业身份到底一样还是不一样？除了劳动法和劳动合同法的规定条款之外，国有企业是否还应对职工担负更多的就业义务？国有企业在进行产权改革时是否要转换身份以及如何转换身份？国有企业和实行产权改革之后的企业是否可以像其他所有制企业一样进行市场化裁员？国有企业职工的权益是否多于其他所有制企业的职工权益？国有企业的传统福利如何进行市场化和社会化改革以及改革过渡阶段如何分摊成本？国有企业职工已经成为一个需要谨慎对待的庞大群体，能否制定一个职工能接受、国家能承担、社会能平衡的政策套餐，以及能否使这样的政策套餐在实际中得以执行，实在是一项严峻的挑战。

总之，新一轮国有企业改革需要以胆识和担当来突破旧范式，开创新范式，才能使十八届三中全会设定的改革蓝图得以实现，才能通过国有企业改革促进中国经济保持合理增速和提高发展质量，才能使完善的社会主义市场经济体制得以建立。

参 考 文 献

1. 白重恩、谢长泰、钱颖一:《中国的资本回报率》,2007年。

2. 白重恩、路江涌、陶志风:“国有企业改制效果的实证研究”,《经济研究》,2006年第8期,第4~13页。

3. 波特:《竞争战略》,华夏出版社2005年版。

4. 蔡昉:“‘中等收入’陷阱的理论、经验与针对性”,《经济学动态》,2011年第12期。

5. 陈彦斌、姚一旻:“中国经济增速放缓的原因、挑战与对策”,《中国人民大学学报》,2012年第5期。

6. 丁少敏:“对国有企业改革目标再认识”,《理论学刊》,2001年第6期。

7. 董辅礽:《中华人民共和国经济史》,经济科学出版社1999年版。

8. 高莉:“非国有经济投资减缓分析:通货紧缩微观机制”,《改革》,2000年第6期,第58~65页。

9. 国务院发展研究中心“中长期增长”课题组:《在改革中形成增长新常态》,中信出版社2014年版。

10. 胡一帆、宋敏、张俊喜:“中国国有企业民营化绩效研究”,《经济研究》,2006年第7期,第49~60页。

11. 胡一帆、宋敏、郑红亮:“所有制结构改革对中国企业绩效的影响”,《中国社会科学》,2006年第4期。

12. 黄淑和:“国有企业改革在深化”,《求是》,2014年第3期。

13. 黄险峰、李平:“国有企业规模与经济增长:基于中国各地区的经验研究”,《产业经济评论》,2008年第7卷第2辑,第1~20页。

14. 赫希曼:《经济发展战略》,经济科学出版社1991年版。

15. 姜纬:“国有企业改革与委托人—代理人问题”,《经济研究》,

1994 年第 11 期，第 18 ~ 21 页。

16. 蒋一苇："企业本位论"，《中国社会科学》，1980 年第 1 期。

17. 金明星：《韩国国有企业改革史研究》，延边大学研究生学位论文，2005 年。

18. 卡尔多：《论经济的稳定和成长》，商务印书馆 1966 年版。

19. 科尔内：《短缺经济学》，经济科学出版社 1986 年版。

20. 孔寒冰："苏联经济模式在中国的移植和强化"，《中俄关系的历史与现实》，2009 年第二辑。

21. 库兹涅茨：《现代经济增长》，北京经济学院出版社 1991 年版。

22. 林毅夫、刘明兴、章奇："政策性负担与企业的预算软约束：来自中国的实证研究"，《管理世界》，2004 年第 8 期。

23. 刘瑞明、石磊："国有企业的双重效率损失与经济增长"，《经济研究》，2010 年第 1 期，第 127 ~ 137 页。

24. 刘世锦："应对中国经济增长阶段变化带来的挑战"，《中国产业经济动态》，2011 年第 22 期。

25. 刘世锦："从增长阶段理解发展方式转型"，《管理世界》，2011 年第 10 期。

26. 刘世锦："中国经济增长模式评估与转型选择"，《改革》，2012 年第 1 期。

27. 刘世锦等：《陷阱还是高墙?》，中信出版社 2011 年版。

28. 刘世锦等：《中国经济增长十年展望》，中信出版社 2013 年版。

29. 刘树成："论中国的菲利浦斯曲线"，《管理世界》，1997 年第 6 期，第 22 ~ 33 页。

30. 刘伟、李绍容："所有制变化与经济增长和要素效率提升"，《经济研究》，2001 年第 1 期，第 4 ~ 9 页。

31. 刘小玄："国有企业与非国有企业的产权结构及其对效率的影响"，《经济研究》，1995 年第 7 期，第 11 ~ 20 页。

32. 刘小玄："中国工业企业的所有制结构对效率差异的影响"，《经济研究》，2000 年第 2 期。

33. 刘小玄："民营化改制对中国产业效率的效果分析——2001 年

全国普查工业数据的分析”,《经济研究》, 2004 年第 8 期。

34. 刘易斯:《二元经济论》, 北京经济出版社 1989 年版。

35. 路风:“高铁创新路径研究”, 内部研究报告, 2013 年。

36. 陆铭:“为何改革没有提高国有企业的相对劳动生产率”,《经济学季刊》, 2003 年, Vol. 2. No. 4, 第 833 ~ 856 页。

37. 罗斯托:《从起飞进入持续增长的经济学》, 四川人民出版社 1988 年版。

38. 吕铁、周叔莲:“中国的产业结构升级与经济增长方式转变”,《管理世界》, 1999 年第 1 期。

39. 马歇尔:《经济学原理》, 华夏出版社 2005 年版。

40. 年志远:《国有资产流失及其治理机制研究》, 经济科学出版社 2012 年版。

41. 钱纳里: 《工业化和经济增长的比较研究》, 上海三联书店 1989 年版。

42. 邵宁:《国有企业改革实录 (1998 ~ 2008)》, 经济科学出版社 2014 年版。

43. 沈利生:“经济增长与通货膨胀的周期联动: 兼中国的菲利浦斯曲线解读”,《宏观经济研究》, 2009 年第 6 期, 第 15 ~ 19 页。

44. 世界银行、国务院发展研究中心联合课题组: 《2030 年的中国——建设现代、和谐、有创造力的社会》, 中国财政经济出版社 2013 年版。

45. 斯密: 《国民财富的性质和原因的研究》, 商务印书馆 1974 年版。

46. 速水佑次郎:《发展经济学——从贫困到富裕》, 社会科学文献出版社 2003 年版。

47. 田卫民、景维民:“最优所有制结构安排: 中国所有制结构与经济增长关系的实证研究”, 《经济问题》, 2008 年第 8 期, 第 9 ~ 13 页。

48. 汪海波:《新中国工业经济史》, 经济管理出版社 2007 年版。

49. 王文成: “不同所有制形式对经济增长的影响”, 《中国软科学》，2011 年第 6 期，第 178～185 页。

50. 王俞莹：“浅析前苏联工业化模式”，《中国高新技术企业》，2007 年第 15 期。

51. 王忠禹：《国有企业改革攻坚纪实》，企业管理出版社 2010 年版。

52. 吴延兵：“国有企业双重效率损失研究”，《经济研究》，2012 年第 3 期。

53. 伍晓鹰：“测算和解读中国工业的全要素生产率”，《比较》，2013 年第 69 辑，第 1～26 页。

54. 许召元、胡翠、来有为：“产业配套能力对中国制造业生产率的贡献”，《经济与管理研究》，2014 年第 7 期，第 74～84 页。

55. 姚洋：“非国有经济成分对我国工业企业技术效率的影响”，《经济研究》，1998 年第 12 期。

56. 叶劲松：“苏联时期社会主义经济的发展”，《光明观察》，2007 年 11 月 1 日。

57. 章迪诚：《中国国有企业改革编年史（1978～2005）》，中国工人出版社 2006 年版。

58. 张军：“资本形成、工业化与经济增长：中国的转轨特征”，《经济研究》，2002 年第 6 期。

59. 张培刚：《农业与工业化》，华中科技大学出版社 2009 年版。

60. 张维迎：“公有制经济中的委托人—代理人关系：理论分析和政策含义”，《经济研究》，1995 年第 4 期，第 10～20 页。

61. 张文魁：“国有企业改革 30 年的中国范式以及面临的挑战”，《改革》，2008 年第 10 期。

62. 张文魁：“‘十二五’期间国有企业改革的方向和任务”，《国务院发展研究中心调查研究报告》，2010 年第 203 号。

63. 张文魁、袁东明：《中国经济改革 30 年：国有企业卷》，重庆大学出版社 2008 年版。

64. 赵鸣岐：“印度正在崛起——关于印度经济现代化模式的评价”，《上海财经大学学报》，2006 年第 3 期。

65. 中国企业联合会：《重要工业领域自主创新能力研究》，《研究报告》，2014 年。

66. 朱佳木："陈云与中国工业化起步过程中若干基本问题的解决"，《当代中国史研究》，1995 年第 3 期。

67. Acemoglu, D. , M. Golosov, and A. Tsyvinski, 2008, Markets versus Governments, Journal of Monetary Economics, 55, 159 - 189.

68. Acs, Z. , and D. Audretsch, 2004, The Missing Link: the Knowledge and Endogeneous Growth (discussion paper), Stockholm Center for Business and Policy Studies.

69. Aghion, P. 2012, Industrial Policy and Competition, NBER Working Paper, May.

70. Audretsch, D. , et al, 2006, Enterpreneurship and Economic Growth, Oxford University.

71. Bannerjee, A. , and E. Duflo, 2005, Growth Theory Through the Lens of Development Economics, in P. Aghion and S. Durlauf (Eds), Handbook of Economic Growth, Amsterdam: Elsevier North - Holland.

72. Banerjee, A. , and B. Moll, 2010, Why Dose Misallocation Persist? American Economic Journal: Macroeconomics, January.

73. Baumol, W. 1995, Formal Entrapreneurship Theory in Economics: Existence and Bounds. In I. Bull et al (Eds), Entrapreneurship: Perspectives on Theory Building, Oxford: Pergamon.

74. Baumol, W. 2004, Entrepreneurial Enterprises, Large Established Firms and Other Components of the Free - Market Growth Machine, Small Business Economics, 23, 9 - 21, Kluwer Academic Publishers.

75. Bloon, N. , and J. Van Reenen. 2009, Do Private Equity Owned Firms Have Better Management Practices? London School Economics and Political Science, London.

76. Brandt, L. , C. Hsieh, and X. Zhu. 2008, Growth and Structural Transformation in China, China's Great Economic Transformation, Loren Brandt and Thomas G. Rawski eds. , HK: Cambridge University Press,

683 –728.

77. Brandt, L. , J. Biesebroeck, and Y. Zhang. 2009, Creative Accounting or Creative Destruction? Firm – level Productivity Growth in Chinese Manufacture, NBER Working Paper, 15152, July.

78. Brandt, L. , and X. Zhu. 2010, Accounting for China's Growth, IZA Discussion Papers 4764, Institute for the Study of Labor (IZA).

79. Brandt, L. , T. Tombe, and X. Zhu. 2013, Factor Market Distortions Across Time, Space and Sectors in China, Review of Economic Dynamics, Elsevier for the Society for Economic Dynamics, vol. 16 (1), 39 –58, January.

80. Buehler, S. , and S. Wey. 2012, When Do State – Owned Enterprises Crowd Out Private Investment, Economics Working Paper Series 1209, University of St. Gallen, School of Economics and Political Science.

81. Coase, R. 1937, The Nature of the Firm, Economica, 4 (16).

82. Detta, S. 2011, The Global Innovation Index 2011: Accelerating Growth and Development, France: Insead Print.

83. Eichengreen, B. , D. Park, and K. Shin. 2011, When Fast Growing Economies Slow down: International Evidence and Implications for China, NBER Working Paper, 16919.

84. Fan, J. , T. Wong, and T. Zhang. 2012, Institutions and Organizational Structure: The Case of State – Owned Corporate Pyramids, The Journal of Law, Economics, and Organization, September.

85. Gerschenkron, A. 1962, Economic Backwardness in Historical Perspective, Harvard University Press.

86. Groves, T. , Y. Hong, J. McMillan, and B. Naugton. 1994, Autonomy and Incentives in Chinese State Enterprises, Quarterly Journal of Economics, February, 109 (1), pp. 183 –209.

87. Guest, P. , and D. Sutherland. 2010, The Impact of Business Group Affiliation on Performance: Evidence from China's "National Champions", Cambridge Journal of Economics, 34.

88. Hansen, A. 1962, Economic Policy and Full Employment, Eurasia Publishing house (Pvt.) Ltd.

89. Hoffmann, W. 1958, Industrial Economics, Manchester University Press.

90. Holz, C. 2011, The Unbalanced Growth Hypothesis and the Role of the State: The Case of China's State - owned Enterprises, Journal of Development Economics, 96.

91. Hsieh, C. , and P. Klenow. 2009, Misallocation and Manufacturing TFP in China and India, Quarterly Journal of Economics, vol: cxxiv, November, Issue 4.

92. Huang, H. , and C. Xu. 1998, Soft Budget Constraint and the Optimal Choices of Research and Development Projects Financing, Journal of Comparative Economics, 26 (1), 62 - 79.

93. Jensen. C, and Meckling. H. 1976, Theory of the firm: Management Behavior, Agent cost and ownership structure, Journal of financial Economics, 3 (1976), 305 - 360.

94. Lee, J. , and K. Hong. 2010, Economic Growth in Asia: Determinants and Prospects", Asian Development Bank Working Paper Series, No. 220.

95. Lee, K. 2000, Corporate Governance and Growth in the Korean Chaebols: A Microeconomic Foundation for the 1997 Crisis. The International Centre for the Study of East Asian Development, Kitakyushu, Working Paper Series Vol. 2000 - 01, February.

96. Leibenstein, H. 1957, Economic Backwardness and Economic Growth: Studies in the Theory of Economic Development, New York: John Wiley.

97. Leibenstein, H. 1966, Allocative Efficiency vs "X - Efficiency", American Economic Review, Vol. 56.

98. Leibenstein, H. 1979, A Branch of Economics is Missing: Micro - Micro Theory, Journal of Economic Literature, Vol. 17.

99. Li, H. , Z. Yang, X. Yao, H. Zhang, and J. Zhang. 2012, Entrepreneurship, Private Economy and Growth: Evidence from China, China Economic Review, 23, 948 – 961.

100. Li, W. 1997, The impact of Economic Reform on the Performance of Chinese State Enterprises, 1980 – 1989, Journal of Political Economy, Vol. 105, No. 4, 1080 – 1106.

101. Lin, J. , F. Cai, and Z. Li. 1998, Competition, Policy Burdens, and State – owned Enterprise Reform, American Economic Review, Papers and Proceedings, 88 (2), 422 – 427.

102. Maddision, A. 2007, Contours of the World Economy, 1 – 2030 AD, Oxford University Press.

103. Masahiko, Aoki. 2011, The Five – phases of Economic Development and Institutional Evolution in China and Japan, the 16th Global Conference of IEA.

104. Naudé, Wim. 2010, New Challenge for Industrial Policy, United Nations University, Working Paper, No. 107.

105. OECD. 2010, Economic Surveys: China 2010. Paris: OECD.

106. Pasinetti, L. L. Structural Change and Economic Growth, Cambridge University Press, 1981.

107. Perkins, D. , and T. Rawski. 2008, Forecasting China's Economic Growth to 2025, in China's Great Economic Transformation, Cambridge University Press, pp. 829 – 886.

108. Qian, Y. , and C. Xu. 1998, Innovation and Bureaucracy under Soft and Hard Budget Constraints, Review of Economic Studies, 65, 151 – 164.

109. Rosenstein – Rodan, P. 1943, Industrialization of Eastern and South Eastern Europe, Economic Journal, Vol. 53.

110. Sachs, J. 1996, Notes on the Life Cycle of State – led Industrialization, Japan and the World Economy, Elsevier, vol. 8 (2).

111. Vandenbussche, J. , P. Aghion, and C. Meghir. 2006, Growth,

Distance to Frontier and Composition of Human Capital, Springer Science + Business Media, LLC.

112. Zheng, J., X. Liu, and A. Bigsten. 1998, Ownership Structure and Determinants of Technical Efficiency, Journal of Comparative Economics, 26 (3), 465 - 484.

后　　记

本书根据我们各自的研究成果撰写而成。各章主要撰写者如下：第一章，袁东明；第二章，贾涛、项安波；第三章，吴振宇；第四章，许召元；第五章，张永伟、梁仰椿；第六章，胡江云、袁东明；第七章，张文魁、肖庆文。我指导和主导了全部研究，并对各章进行了大量修改和调整，最后完成了全书的统稿工作。袁东明担任协调人，从事了大量研究和协调工作；许召元负责最重要的那部分研究，工作非常出色；其他研究人员都发挥了重要作用。本书难免有缺点和不足，敬请广大读者批评指正。

张文魁

2015 年 4 月